国史
002

英雄的棋局

三国军事地理大势

赵春阳 著

台海出版社

图书在版编目（CIP）数据

国史. 002, 英雄的棋局：三国军事地理大势 / 赵
春阳著. -- 北京：台海出版社, 2017.9
　　ISBN 978-7-5168-1524-3

Ⅰ. ①国… Ⅱ. ①赵… Ⅲ. ①中国历史－三国时代－
通俗读物 Ⅳ. ①K209

中国版本图书馆CIP数据核字(2017)第199874号

国史002：英雄的棋局——三国军事地理大势

著　　者：赵春阳

责任编辑：王　萍、赵旭雯　　　　　　策划制作：指文文化
装帧设计：周　杰　　　　　　　　　　责任印制：蔡　旭

出版发行：台海出版社
地　　址：北京市东城区景山东街20号　　　邮政编码：100009
电　　话：010－64041652（发行，邮购）
传　　真：010－84045799（总编室）
网　　址：www.taimeng.org.cn/thcbs/default.htm
E－mail：thcbs@126.com

经　　销：全国各地新华书店
印　　刷：重庆共创印务有限公司
本书如有破损、缺页、装订错误，请与本社联系调换

开　　本：787mm×1092mm　　　　　　1/16
字　　数：250千字　　　　　　　　　　印　　张：17.5
版　　次：2017年9月第1版　　　　　　印　　次：2017年9月第1次印刷
书　　号：ISBN 978-7-5168-1524-3

定　　价：69.80元

目录／CONTENTS

序一

董志新

不久前，读到忘年交春阳学友的《三国武将排名》一书。新奇的研究视角，新巧的评论方法，新颖的思想观点，令人深受启发。那部书发行不错，首版印行只三个月，就售罄再印。在图书市场下滑的当下，可谓异军突起，闯出一匹黑马。更奇者，近日他又电邮一部书稿：《英雄的棋局——三国军事地理大势》，且已联系好出版单位，又令我惊诧惊叹。

这部书再次体现出他的研究视野开阔、思想独到新颖和写作灵动机巧的特点。新时期以来，三国文化的研究——以《三国志》和《三国演义》为主要文献的研究，其成果表现在著述上，可谓林林总总，方方面面，笔者收藏各种书籍即超百种。但是，从地缘研究切入，分析三国时期的地缘政治、地缘经济、地缘军事以及地缘人才组群，并形成专著，此书可谓开风气之先。

三国军事地理大势，《三国志》里有较多记载，《三国演义》中有详细描写。二者的相同相似度很高，反映了三国时期历史的大趋势和基本面貌。三国时期的战略家，如魏国的曹操、荀彧、郭嘉，吴国的孙权、周瑜、鲁肃，蜀国的刘备、诸葛亮等人，都能谋深虑远，俯视全局，洞彻古今，"运筹帷幄之中，决胜千里之外"。甚至刘晔、张昭、庞统、张松等人，战略眼光，地缘智谋，也非常了得。且不说正史中刘晔劝曹操乘隙夺取汉中是战略高着，就是演义中描写的"张松献地图"论巴蜀形胜的战略谋划，也绝非凡俗之见，足可以依此定西川，取汉中，逐鹿中原，争夺天下。春阳此书，论理取证以《三国志》为主，又随时兼及《三国演义》的相同描写，不仅指出史实的差异，而且丰富证据材料。所以，此作是他阅读和研究这两种书的心得，也就可以作为读者诸君再读三国史志和演义小说的参照和向导！

《英雄的棋局——三国军事地理大势》在书稿构成上最主要特色是文图并茂。有一种说法：现在是读图时代。"一图胜千言"，形式简捷内涵丰富的图片，可以一目了然地看清看懂许多地缘知识和道理。本书插图有三种：一是自创的三国政治势力区划图，如各种"中字模型"图；二是区别于平面图的地理地貌示意图，如"汉中与关西之间的军事通道图""曹操征讨刘备的路线图"等；三是拍摄和选取的三国时期古战场、古关塞、古战道的现场实景图，如"剑门关图""长坂坡遗址图""阳平关遗址图""襄阳古城墙遗址图"等。这些图的制作，利用了现代技术，高清晰，高保真，看起来赏心悦目。增加了书稿的可读性，也增加了书稿的思想分量和厚度。春阳说，制图配景是一件很麻烦的事情，做一张插图要费四五个小时的工夫。可我由衷赞赏此事，因为我从中品味到读图的快乐。相信他的工夫不会白费！

从地缘角度研究三国文化，把握三国大势，吸取三国智慧，是一个很有价值的研究方向。我还联想到平时读书读史时，也见到一些从这个角度解读《三国志》与《三国演义》的零星资料和片段史实。如军事统帅毛泽东读《三国志·陆逊传》就留下这样的记载。《三国志·陆逊传》中讲到刘备蜀军被陆逊火烧连营一役。为《三国志》作"集解"的卢弼，在这里引用了清代学者钱振皇的评论："陆逊破先主，无他奇策，只令军士各持一把茅耳。意先主连营，皆伐山木为之，故易火；若土石为之，逊其如何？！"钱振皇说陆逊攻破刘备蜀军的办法，不过是用火攻；如果刘备不用山木扎营，以土石垒营，陆逊又有什么办法攻破蜀军呢？毛泽东读1957年版的《三国志集解》，至此批注道："土石为之，亦不能久，粮不足也。宜出澧水流域，直出湘水以西，因粮于敌，打运动战，使敌分散，应接不暇，可以各个击破。"（《毛泽东读文史古籍批语集》，中央文献出版社1993年11月第1版，第161页）毛泽东指出了两点：（一）问题的关键，不在于是山木为营，还是土石为营。土石垒营，虽不怕火攻，但由于蜀道险远，粮草供应不便，也不可能保障刘备持久进攻。（二）刘备欲胜吴军，其办法是"打运动战"。从吴军防守较弱的夷陵南边的澧水流域进攻，使吴军分散兵力，然后各个击破。第一点蜀军粮草供应不畅是因蜀道险远，第二点蜀军从澧水流域进攻，这两条谋略都有军事地缘条件在其内。谁都知道，毛泽东是打游击战和运动战的大师。他为刘备设谋，与他一贯的军事战略思想是一致的，也是他从长期的中国革命战争中总结出来的经验体会。这里说的"打运动战各个击破"，可谓"夫子自道"。当然，从刘备所处军事态势的实际着眼，毛泽东的两点建议也是胜敌之策。至少，刘备不至于遭此惨败。

我由此想到：我们今天从地缘角度研究三国文化有什么意义？有利于引导读者很好地解读《三国志》和《三国演义》的价值不消说了，它最重要的价值在于引导人们修炼整体意识、大局观念和战略眼光。现在，经济全球一体化，许多事情要与国际接轨，短见、浅说、近视都于事无补。只有大处着眼，通盘考虑，顶层设计，才能于事有益。常听有人慨叹：现在缺少各方面的战略家！是的，战略家要靠战略文化来滋润，来修养，来培育。三国时代智者的地缘政治学、地缘军事学，就是一种战略文化。常读这样的书，常思考这样的题，常做这样的事，你就会成为战略智者，成为战略人才。古人说：向高处站，向远处望，向阔处行，向大处做！古人又说：取法乎上，仅得其中；取法乎中，仅得其下。古今至理名言：学其大者，思其大者，做其大者，成其大事也！毛泽东之所以能成为统帅，他读史吸取政略军谋之大者以自雄，诚可谓原因之一也。我辈岂能不起而仿效！

简述我读《英雄的棋局——三国军事地理大势》书稿的收获，在于我为这些新见所折服，想把它们介绍给有机会读本书的朋友。我的收获只是一得之见，可能只是抽取春阳研究成果于什一，读者诸君尽可以自行阅读本书去搜奇猎宝，我相信你们会满载而归！

是为序。

（本序作者为军事专家，《毛泽东读三国演义》《毛泽东品孙子兵法》作者）

序二

许盘清

三国在中国历史的地位非常特殊，记得小时候几乎所有老人，包括不识字的，都多少能说几句三国名言。村里人，全能说几句三国的歇后语。可以说，除了论语外，没有哪一本书能与《三国演义》的影响相比！至今，我国有大量的三国学会，三国研究领域中成果始终不断，人才济济，30多年来学会每年开会，新的研究领域和新的研究方法层出不穷。

记得早年，用计算机研究《三国演义》首推首都师大的周文业老师，周老师是清华大学计算机系的高才生，开创了计算机研究《三国演义》版本的新领域。后主攻《红楼梦》，成果丰硕。本书的作者赵春阳也是学计算机出身。

今年读到了春阳的上本著作《三国武将排名》，其思路让人豁然开朗，是典型的理科生思路，先定义武力的概念，再以单挑时的胜负决定双方武力的高下……这为三国研究开拓了一条新的思路，又是青少年喜爱的方式。

今天又读到春阳的新著《英雄的棋局——三国军事地理大势》，激动万分，虽为同行，实乃长江后浪。这本书呈现了三国地理研究的又一新手段，且与传统方式完全不同，犹如数学模型，可喜，可贺。数十万字的著作，全为干货，付出的辛劳可想而知。

全书以"军事地理单元"为基础，将纷乱三国军事地理简化为"中"字模型，实属一大创新。作者首先定义"军事地理单元"：是地形上相对封闭，资源上能够自给自足的地理区域。一旦天下大乱，这种区域易守难攻，钱粮充足，很容易形成割据。据此，根据三国时的实际地理情况定义了11个军事地理单元，再抽象成一个"中"字模型，置于地形地图之上，一目了然，老少皆宜。然后，再运用三国早期四大战略家荀彧、诸葛亮、鲁肃、周瑜的谋略，包括隆中对，来验证中字模型，验证的结果完全符合三国实际情况。

下一步是横向（相当于地理时空学说中的地理信息系统GIS）以面的形式详细论述11个军事地理单元的演变过程。方法是，先以地形图、卫星图等现代手段，绘制出每一单元的山脉、关隘、重镇、湖泊、津要、江河等的分布，论述该单元的风土人情，说明构成军事单元的地理及人文要素。其次，按年代详细叙述各个单元的军阀统治过程和政权易手的经过，最终分久必合。

全书的重头戏是"军事地理单元间的战争"。其理论依据是数学中的图论，以单元为点，点与点之间的关系用线来定义，详细论述了各个单元之间的关系，包括它们之间的地理通道。以中原（曹操的根据地）为例，作者详细解读了曹操统一各大军阀的过程：中原与河北（袁绍，方向向北），中原与南阳（张绣，方向向南），中原与关西（马超，方向向西），中原与徐州（吕布，方向向东），这种解读三国地理的方式是全新的。

三国史学家多以人物分析作为研究对象，这种现象长期以来少有创新。这次又是一位计算机专家，以军事地理的方式横刀立马杀入三国疆场，犹如一股春风吹进了三国研究领域，我相信一场更为波澜壮阔的风暴即将席卷而来，让我们张开双臂，迎接吧！

后生可畏。是为序！

（本序作者为三国地图专家，《三国风云地图说》《地图三国》作者）

苍天如圆盖，

陆地似棋局。

世人黑白分，

往来争荣辱。

——《三国演义》

英雄的棋局

三国军事地理大势

绪论

棋盘：中字模型

　　《三国志》是纪传体史书，以人物为中心，读《三国志》相当于以第一人称视角感受三国历史。《三国演义》是历史演义小说，以事件为中心，看《三国演义》相当于以观众视角欣赏三国故事。《英雄的棋局——三国军事地理大势》将以军事地理单元为中心，与您站在上帝视角一起俯瞰三国时代英雄的棋局。

　　东汉末年，最乱的时候地方割据势力多达11股，分别是袁绍、韩遂、曹操、刘备、张鲁、张绣、袁术、刘璋、刘表、孙策、士燮。当时地方行政机构分为州郡县三级，全国共有13个州，州下设郡，共有158个郡，郡下设县，共有1190个县。在11股割据势力中，袁绍坐拥冀青幽并四州但只是一股势力，而袁术只有淮南一个郡但也是一股势力，看来，用13州划分11股割据势力是不准确的。于是我们就要引入一个概念：军事地理单元。

　　军事地理单元指的是地形上相对封闭，资源上能够自给自足的地理区域。一旦天下大乱，这种区域易守难攻，钱粮充足，很容易形成割据。汉末三国时期，

∧ 中字模型

中国版图上的军事地理单元正好有11个，分别是：河北、关西、中原、徐州、汉中、南阳、淮南、巴蜀、荆州、江东、岭南。这11个军事地理单元的位置关系可以用中字模型来表示。

我们再把割据势力加上去，就可以得到汉末群雄割据模型。

∧ 汉末割据模型

开局：汉室倾颓

东汉末年，黄巾起义，天下大乱，地方势力增强，具体体现在四个方面：

一是政治上州牧只手遮天，如刘璋、刘表、士燮。东汉的地方行政机构沿袭了秦汉以来的郡县两级，全国一共有158个郡，1190个县，在郡之上，设有州，全国一共有 13 个州。不过，州仅仅是个监察单位，州刺史只负责考核郡守和县令的政绩，既无政权也无兵权。但汉灵帝采纳太常刘焉的建议，把州设为郡县之上的更高一级行政单位，设置州牧，集军政大权于一身，只手遮天，逐渐形成割据。

二是经济上豪族富可敌国，如袁术、袁绍。东汉的经济制度可分为庄园经济和小农经济。随着东汉末年天气变冷，粮食减产，小农经济濒临崩溃，土地兼并和人口依附加剧，穷人越来越穷，富人越来越富，许多豪族富可敌国，逐渐形成割据。

三是军事上军阀拥兵自重，如韩遂、吕布、曹操、张绣、孙策。东汉末年，狼烟四起，西有羌族叛乱，东有黄巾起义，北有匈奴侵扰，后又值董卓乱政，一批军阀在战争中锻炼了自己，壮大了部队，拥兵自重，逐渐形成割据。

四是思想上宗教领袖一呼百应，如张鲁。东汉末年，瘟疫流行，在现有医学失效的情况下，老百姓只能求助于宗教。一些宗教领袖以治病救人为幌子，广招信徒，一呼百应，逐渐形成割据。

地方势力增强的同时，中央皇权却开始衰微。东汉中后期 10 位皇帝的平均登基年龄为 10.6 岁，平均死亡年龄为 18.7 岁。皇帝太小无法执政，皇权就落入外戚和宦官手中。少帝时，外戚和宦官在对抗中同归于尽，董卓乘虚而入，独揽大权。董卓为了扶持自己的势力，废少帝，立献帝，迁都长安，东汉皇权仅有的一点尊严丧失殆尽。

州牧、豪强、军阀、宗教领袖，每一种势力凭借自己的优势都具备了独霸一方的实力，董卓乱政的导火索一经点燃，天下大乱，群雄割据，东汉王朝就此崩溃。

落子：群雄割据

东汉末年，中国版图上一共有 11 个军事地理单元，到了建安年间，11 个军事地理单元被 11 股势力割据。这 11 股势力之所以能割据成功，是因为军事地理单元满足地理封闭性和资源自足性。

河北北有燕山，南有黄河、山东丘陵，西有太行山，东有渤海，形成天然屏障。河北境内有海河平原，面积约 12.8 万平方公里，由海河、滦河等河流冲积而成，灌溉便利，盛产小麦。河北地区又与北方草原临近，可以提供优良战马。

关西北有黄土高原，南有秦岭，西有大漠，东有华山、崤山、黄河，形成天然屏障。关西境内有渭河平原，面积约 3.6 万平方公里，由渭河及其支流泾河、洛河等河流冲积而成，灌溉便利，盛产小麦。关西的陇右地区为草原，盛产优良战马。

中原北有黄河，南有伏牛山、桐柏山、淮河，西有华山、崤山、黄河，东有泗水，形成天然屏障。中原位于黄淮平原，面积超过 10 万平方公里，由黄河、淮河等河流冲积而成，灌溉便利，盛产小麦。

徐州北有山东丘陵，南有淮河，东有大海，西有泗水，形成天然屏障。徐州境内有苏北平原，总面积约 3.5 万平方公里，由泗水、沂水、沭水等水系冲积而成，灌溉便利，盛产小麦。

汉中位于汉中盆地，北有秦岭，南有大巴山，西有岷山，东有武当山，形成天然屏障。汉中盆地又称汉中平原，由汉水冲积而成，灌溉便利，盛产水稻、小麦。

南阳位于南阳盆地，北有伏牛山，南有汉水、大洪山，西有武当山，东有桐柏山，形成天然屏障。南阳盆地内有唐白河平原，由唐河、白河等河流冲积而成，灌溉便利，盛产小麦、水稻。

淮南北有淮河，南有长江，西有大别山，东有大海，形成天然屏障。淮南境内有江淮平原，由肥水、巢湖、施水、濡须水冲积而成，灌溉便利，盛产水稻、小麦。

巴蜀位于四川盆地，北有大巴山，南有大娄山，西有邛崃山、大凉山，东有巫山，形成天然屏障。四川盆地内有成都平原，面积近 1 万平方公里，由长江及其支流冲积而成，又有自古闻名的都江堰水利工程，灌溉发达，盛产水稻。

荆州位于两湖盆地，北有汉水、大洪山，南有五岭，西有巫山，东有大别山、幕阜山、九岭山、罗霄山，形成天然屏障。两湖盆地又叫两湖平原，总面积约为5万平方公里，两湖平原古有云梦大泽，河湖密布，灌溉便利，盛产水稻。

江东北有长江，西有大别山、幕阜山、九岭山、罗霄山，东南皆为大海，形成天然屏障。江东西有鄱阳湖平原，东有太湖平原，连接两者的是长江下游的冲积平原，总面积约5万平方公里，河湖密布，灌溉便利，盛产水稻。

岭南北有五岭，东南皆临大海，西有云贵高原，形成天然屏障。岭南地区西有红河三角洲，东有珠江三角洲，总面积超过7万平方公里，河流密布，灌溉便利，盛产水稻。

汉末三国时期，11个军事地理单元割据沿革如下表所示：

单元	最初统治	变更统治	变更统治	变更统治	变更统治
河北	198年袁绍	207年曹操	266年司马炎		
关西	190年董卓	192年李傕、郭汜	197年马腾、韩遂	212年曹操	266年司马炎
中原	192年曹操	266年司马炎			
徐州	188年陶谦	194年刘备	196年吕布	198年曹操	266年司马炎
汉中	191年张鲁	215年曹操	219年刘备	263年司马昭	266年司马炎
南阳	190年袁术	196年张绣	199年曹操	266年司马炎	
淮南	193年袁术	199年曹操	266年司马炎		
巴蜀	188年刘焉	214年刘备	263年司马昭	266年司马炎	
荆州	190年刘表	208年曹操	209年孙权、刘备	219年孙权	280年司马炎
江东	199年孙策	200年孙权	280年司马炎		
岭南	187年士燮	220年孙权	280年司马炎		

对弈：弱肉强食

虽然汉末三国时期的 11 个军事地理单元相对封闭，但是它们之间也存在通道，可以进行军事行动。

中原与河北之间有邺城到许都的捷径，由邺城南下，经过黎阳、白马、延津、官渡，到达许都，曹操与袁绍之间的官渡之战即发生在这条路上。

中原与关西之间有从洛阳到长安的两京古道，曹操曾沿这条路征讨马超、韩遂。

中原与徐州之间道路平坦，由许都经睢阳过小沛可到彭城，曹操沿着这条路先后进攻过陶谦、吕布、刘备。

汉中与关西之间自西向东有祁山道、陈仓道、褒斜道、傥骆道、子午道，曹操征张鲁、诸葛亮北伐、姜维北伐、钟会灭蜀分别从中取道。

南阳与中原之间有宛城到洛阳的宛洛大道和许都到宛城的方城夏道，孙坚曾由宛洛大道讨伐董卓，曹操先后 3 次由方城夏道征讨张绣。

淮南与徐州之间道路平坦，由下邳可到寿春、钟离、盱眙、淮阴等地，袁术与刘备、吕布在这些道路上有过多次交锋。

汉中与巴蜀之间有金牛道、米仓道、阴平道，刘备征汉中走的是金牛道，张郃进攻巴中走的是米仓道，邓艾灭蜀走的是阴平道。

南阳与荆州之间有江陵到襄阳的荆襄古道，曹操南征荆州，关羽北伐襄阳走的都是这条路。

淮南与江东之间有三条水路，分别是皖县到皖口，合肥到濡须口，广陵到京口，曹魏与孙吴之间的多次战争都围绕 3 个渡口展开。

荆州与巴蜀之间有白帝城到江陵的三峡通道，夷陵之战刘备走的是陆路，刘备入川、王濬灭吴之战走的都是水路。

荆州与江东之间有夏口到柴桑的水路，孙权剿除黄祖的系列战即由这条水路进军。

荆州与岭南之间西有衡阳到始安的零陵峤道，东有衡阳到番禺的桂阳峤道，步骘南征吴巨时走的是零陵峤道。

收官：三分归晋

建安末年，11 股割据势力只剩下曹、刘、孙三家，魏、蜀、吴三足鼎立的局面就此形成。三国时期的中字模型如下：

之所谓从 11 股势力缩小到了 3 股而不是 2 股或 4 股，是因为这 3 股势力处于三种地形上：魏国在平原、蜀国在山地、吴国在水乡。也就是说，从更高的高度俯瞰三国，11 个军事地理单元可以缩减到 3 个：北方平原、西南山地、江南水乡，中字模型变成了品字模型。在冷兵器时代，单一兵种统一单一地形相对容易，但是跨兵种跨地形作战相对困难，因此从 190 年到 220 年，11 股割据势力剩下了三家。

从公元 220 年到公元 263 年，长达 43 年的时间里，魏、蜀、吴三足鼎立的局面非常稳定，谁也无法拿到对方一个军事地理单元。三足鼎立局面为什么会如此稳定呢？原因有二，一是资源大体相当，二是兵种各有优势。

由于魏国的强大，吴蜀两国总体上保持着结盟的状态，三足鼎立的局面也可以看作魏国与吴蜀联盟之间的南北对峙。在中字模型的 11 个军事地理单元中魏国占有 6 个，吴蜀联盟占有 5 个，如果去掉汉中、南阳、淮南三个南北通道，双方各占 4 个，魏国和吴蜀联盟在资源方面大体相当。

兵种方面，魏国地处平原，配备金戈铁马的骑兵强大；蜀国地处山地，配备强弓硬弩的步兵强大；吴国地处水乡，配备高帆大船的水兵强大。蜀国坐拥高山之利，魏国的骑兵无所适从；吴国凭借长江之险，魏国的骑兵也只能望洋兴叹。而吴蜀两国都缺少强大的骑兵，无法与魏国逐鹿中原。

魏蜀吴三国经过 43 年的平稳发展，魏国逐渐掌握了蜀国的造弩技术和吴国造船技术，制造了大量的弓弩和舰船，在装备上追上甚至超过了吴蜀两国。而战马作为一种自然资源，短时间无法大量繁殖，吴蜀两国与魏国始终存在差距。

公元263年，优势最终转化为胜势，魏国在汉中这条南北通道上取得突破，并引起多米诺骨牌效应，在短短17年内由魏国的替代者晋国统一天下。

	河北 (曹操)	
关西 (曹操)	中原 (曹操)	徐州 (曹操)
汉中 (刘备)	南阳 (曹操)	淮南 (曹操)
巴蜀 (刘备)	荆州 (孙权)	江东 (孙权)
	岭南 (孙权)	

∧ 三足鼎立时的中字模型

棋盘

中字模型

第一章

中字模型的建立

三国，是英雄的棋局。

世人以纹枰为盘，石子为棋，计算胜负。

英雄以大地为盘，兵将为棋，争夺天下。

话说天下大势，我们从《三国演义》中曹操与刘备煮酒论英雄的故事开始：

玄德曰："淮南袁术，兵粮足备，可为英雄？"

操笑曰："冢中枯骨，吾早晚必擒之！"

玄德曰："河北袁绍，四世三公，门多故吏；今虎踞冀州之地，部下能事者极多，可为英雄？"

操笑曰："袁绍色厉胆薄，好谋无断，干大事而惜身，见小利而忘命，非英雄也。"

玄德曰："有一人名称八俊，威镇九州，刘景升可为英雄？"

操曰："刘表虚名无实，非英雄也。"

玄德曰："有一人血气方刚，江东领袖，孙伯符乃英雄也？"

操曰："孙策藉父之名，非英雄也。"

玄德曰："益州刘季玉，可为英雄乎？"

操曰："刘璋虽系宗室，乃守户之犬耳，何足为英雄！"

玄德曰："如张绣、张鲁、韩遂等辈皆何如？"

操鼓掌大笑曰："此等碌碌小人，何足挂齿！"

玄德曰："舍此之外，备实不知。"

操曰："夫英雄者，胸怀大志，腹有良谋，有包藏宇宙之机，吞吐天地之志者也。"

玄德曰："谁能当之？"

操以手指玄德，后自指，曰："今天下英雄，惟使君与操耳！"

煮酒论英雄中，刘备一共提名了8位英雄候选人：袁术、袁绍、刘表、孙策、刘璋、张绣、张鲁、韩遂。而曹操认为真正的英雄只有刘备和他自己。其实他们还忘了一个人，就是天高皇帝远割据交州的士燮。《三国演义》虽然是小说，但虚构的是故事细节，而非天下大势，从上帝视角看，《三国演义》与《三国志》的差别很小，正史上东汉末年成气候的割据势力正是这11股。但想要解释历史，仅仅用英雄史观是不够的，还要考虑地理因素，我称之为"地缘史观"。

东汉末年地方行政机构分为州郡县三级，与现在的省市县三级类似。当时全国一共有13个州，分别是：司州，豫州，兖州，徐州，青州，凉州，并州，冀州，幽州，扬州，荆州，益州，交州。州下设郡，全国共有158个郡，郡下设县，全国共有1190个县。在11股割据势力中，袁绍坐拥冀青幽并四州但只是一股势力，而袁术只有淮南一个郡但也是一股势力，看来，用13州划分11股割据势力是不准确的。于是我们就要引入一个概念：军事地理单元。

军事地理单元指的是地形上相对封闭，资源上能够自给自足的地理区域。一旦天下大乱，这种区域易守难攻，钱粮充足，很容易形成割据。汉末三国时期，中国版图上的军事地理单元正好有11个，与11股割据势力一一对应。

军事地理单元	割据势力
河北	袁绍
关西	韩遂
中原	曹操
徐州	刘备
汉中	张鲁
南阳	张绣
淮南	袁术
巴蜀	刘璋
荆州	刘表
江东	孙策
岭南	士燮

这 11 个军事地理单元的位置关系可以用"五横三纵"来概括。

"五横"指：

一横：黄河以北的河北。

二横：黄河以南、秦岭淮河以北的关西、中原、徐州。

三横：秦岭淮河以南、大巴山长江以北的汉中、南阳、淮南。

四横：大巴山长江以南、五岭以北的巴蜀、荆州、江东。

五横：五岭以南的岭南。

"三纵"指：

一纵：位于我国地势二级阶梯的关西、汉中、巴蜀。

二纵：位于我国南北大动脉的河北、中原、南阳、荆州、岭南。

三纵：位于我国东部沿海的徐州、淮南、江东。

其中，汉中、南阳、淮南较小，而且东西方向无法进行军事行动，我们可以把它们理解为南北通道。另外，在军事地理上，最北端的河北只与中原相连，最南端的岭南只与荆州相连。由此，我们可以把 11 个军事地理单元的位置关系简

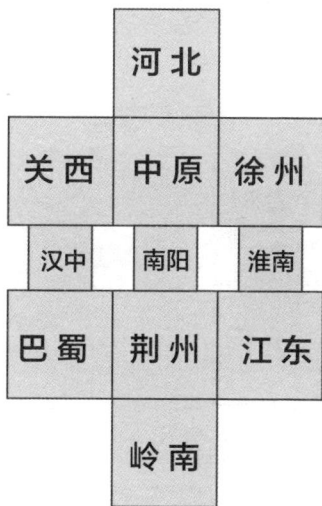

∧ 中字模型

∧ 汉末割据模型

化一下，得到一个三国军事地理大势的简化模型，这个模型很像中国的"中"字，我称之为中字模型。我们再把割据势力加上去，就可以得到汉末群雄割据模型。

中字模型的验证

魏蜀吴三国形成过程中，都有谋士为各自主公提出过统一天下的战略计划，曹操方面是荀彧，刘备方面是诸葛亮，孙权方面是鲁肃和周瑜，我们看看中字模型能否简洁直观地解释他们的战略计划。

荀彧的战略计划

荀彧提出战略计划时天下大势如图。

荀彧的战略计划分为两步，首先：

> 今以破李封、薛兰，若分兵东击陈宫，宫必不敢西顾，以其间勒兵收熟麦，约食畜谷，一举而布可破也。破布，然后南结扬州，共讨袁术，以临淮、泗。（《三

∧ 荀彧提出战略计划时的中字模型

国志·荀彧传》）

然后：

原公急引兵先定河北，然后修复旧京，南临荆州，责贡之不入，则天下咸知公意，人人自安。天下大定，乃议古制，此社稷长久之利也。（《三国志·荀彧传》）

荀彧战略计划的第一步是稳固中原，然后东破徐州吕布，再与江东孙策联合共讨淮南袁术。第一步实现后，南阳张绣投降曹操，荀彧又为曹操规划了第二步：北定河北袁绍，南临荆州刘表。到了建安十三年（208年）赤壁之战前夕，荀彧的战略计划基本得以实现。

∧ 荀彧的战略计划基本实现

建安十三年（208年）冬，曹操兵败赤壁，荆州被周瑜夺取，荀彧的战略计划就此终止。

诸葛亮的战略思想

诸葛亮为刘备提出的战略计划就是著名的隆中对，当时刘备依附荆州刘表，

	河北 （曹操）	
关西 （马韩）	中原 （曹操）	徐州 （曹操）
汉中 （张鲁）	南阳 （曹操）	淮南 （曹操）
巴蜀 （刘璋）	荆州 （刘表）	江东 （孙权）
	岭南 （士燮）	

∧ 诸葛亮提出战略计划时的中字模型

天下大势如图。

刘备三顾茅庐，见到诸葛亮，诸葛亮为刘备提出了三分天下之策：

自董卓以来，豪杰并起，跨州连郡者不可胜数。曹操比于袁绍，则名微而众寡，然操遂能克绍，以弱为强者，非惟天时，抑亦人谋也。今操已拥百万之众，挟天子而令诸侯，此诚不可与争锋。孙权据有江东，已历三世，国险而民附，贤能为之用，此可以为援而不可图也。荆州北据汉沔，利尽南海，东连吴会，西通巴蜀，此用武之国，而其主不能守，此殆天所以资将军，将军岂有意乎？益州险塞，沃野千里，天府之土，高祖因之以成帝业。刘璋闇弱，张鲁在北，民殷国富而不知存恤，智能之士思得明君。将军既帝室之胄，信义著于四海，总揽英雄，思贤如渴，若跨有荆、益，保其岩阻，西和诸戎，南抚夷越，外结好孙权，内修政理；天下有变，则命一上将将荆州之军以向宛洛，将军身率益州之众出于秦川，百姓孰敢不箪食壶浆以迎将军者乎？诚如是，则霸业可成，汉室可兴矣。（《三国志·诸葛亮传》）

在诸葛亮看来，荆州"北据汉沔（南阳），利尽南海（岭南），东连吴会（江东），西通巴蜀"，刘备应该以此为基础，然后西进巴蜀，吞并汉中，等待时机，命一位上将军从荆州北伐南阳、中原，刘备同时从汉中北伐关西。建安二十四年（219年）春，刘备从曹操手中夺取汉中，诸葛亮的战略计划基本实现。

建安二十四年（219年）冬，关羽北伐襄阳，孙权趁机袭取荆州，擒杀关羽，诸葛亮的战略计划就此终止。

	河北 （曹操）	
关西 （马韩）	中原 （曹操）	徐州 （曹操）
汉中 （刘备）	南阳 （曹操）	淮南 （曹操）
巴蜀 （刘备）	荆州 （刘备）	江东 （孙权）
	岭南 （士燮）	

∧ 诸葛亮的战略计划基本实现

鲁肃和周瑜的战略思想

孙权方面的战略计划由鲁肃和周瑜先后提出，鲁肃的战略计划即是著名的榻上策，当时天下大势如图。

孙权继承孙策不久，询问鲁肃该如何建功立业，鲁肃说：

昔高帝区区欲尊事义帝而不获者，以项羽为害也。今之曹操，犹昔项羽，将军何由得为桓文乎？肃窃料之，汉室不可复兴，曹操不可卒除。为将军计，唯有鼎足江东，以观天下之衅。规模如此，亦自无嫌。何者？北方诚多务也，因其多务，剿除黄祖，进伐刘表，竟长江所极，据而有之，然后建号帝王以图

∧ 鲁肃提出战略计划时的中字模型

天下，此高帝之业也。（《三国志·鲁肃传》）

　　黄祖镇守的江夏郡是荆州与江东的临界点，鲁肃计划先剿灭黄祖夺取江夏，然后进一步讨伐荆州，占据长江以南的荆州和江东，以长江作为屏障，建国称帝，图谋天下。建安十四年（209 年），周瑜击败曹仁获得荆州，鲁肃的战略计划基本实现。

　　榻上策实现后，建安十五年（210 年），周瑜又为孙权提出统一天下的战略计划：

　　今曹操新折衄，方忧在腹心，未能与将军连兵相事也。乞与奋威俱进取蜀，得蜀而并张鲁，因留奋威固守其地，好与马超结援。瑜还与将军据襄阳以蹙操，北方可图也。（《三国志·周瑜传》）

　　周瑜的战略计划是先攻取巴蜀刘璋，再吞并汉中张鲁，然后留奋威将军孙瑜固守汉中，与关西马超结盟，周瑜回到荆州占据南阳的襄阳，对抗曹操，图谋北方。这个计划与诸葛亮的隆中对如出一辙，真称得上英雄所见略同。但是，在筹备这个计划时，周瑜不幸病逝，周瑜的战略计划就此终止。

荀彧的战略计划提到了中字模型中的中原、徐州、江东、淮南、河北、荆州。诸葛亮的战略计划提到了中字模型中的荆州、南阳、岭南、江东、巴蜀、中原、关西。鲁肃和周瑜的战略计划提到了中字模型中的江东、荆州、巴蜀、汉中、关西、南阳。魏蜀吴三家的战略计划包含且只包含了中字模型的 11 个军事地理单元，彼此方位也与中字模型一致。由此，我们认为，中字模型可以反映三国时期的天下大势。

∧ 周瑜提出战略计划时的中字模型

开局

汉室倾颓

第二章

豪杰并起

东汉末年，地方势力增强，具体体现在4个方面：一是政治上州牧只手遮天，如刘璋、刘表；二是经济上豪族富可敌国，如袁绍、袁术；三是军事上军阀拥兵自重，如曹操、孙策；四是思想上宗教领袖一呼百应，如张鲁。

政治上州牧只手遮天

刘璋、士燮、刘表、陶谦等割据势力都是由州牧过渡而来。

东汉的地方行政机构沿袭了秦汉以来的郡县两级，全国一共有158个郡（或国），1190个县，郡的最高行政长官为郡守，县的最高行政长官为县令。在郡之上，全国设立了13个州，州的最高行政长官为州刺史。不过，州仅仅是个监察区，职能是考核郡守和县令的政绩，州刺史既无政权也无兵权。因此，东汉地方最高一级军事长官还是郡守，由于郡国众多，实力比较分散，很难形成割据。

这种政治结构在东汉末年被打破。迫于黄巾起义的压力，中央政府决定整合资源，把郡国的军事力量拧成一股绳，集中力量办大事。汉灵帝采纳太常刘焉的建议，把州设为郡县之上的更高一级行政单位，设置州牧，集军政大权于一身。包括司马光在内的很多历史学家认为，这一事件是东汉王朝崩溃的标志。

州由监察区变成了行政区，地方行政机构变成了州郡县三级，州牧独揽大权，只手遮天，逐渐形成割据。

经济上豪族富可敌国

袁术、袁绍等割据势力都是由豪族过渡而来。

东汉的经济制度可分为庄园经济和小农经济。随着东汉进入气候学上的小冰河时期，天气变冷，粮食减产，小农经济濒临崩溃。而庄园经济体量巨大，设施齐备，受到的影响较小。因此，许多自耕农变卖土地，甚至他们自己也沦为豪族的依附，脱离了国家的户籍，不再向国家交纳赋税。随着土地兼并和人口依附的加剧，许多豪族富可敌国。比如冯翊郡有桓氏、田氏、吉氏、郭氏，天水郡有姜氏、阎氏、任氏、赵氏，吴郡有顾氏、陆氏、朱氏、张氏等等。其中的佼佼者就是汝南袁氏，从袁绍的高祖父起，袁家四世三公，门客众多，袁术母亲死的时候，前来送葬的有3万多人。

迫于黄巾起义的压力，豪族为了维护自身的利益，防备黄巾军的侵袭，开始建立私人武装，逐渐形成割据。

军事上军阀拥兵自重

曹操、刘备、孙坚、马腾、吕布、董卓、张绣等割据势力都是由军阀过渡而来。

东汉末年，狼烟四起，西有羌族叛乱，东有黄巾起义，北有匈奴侵扰，后又值董卓乱政，一批军阀借机登上历史舞台。

董卓与羌人有过100多次战争，曾斩杀羌人首领，获得俘虏超过万人。

曹操陈留起兵之时，恰逢青州黄巾军进攻兖州，曹操击败黄巾军，获降卒30余万，曹操收其精锐，组成军队，号青州兵。

在剿灭黄巾军的战斗中，孙坚身先士卒，攻下宛城；在征讨董卓的战斗中，孙坚又斩杀华雄，击败吕布，把董卓赶出洛阳。

马腾、马超父子曾与匈奴单于呼厨泉作战，马超带伤上阵，大破敌军。马超部将庞德亲手斩杀敌将郭援，逼降匈奴。

这些军阀在战争中锻炼了自己，壮大了部队，逐渐形成割据。

思想上宗教领袖一呼百应

割据汉中的张鲁就是由宗教领袖过渡而来。

东汉末年，瘟疫流行，就连医圣张仲景的家族，三分之二的人都因为感染瘟疫而死亡。在现有医学失效的情况下，老百姓只能求助于宗教。当时，好几股宗教势力趁机兴起，他们用神符圣水愚弄百姓，信徒逐渐扩大，少则几千，多则数万，甚至数十万，其中较大规模的有张角领导的太平道、于吉领导的太平青领道、张鲁领导的五斗米道。

一旦品尝到了权力的味道很难戒掉。这些宗教领袖打出来的都是治病救人的幌子，但是揣着的都是称王称霸的野心，时机成熟后，纷纷造反。虽然张角和于吉都相继被镇压，但张鲁却在汉中广招信徒，扩大势力，逐渐形成割据。

董卓乱政

东汉皇帝从第四代和帝开始，就陷入登基早驾崩早的死循环：

皇帝任数	姓名帝号	登基年龄	死亡年龄
1	光武帝刘秀	30 岁	63 岁
2	明帝刘庄	30 岁	48 岁
3	章帝刘炟	18 岁	31 岁
4	和帝刘肇	10 岁	27 岁
5	殇帝刘隆	3 个月	8 个月
6	安帝刘祜	13 岁	32 岁
7	前少帝刘懿	8 个月	2 岁
8	顺帝刘保	11 岁	30 岁
9	冲帝刘炳	2 岁	3 岁
10	质帝刘缵	8 岁	9 岁
11	桓帝刘志	15 岁	36 岁
12	灵帝刘宏	13 岁	33 岁
13	少帝刘辩	14 岁	14 岁
14	献帝刘协	9 岁	54 岁

我们可以算一下，刨除被认为是明君的前三代皇帝和末代皇帝汉献帝，东汉中后期 10 位皇帝的平均登基年龄为 10.6 岁，平均死亡年龄为 18.7 岁。

对于这种现象，除了基因问题，我们只能这样解释：因为小皇帝登基早没有后代，就要早早生孩子，这对小皇帝身体造成了伤害，也违反了优生优育的原则，死循环因此无法跳出。

皇帝太小无法执政，皇帝身边最亲近的人就有了专权的机会，于是东汉中后期形成了外戚和宦官"狗咬狗"的局面。黄巾起义激化了外戚与宦官的矛盾，大决战的时机到了。

袁绍为以何进为代表的外戚势力出了一个馊主意：调董卓进京铲除宦官。事情暴露，官宦势力的代表张让谋杀了何进，袁绍又杀了张让。左右东汉政局 100 年的两大政治势力同归于尽，在阴间相逢一笑泯恩仇了。中央政府一瞬间进入了空置状态，姗姗来迟的董卓捡了个大馅饼。

为了扶持自己的势力，董卓废黜少帝刘辩，拥立陈留王刘协为汉献帝，自封相国，入朝不趋，剑履上殿，挟天子令诸侯，甚至奸污宫女和公主，大逆不道。东汉皇权仅有的一点尊严丧失殆尽。

初平元年（190 年），关东群雄组织义军，以讨董为名起兵，推举袁绍为盟主，屯兵酸枣，威胁洛阳。面对关东军的势力，董卓大为震惊，先鸩杀了废帝刘辩，又挟持汉献帝迁都长安。

如果这时齐心协力一同追击，关东联军很有机会彻底消灭董卓。但是，能把董卓赶跑他们已经很满意了，对大多数诸侯来说，征讨董卓只是他们的一次实兵演习，他们的兴趣在于彼此兼并，扩大自己的势力，没有人愿意冒险去与董卓作战。在讨董战争中，真正打仗的只有两个人，一个是曹操，一个是孙坚。

开了 100 天的酒会，董卓跑了，关东联军也解散各回各家了，群雄讨董卓的闹剧就此收场。

董卓退回长安，虽然挟持了献帝，但充其量也只不过是一股势力而已。

各路诸侯回到自己的老巢，着手发展自己的势力，忘记了那个小皇帝。

在这个乱局中，谁还在乎所谓的皇权呢？

董卓乱政的导火索一经点燃，州牧、豪强、军阀、宗教领袖，八仙过海各显神通，群雄割据的大戏正式上演。

落子

群雄割据

第三章

中华龙首：河北

河北的地理环境

河北北有燕山，南有黄河、山东丘陵，西有太行山，东有渤海，形成天然屏障。三国时期，河北地区包含冀、青、幽、并四州，相当于现在的河北省全部、山西省东部、山东省北部，是当时最大的军事地理单元。其中，冀州在今天河北中南部，冀即河北的简称；青州在今天山东北部，虽然位于黄河东南，但由于山东丘陵的阻隔，在地理上青州与河北联系更加紧密；幽州包括现在的河北北部、辽宁大部、朝鲜半岛北部；并州在如今的山西东部。《读史方舆纪要》形容河北的地理环境："沧海环其东，太行拥其右，漳卫襟带于南，居庸锁钥于北，前襟滹河，北枕大漠，川归毂走，开三面以来八表之梯航；奋武揆文，执长策以扼九州之吭背。"从元朝开始，中国历代都城都设在河北。

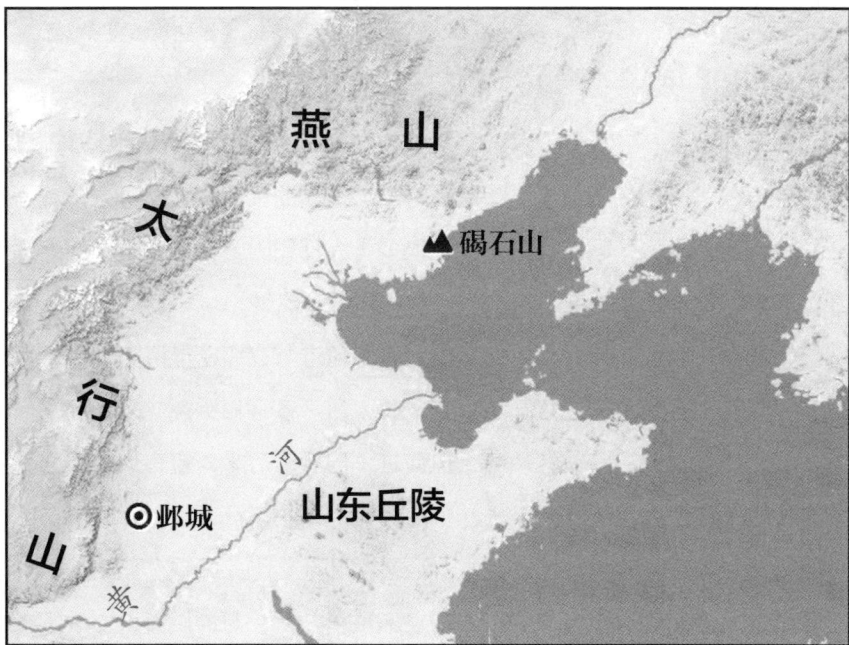

∧ 河北地形图

河北境内有海河平原，面积约 12.8 万平方公里，由海河、滦河等河流冲积而成，灌溉便利，盛产小麦。河北地区又与北方草原临近，可以提供优良战马。

《读史方舆纪要》形容河北："鱼盐枣栗，多于瀛海、碣石之间。突骑折冲，近在上谷渔阳之境。修耕屯而塘泊之利可兴，振师干而开宁之疆在握，此真抚御六合之宏规也。"

河北与中原以黄河和山东丘陵为界，河北袁绍与中原曹操之间曾发生过著名的官渡之战。

由河北过碣石山走辽西走廊可到昌黎郡和辽东郡，即今天的辽宁省西部和辽宁省东部，曹操征讨乌桓、司马懿平定辽东都走过辽西走廊。由辽东郡再往东南方向走可到乐浪郡，即现在的朝鲜。

河北的治所在邺城，"邺"之名始于虞舜的辅臣大业的始居地。三国时，袁绍曹操先后在这里建都，著名的铜雀台和曹操墓都在邺城。

河北的割据沿革

袁绍时代（198 年—207 年）

袁绍字本初，汝南汝阳人，其高祖父袁安在汉和帝时担任司徒，从袁安开始，袁家四世三公，门生故吏遍天下，是当时全国最大的豪族。袁绍母亲是婢女，为了摆脱庶出的身份，袁绍礼贤下士，很多士人都归附于他。大将军何进提拔袁绍为御史，不久升迁为中军校尉，一直做到司隶校尉。

灵帝死后，少帝即位，太后的哥哥大将军何进与袁绍密谋清除宦官，太后不同意，于是二人召董卓进京，想以此威胁太后。宦官们听说此事，都去何进处谢罪，袁绍劝说何进将宦官杀死，但何进不同意。后来，宦官们借召何进入宫议事之机杀死何进，劫持少帝逃走。袁绍率兵抓捕宦官，无论大小全部诛杀。有些没有胡须的男人为了防止被误杀，看到袁绍的士兵就脱下裤子露出下体。

董卓进入洛阳后，想废掉少帝，拥立陈留王刘协，与群臣商议，袁绍当面反对董卓。董卓按着剑柄呵斥袁绍："小子，你怎敢放肆！天下大事，完全在我，我想做的，谁敢不从？你以为我的刀不够锋利吗？"袁绍勃然大怒，说："天下豪杰难道只有你董公？"于是把佩刀横过来，向众人鞠躬后离开，把司隶校尉的官印挂在门上，离开洛阳前往冀州。董卓担心袁绍利用家族的影响力起兵反对自己，赦免了袁绍，封他为渤海太守。

《三国演义》中，袁绍说的是："汝剑利，吾剑未尝不利！"更加针锋相对。

正如董卓所料，袁绍在渤海起兵，自号车骑将军，号召关东诸侯联合讨伐董卓，关东诸侯响应袁绍的号召，结为联盟，推举袁绍为盟主。袁绍与冀州牧韩馥要拥立幽州牧刘虞为皇帝，但是刘虞坚决不接受。董卓畏惧关东联军，迁都长安，讨董联盟随之解散。

赶走了共同的敌人董卓，关东联军开始互相兼并，袁绍计划以冀州作为根据地夺取河北。袁绍曾问曹操："假如大事不成，有什么地方可以据守？"曹操说："足下的意思呢？"袁绍说："我南据黄河，北方依靠燕代地区，团结少数民族，向南争夺天下，大概可以成功吧！"曹操说："吾任天下之智力，以道御之，无所不可。"

袁绍派出荀彧的哥哥荀谌游说冀州牧韩馥让出冀州。荀谌对韩馥说："公孙瓒向南进攻，袁绍向东进攻，我们觉得您很危险。"韩馥说："那我该怎么办呢？"荀谌说："公孙瓒锐不可当，袁绍一时豪杰，都不愿久为人下。冀州是天下重地，如果公孙瓒和袁绍合兵一处，兵临城下，就大难临头了。袁绍是将军您的故交，而且曾经与您结盟讨伐董卓，不如把冀州让给袁绍。袁绍得到冀州，必定厚待将军。冀州交给好友，将军有让贤之名，比泰山还安稳，不要犹豫了！"韩馥生性怯懦，在荀谌的游说下，让位给袁绍，袁绍成为冀州牧。

袁绍占据冀州后，沮授为袁绍制定了统一天下的战略计划。沮授说："将军20岁就在朝中做官，名扬四海，董卓乱政之时，愤然反抗，单骑出走，董卓畏惧。您北渡黄河，渤海投降，率领一郡士卒，聚合冀州人马，威震河朔，名重天下。虽然黄巾军狡猾，黑山军跋扈，但如果举兵东进，青州可定，回军征讨黑山军，张燕可灭，再率兵北上，公孙瓒可败。这样，戎狄匈奴等少数民族也会归附于您。横贯黄河之北，聚合四州之地，招揽英雄之才，拥有百万之兵，把汉献帝从长安接回来，恢复洛阳的宗庙，号令天下，征讨叛逆，谁与争锋？数年之后，大事可成。"袁绍大喜，说："正合我意。"此后，袁绍的行动基本按照沮授的计划展开兼并河北的战争。

初平二年（191年）冬，袁绍亲自率兵征讨公孙瓒，两军在界桥南20里处交锋。公孙瓒步兵3万余人排成方阵，骑兵在两翼，左右各有5000余匹战马，白马义从作为中坚力量，也分为两队，左队射右边，右队射左边。袁绍令麹义率领800名精兵为先锋，以强弩千张为掩护，袁绍亲率数万步兵殿后。公孙瓒见袁绍兵少，下令派骑兵发起冲锋。麹义的800名士兵俯伏在盾牌下不动，等到公孙瓒的骑兵距离几十步时，同时一跃而起，向前冲杀，强弩齐射，公孙瓒的骑兵应弦而倒，公孙瓒率军逃走。麹义乘胜追击，一直杀到界桥。袁绍随后赶上。袁绍见公孙瓒被击败，掉以轻心，帐下只有强弩数十张，持戟卫士百余人。公孙瓒逃散的2000多名骑兵赶到，把袁绍团团围住，箭如雨下。别驾从事田丰扶着袁绍，要他退入一堵矮墙里，袁绍把头盔摔在地上，说："大丈夫应该冲上前战死，躲在墙后难道就能活命吗！"他指挥强弩手应战，射伤公孙瓒大量骑兵，公孙瓒的士卒没有认出袁绍，也渐渐后退。等到麹义领兵前来，公孙瓒的骑兵才撤走。

《三国演义》中，界桥之战赵云起到了很大的作用，先是救下被文丑追赶的公孙瓒，又刺死麹义，这些故事都是虚构的，赵云并没有救过公孙瓒，麹义也是因为居功自傲被袁绍杀死的。

初平四年（193年），袁绍私署长子袁谭为刺史，以武力夺取了公孙瓒控制的青州。董卓死后并州牧空缺，袁绍又任命外甥高干为刺史。这样，袁绍在冀州的基础上又控制了青、并二州。

兴平二年（195年），汉献帝辗转流亡到河东等地，沮授建议袁绍把献帝接到邺城定都，袁绍不听。后来曹操迎奉献帝迁都许县，挟天子令诸侯，袁绍这才后悔。

建安三年（198 年），袁绍大举进攻幽州，所向披靡，直抵易京。袁绍围攻易京，挖地道一直挖到易京城楼下，用柱子撑住，估计挖到城楼的一半，便纵火烧毁木柱，城楼随即倒塌。公孙瓒杀死姐妹妻小后自杀，幽州归属袁绍。

至此，袁绍坐拥冀、青、幽、并四州，士卒超过 10 万。袁绍命长子袁谭掌管青州，次子袁熙掌管幽州，三子袁尚掌管冀州，外甥高干掌管并州，沮授认为这会为日后争夺继承权埋下隐患，袁绍不听劝阻，一意孤行。

曹操时代（207 年—266 年）

建安五年（200 年）十月，曹操军与袁绍军相持于官渡，袁绍谋士许攸叛逃，告诉曹操袁绍的粮草都在乌巢，曹操于是奇袭乌巢，烧毁袁绍粮仓，继而击溃袁军主力，此战奠定了曹操统一中国北方的基础。

建安六年（201 年）四月，曹操率军再次在仓亭打败袁绍部队。

建安七年（202 年）五月，袁绍病死。九月，曹操率军渡过黄河，进攻黎阳。同袁军在黎阳城下大战，袁尚、袁谭不敌，退入城中固守。

建安八年（203 年）二月，曹操再次进攻黎阳，与袁谭、袁尚大战，袁谭、袁尚退守邺城，曹操占据黎阳。

建安九年（204 年）二月，曹操趁袁尚出兵攻打袁谭之机，进攻审配镇守的邺城。五月，曹操引漳河水淹没邺城。八月，曹操攻破邺城。

建安九年（204 年）十二月，曹操进军平原，在袁谭城门下安营。袁谭不敢交战，退至南皮，曹操进入平原，统一了青州。

建安十年（205 年）正月，曹操进攻南皮，袁谭逃跑，被追兵杀死，曹操统一了冀州。

建安十年（205 年）三月，袁熙受到部将焦触、张南的攻击，与袁尚一起投奔辽西郡的乌桓部落。焦触、张南归降曹操，曹操基本统一了幽州。

建安十一年（206 年）正月，曹操率兵进攻并州高干。三月，攻下壶关。高干与数骑逃亡，曹操派人将其捕杀，统一了并州。

建安十二年（207年），曹操出兵乌桓征讨袁尚、袁熙，八月，曹操攻破乌桓，袁尚、袁熙投奔辽东公孙康，公孙康不愿得罪曹操，将袁氏兄弟杀死，把二人首级献给曹操。至此，曹操彻底肃清了袁氏势力，占据了河北地区。

制命天下：关西

关西的地理环境

关西，指潼关以西的地区，赤壁之战前周瑜分析曹操的劣势，曾说"马超韩遂尚在关西，为操后患"，指的就是这里。

关西北有黄土高原，南有秦岭，西有大漠，东有华山、崤山、黄河，形成天然屏障。三国时，关西包括司州西部和凉州，相当于现在的陕西和甘肃两省大部分地区。

以陇山为界，关西分为关中地区和陇右地区，关中古称秦，陇右古称陇，因此关西地区又叫秦陇地区。陇山平均海拔在1000米以上，最高处超越2000米，

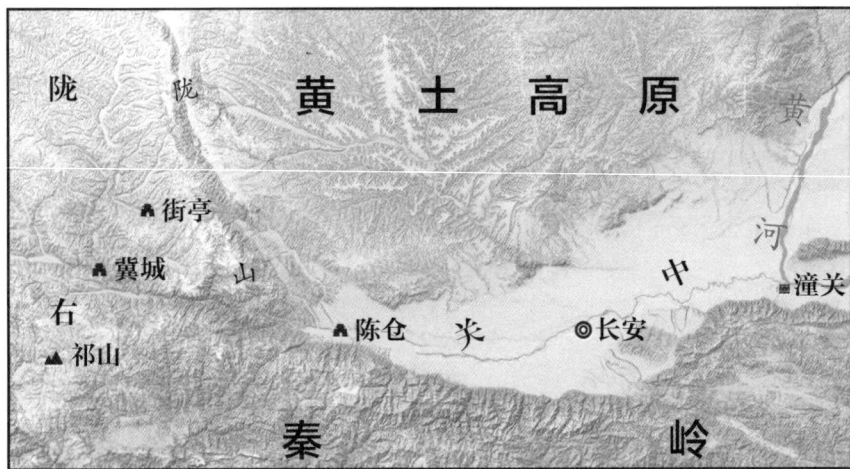

∧ 关西地形图

山势陡峭凶险。陇山是六盘山的南段，现在常用六盘山代指陇山，毛泽东曾作词《清平乐·六盘山》：

天高云淡，望断南飞雁。不到长城非好汉，屈指行程二万。六盘山上高峰，红旗漫卷西风。今日长缨在手，何时缚住苍龙？

因为陇山的阻隔，关中地区和陇右地区呈现出两种截然不同的地貌和文化，关中地区以平原为主，孕育了农耕文明，是周朝的发祥地，尊礼崇乐；陇右地区以草原为主，孕育了游牧文明，是秦朝的发祥地，尚武好战。

关中之内有关中平原，西起陈仓，中经长安，东至潼关，面积约3.6万平方公里，东西长约350公里，现在的1公里相当于古代的2里多点，350公里大约为800里，战国时秦国凭借关中统一天下，所以古人称关中平原为"八百里秦川"。关中平原又称渭河平原，由渭河及其支流泾河、洛河等冲积而成，灌溉便利，盛产小麦。

关中在四关之中，因此得名，四关即"关中四塞"：东潼关、南武关、西散关、北萧关。散关通汉中，潼关通中原，在三国时期相对重要。古人常用"百二秦关"形容关中，意思是在关中用2万人就可以抵挡敌人百万之众。关中对中原有高

∧ 泾渭分明

屋建瓴之势，《读史方舆纪要》称："据天下之上游，制天下之命者也。"

秦末，项羽灭秦后三分关中，设有京兆、冯翊、扶风三郡，因此后人常用三秦代替关中，比如王勃《送杜少府之任蜀州》中就有"城阙辅三秦，烽烟望五津"。关中最重要的3个城市为扶风郡的陈仓、冯翊郡的潼关、京兆郡的长安。陈仓在关中西部，南通汉中；潼关在关中东部，东拒中原；长安居中，是关中政治军事中心。中国所有强大的王朝，如汉、唐，皆在长安建都。

陇右在陇山以西，古人以右为西，因此称作陇右。陇右地区大体相当于现在的甘肃省，甘肃省的简称即是陇。以黄河为界，陇右又可以分为河西四郡和陇右四郡。

河西四郡指的是河西走廊上的武威、张掖、酒泉、敦煌四郡。酒泉古称甘州，张掖古称肃州，甘肃即因此得名。敦煌设有玉门关和阳关，过这两个关口即为西域，东汉在西域设有西域长史府，汉人的统治力有限，正所谓"羌笛何须怨杨柳，春风不度玉门关"、"劝君更尽一杯酒，西出阳关无故人"。三国时期，河西四郡属凉州，董卓、马腾、韩遂常年在这里抵御羌人。

陇右四郡指的是天水、陇西、南安、安定四郡，陇右地区的大部分人口都居住在这四郡，狭义的陇右指的就是这里。在陇右四郡中，天水郡的地位最重要。夏侯渊平定陇右、诸葛亮第一次和第四次北伐都发生在这里。天水地区干旱，汉武帝时期发生过一次地震，地面塌陷，恰逢天降大水，聚集在塌陷处，形成湖泊，当地人称天水湖，天水郡也因此而得名。天水郡的治所在冀城，著名的祁山、街亭都在天水郡。

古时称陇右的少数民族为羌族，古羌人以羊为图腾，男人称羌，即"羊儿"，女人称姜，即"羊女"，这反映了羌族游牧生活的特征。河西四郡和陇右四郡都有广袤的草原，草肥水美，是战马的天然牧场。河西四郡产大通马，陇右四郡产河曲马，都是名马。早在西周时期，秦非子就曾为周孝王牧马，汉武帝曾在陇右设置官马场26处。曹操曾对荀彧说："关西诸将，恃险与马。"

关中大路平坦，从长安西侧的咸阳骑马到陇山，只需要一个白天，唐代岑

英雄的棋局

参有诗曰："一驿过一驿，驿骑如星流。平明发咸阳，暮及陇山头。"但是，从关中穿过陡峭的陇山困难重重。

陇山南部设有陇关，汉武帝过此时遇到雷震，改名大震关。因为有关口的存在，所以陇山南段也叫关山。《木兰辞》中的"关山度若飞"的关山指的就是这里。但是，关山艰险，想要"度若飞"是不太现实的，三国时期，蔡文姬作《胡笳十八拍》曾说："十七拍兮心鼻酸，关山阻修兮行路难。"估计《木

〈 陇右羌人的羊崇拜

∨ 关陇通道

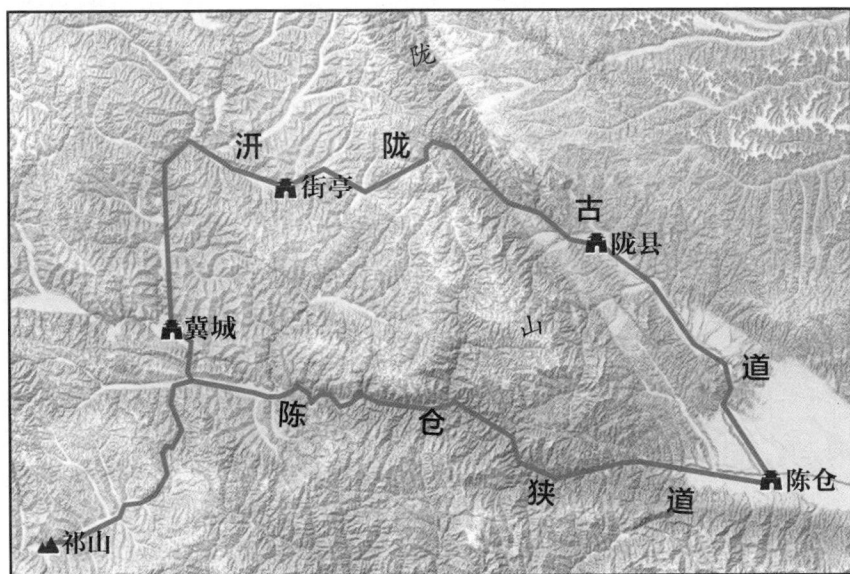

兰辞》的作者没亲自去过关山，正如李白所说："不见征戍儿，岂知关山苦。"

三国时期，从关中到陇右只有两条路，一条是南线的陈仓狭道，一条是北线的汧陇古道。

陈仓狭道从陈仓出发，沿着渭水西行，过临渭县，到天水郡的治所冀城。此段道路为水陆并用，但由于水道数段狭窄，两岸山崖险峻，导致其通行能力效果不佳，因此称之为陈仓狭道。建安十九年（214年），张郃曾带5000精兵从陈仓狭道进入陇右击败马超。

汧陇古道从陈仓出发，沿着汧水（也称汗水、千水）北上，经陇县西行，过街亭，由兴国南下到天水郡的治所冀城。汧陇古道开凿较早，是三国时由关入陇的主要线路。诸葛亮第一次北伐时，张郃曾由汧陇古道进军战胜镇守街亭的马谡。

关西的割据沿革
董卓时代（190年—192年）

董卓字仲颖，陇西郡临洮人，年轻时喜欢行侠仗义，曾经在羌人领地游历，同当地部落首领交好。董卓武艺高强，力大无比，骑马时带着两个箭袋可以左右开弓。因抵御羌胡有功，董卓被朝廷封为前将军，领并州牧。

灵帝刘宏死后，少帝刘辩即位，大将军何进与司隶校尉袁绍密谋斩除朝中的宦官，但太后不同意。为了逼迫太后，何进召董卓率领兵马进驻京都洛阳。董卓还没到洛阳，得到消息的宦官们杀死何进，挟持皇帝逃走，董卓追上，把皇帝抢回宫中。董卓又勾结吕布，杀死执金吾丁原，兼并丁原的部队，掌握京都兵权。

《三国演义》中，董卓拉拢吕布时曾送吕布赤兔马，正史中，吕布的马的确叫赤兔，但并没有史料说是董卓送给吕布的。赤兔应作"赤菟"，菟即虎，赤菟指红色的老虎。

为了扶持自己的势力，董卓废黜少帝刘辩，拥立陈留王刘协为汉献帝，自封相国，入朝不趋，剑履上殿，挟天子令诸侯，甚至奸污宫女和公主，大逆不道。

初平元年（190年），关东群雄组织义军，以讨董为名起兵，推举袁绍为盟主，屯兵酸枣，威胁洛阳。面对关东军的势力，董卓大为震惊，先鸩杀了废帝刘辩，又挟持汉献帝迁都长安。离开洛阳前，董卓焚烧皇宫，挖掘历代皇陵，偷走陪葬品。

到了长安，董卓自号尚父，出入乘坐青盖金华车，华贵至极。董卓任命自己的弟弟董旻为左将军，侄子董璜为侍中中军校尉典兵，家族内外都担任朝廷要职。群臣见到董卓，都要在车前拜见，董卓从不回礼，尚书以下的官员都要到董卓家里议事。

董卓法令残酷，不分好坏，随意施刑，被诬陷冤死者前后达数千人。百姓怒不敢言，道路以目。董卓废除五铢钱，改用小钱，于是物价飞涨，一斛谷要10万小钱。

董卓在长安修建与长安城墙一样高的郿坞，储备了30年的粮食，他说："大事若成，称霸天下，大事不成，足以坚守到老。"此时的董卓，虽然挟持天子，但也沦为一股割据势力了。

董卓知道自己树敌太多，担心有人谋害自己，便命中郎将吕布跟随自己左右做护卫，董卓宠信吕布，与吕布父子相称。吕布弓马俱佳，膂力过人，当时人称"人中有吕布，马中有赤兔"。但是，董卓性格暴躁，曾因小事不满而向吕布掷出手戟，险些击伤吕布，吕布事后向董卓道歉，董卓才原谅吕布。后来吕布又与董卓的婢女有染，担心被董卓发现，心中十分不安。

《三国演义》中吕布戏貂蝉的故事妇孺皆知，貂蝉这个名字于史无本，董卓的婢女应该是她的原型。

吕布去见司徒王允，述说他险些被董卓所杀的经过，王允此时正和李肃密谋除掉董卓，便让吕布做内应。吕布有些犹豫，说："董卓和我毕竟是父子，怎么好下手呢？"王允说："将军姓吕，不是董卓的亲生骨肉，如今你保全自己的性命还来不及呢，还说什么父子，董卓用戟掷你的时候，在乎父子之情了吗？"吕布于是答应与王允一起除掉董卓。

初平三年（192年）四月，汉献帝大病初愈，董卓进宫朝贺，由吕布担任侍卫。董卓进入宫门，李肃上前用戟刺杀董卓，董卓内穿铁甲，未能刺入，只伤了手臂。董卓大叫："吕布何在？"吕布说："有诏讨贼臣！"董卓大骂："庸狗，敢如是邪！"吕布用矛刺死董卓，并命令士兵砍下董卓头颅。主簿田仪及董卓的奴仆扑到董卓的尸前，吕布将他们杀死，一共杀了3个人。吕布随即从怀中取出诏书，对官兵们说："皇帝下诏，只讨董卓，其他人一概无罪。"将士们听到后都立正不动，高呼万岁。

《三国演义》中称董卓临死前准备篡位登基，但根据《三国志》记载，董卓并没有篡位的打算，只是前往朝贺汉献帝大病初愈。

百姓听说董卓被杀，在大街上唱歌跳舞，长安城中的男女卖掉珠宝首饰买酒买肉，互相庆贺，街道上水泄不通。董旻、董璜以及董卓宗亲，都被他们的部下杀死。董卓的尸体被拖到街市中，当时天气渐热，董卓身体肥胖，油脂流到地上，看守尸体的官吏便做了一个大灯捻，放在董卓的肚脐上点燃，从晚上烧到天亮，一连烧了几天。受过董卓迫害的袁氏家族门生把已被斩碎的董卓尸体收拢起来，焚烧成灰，撒在大路上。董卓修筑的用来存贮粮食的郿坞中藏有黄金二三万斤，白银八九万斤，绫罗绸缎、奇珍异宝堆积如山。

除掉董卓后，献帝任命王允主持尚书事务，吕布为奋威将军，封温侯，与王允一起主持朝政。吕布以自己诛杀董卓有功，到处夸耀。王允认为吕布只是一勇之夫，瞧不起吕布，引起吕布的不满。王允性情刚直方正，疾恶如仇，当初因为畏惧董卓，不得不委曲求全。董卓被杀之后，王允自认为不会再有什么祸难，颇为骄傲，因此部属们对他并不十分拥戴。

李傕、郭汜时代（192年—197年）

董卓死后，吕布劝王允把董卓的旧部全部杀死，王允说："这些人没有罪，不能处死。"王允最初想下诏书赦免董卓部下，但不久又有些担心，他说："部下只是服从主公命令而已，本来并没有罪，现在如果说赦免他们反叛的罪名，反倒让他们感到疑虑，不是万全之策。"因而没有颁布赦书。

当时，百姓传言朝廷准备全部诛杀董卓的凉州军团，董卓的旧部李傕、郭汜惶恐不安，打算各自逃跑返回老家。讨虏校尉凉州人贾诩说："诸位如果解散部队单独逃跑，一个亭长就能抓住你们，不如带领部队向西进攻长安，为董卓报仇，成功了，可以挟天子令诸侯，失败了，再逃跑也不晚。"李傕、郭汜采纳了贾诩的建议，互相结盟，率军西行。李傕、郭汜沿途收集散兵，到达长安时，部队从数千猛增到 10 余万，围攻长安八天八夜。

其间，吕布打开城门，对郭汜说："且却兵，但身决胜负。"郭汜于是与吕布单挑。郭汜当然打不过人中吕布，被吕布刺伤。

《三国演义》中，武将单挑是常规作战方式，但在正史中十分罕见，吕布与郭汜的单挑这可能是三国历史上唯一一次事先约定好的武将单挑。

围攻长安的第十天，吕布军中反叛，引导李傕入城，吕布与李傕在城中交战，被击败，吕布率领几百骑兵把董卓的脑袋系在马鞍上逃走。王允不愿逃走，对吕布说："如果社稷有灵，保佑国家平安，是我的最大心愿，如果事与愿违，我愿意为国捐躯。现在皇帝幼小，只能依赖我，临阵脱逃，我不忍心。帮我感谢关东诸侯，告诉他们不要忘了国家。"

李傕、郭汜进入宫中，杀死官吏百姓 1 万余人，尸体堆满街道。王允搀扶汉献帝登上城门，李傕、郭汜在城门跪下磕头，汉献帝问："你们大肆杀戮，想要干什么？"李傕、郭汜说："董卓忠心耿耿，无故被吕布所杀，我们为董卓报仇，并无篡逆之心。"

汉献帝被逼无奈，只能赦免李傕、郭汜，封李傕为扬武将军，郭汜为扬烈将军。李傕、郭汜想把贾诩封为侯爵，贾诩说："我提出的只是救命之计，没有什么功劳。"坚决不接受封侯。李傕、郭汜又任命他为尚书仆射，贾诩说："尚书仆射是百官的老师，应该天下有名望的人担任，我地位低微，不能令人心服口服。"最后，贾诩只接受了尚书的职务。

不久，李傕、郭汜把王允杀死，暴尸街头。吕布带着董卓的脑袋逃到南阳，投奔袁术。

马腾、韩遂时代（197年—212年）

马腾是东汉伏波将军马援的后代，出生在陇右，有羌族血统，身长八尺，威武雄壮。氐羌反叛时，马腾入伍，历任军从事、军司马、偏将军、征西将军。韩遂本名韩约，董卓乱政前为凉州从事，杀死凉州刺史反叛，聚众10万。

董卓进入关中时，曾经说服马腾、韩遂一起对抗关东联军，马腾、韩遂率众准备入主长安，但董卓被杀，只好作罢。李傕、郭汜封韩遂为镇西将军，马腾为征西将军。

兴平元年（194年），马腾有私事求于李傕，遭到李傕拒绝，于是率兵攻击，汉献帝派使者劝解，没有成功。韩遂也率兵与马腾联合，一起进攻李傕。李傕派郭汜迎战，马腾、韩遂战败，退军陇右地区。不久，李傕、郭汜又与马腾、韩遂讲和，改任马腾为安狄将军，韩遂为安降将军，双方分据关中和陇右，形成共处局面。马腾、韩遂二人结为异姓兄弟，甚为亲近。

兴平二年（195年），李傕与郭汜产生矛盾，争权夺利，几次要动武，贾诩每次都劝他们要以大局为重，即使内部存在分歧，表面上也要保持一致。

李傕经常请郭汜喝酒，有时还留郭汜住宿在自己家中。郭汜的妻子担心郭汜会喜欢上李傕家的侍女，想办法离间李傕、郭汜。一次，郭汜收到李傕礼物，郭汜妻子把李傕送来的豆豉说成毒药，挑出来给郭汜看，说："一群鸡中容不下两只公鸡，我实在不明白将军您为什么这样信任李傕。"另一天，李傕又请郭汜喝酒，郭汜大醉，怀疑酒中有毒，回到家中喝下粪汁把酒吐了出来。

李傕、郭汜彻底决裂，率领各自部队相互攻击。两人在长安城中战斗了几个月，死者数万。汉献帝派人调解，李傕、郭汜答应讲和，互相交换儿子为人质，但李傕妻子宠爱儿子，和解失败。献帝趁机逃出长安，前往洛阳，被曹操劫走，东迁许都。

汉献帝离开长安时，贾诩交回印绶，到华阴去投靠段煨。贾诩素有名望，段煨军中将士都很仰慕他，段煨也对贾诩礼遇有加。但贾诩暗中准备投奔张绣，有人对他说："段煨待您这么优厚，您还要到哪里去？"贾诩说："段煨生性多疑，对我有些嫉妒，虽然现在以礼相待。但不能长久，将来会有杀身之祸。我离开后，他一定很高兴，又希望我在外为他争取强援，一定会厚待我的妻小。张绣军中没有谋士，也希望得到我，这样，家人与我都会安全。"贾诩就前往张绣军中，张绣对他十分敬重，以晚辈自居。段煨也果然善待贾诩家眷。不久，郭汜的部将杀了郭汜，段煨等关西众将又杀了李傕。

李傕、郭汜死后，凉州军团虽然仍有实力，但力量分散。马腾、韩遂利用曹操在河北作战无力西顾的时机，乘虚入据关中。马腾、韩遂度过了一段蜜月期，但后来部曲间互相侵犯，两人结仇。马腾进攻韩遂，韩遂败走，合兵反攻马腾，杀死马腾的妻小，二人连年交战不休。建安初年（196 年），曹操派司隶校尉钟繇等人从中斡旋，两人才得以和解。从此，关西地区形成以马腾、韩遂为主众将分散割据的局面。

曹操时代（212 年—266 年）

赤壁之战后，曹操南下受阻，准备向西发展。建安十六年（211 年）三月，曹操以驻守洛阳的司隶校尉钟繇先行，征西护军夏侯渊后继，佯装进攻汉中张鲁，实质取道关中，企图控制关西众将。马超、韩遂等关西十将感到威胁，联合 10 余万人驻军潼关对抗曹军。八月，在曹操进攻潼关的掩护下，徐晃率兵4000 人趁夜从蒲阪津偷渡黄河，修筑防御工事。闰八月，曹操在徐晃的牵制下北渡黄河，马超趁曹军半渡而击之，几乎将曹操杀死。曹军西渡黄河后，在渭河南岸结营。联军屡次挑战，曹军坚守不出。冬，联军粮草殆尽，割地求和，曹操假装答应，但用计离间马超与韩遂的关系，并与联军约期会战，曹军先以轻兵应战，继以虎豹骑夹击，联军大败，马超、韩遂逃回陇右。

建安十七年（212 年），马超、韩遂逐渐分裂。马超联络羌、胡等少数民族军攻占陇右诸郡后，又攻占冀城。凉州参军杨阜联合姜叙等人反对马超，杀死马超全家，马超不得已投奔汉中张鲁。至此，包含陇右与关中的整个关西地区都被曹操占据。

建安十九年（214年），马超势力逐渐恢复，又得到张鲁帮助，率军进攻祁山。夏侯渊率军救援，派张郃率步骑5000人由陈仓狭道进攻马超，马超败走，退回汉中。不久，马超因张鲁怠慢入蜀投奔刘备。

天下重心：中原

中原的地理环境

中原北有黄河，南有伏牛山、桐柏山、淮河，西有华山、崤山、黄河，东有泗水，形成天然屏障。三国时期，中原主要包括兖州、豫州北部、司州东部，

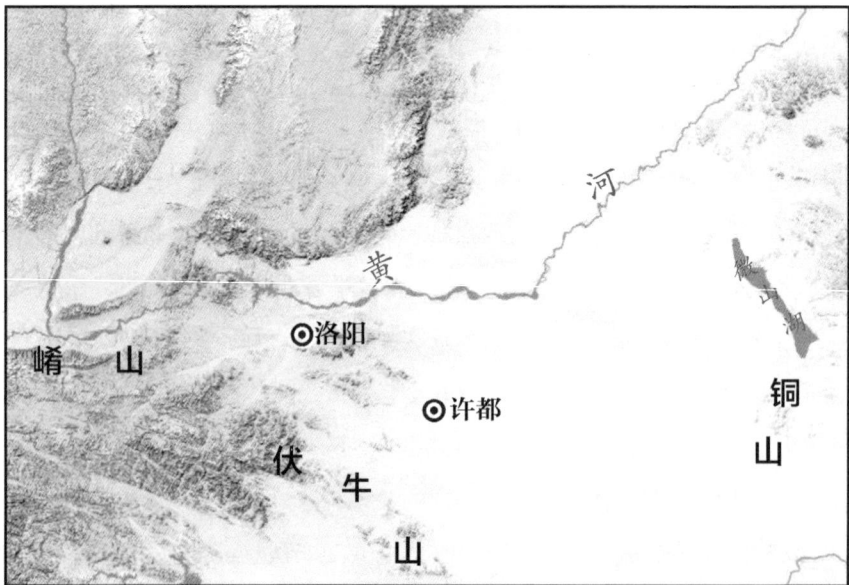

∧ 中原地形图

相当于现在的河南大部、安徽北部、山西南部、山东西南部，是三国时期人口最多的军事地理单元。

中原之"原"意指此处有广袤的平原，即今天的黄淮平原，面积超过 10 万平方公里，由黄河、淮河等河流冲积而成，灌溉便利，盛产小麦。中原是中

∧ 许昌的曹丞相府

∧ 洛阳八关图

华文明的发源地，夏商周三代都在这里定都，经济开发较早，自古就有"得中原者得天下"的说法，三国时期，占据中原的是曹操，最后魏晋果然统一天下。

中原之"中"意为天下之中，中原是四战之地，北有河北，南有南阳，西有关西，东有徐州，《读史方舆纪要》称中原为"四通五达之郊，兵法所称衢地者是也"。

许都和洛阳是中原最重要的两个城市，在三国时期先后成为中原的治所。

许都古称许州，尧时许由牧耕此地，洗耳于颍水之滨而得名。三国时，许都原称许县，曹操迎奉汉献帝到许县后改名许都，曹丕又改称许昌。中原是天下之中，许都是中原之中。《读史方舆纪要》说："自天下而言，河南为适中之地。自河南而言，许州又适中之地也。北限大河，鲁无溃溢之患；西控虎牢，不乏山溪之阻；南通蔡、邓，实包淮、汉之防。许亦形胜之区矣。岂惟土田沃衍，人民殷阜，足称地利乎。"

洛阳位于洛水之阳（北），因此得名。三国时期，东汉、曹魏、西晋都以洛阳为都城，李清照的父亲李格非曾说："洛阳之兴衰，天下治乱之喉也。"黄巾起义时，何进为了防止黄巾军进犯洛阳，在洛阳周围设置八处关隘，史称洛阳八关，即：函谷关、广成关、伊阙关、大谷关、轘辕关、旋门关、小平津关、孟津关。

中原的割据沿革

曹操时代（196年—266年）

曹操字孟德，西汉相国曹参的后代，曹操的父亲曹嵩是宦官曹腾的养子，曹腾历侍四代皇帝，曹嵩继承了曹腾的侯爵，汉灵帝时官至太尉。

曹操小时候很机灵，有计谋，喜欢行侠仗义，不爱读书，所以当时人们不认为他有什么特别，只有桥玄等人认为他不同常人，桥玄对曹操说："天下将乱，非命世之才不能济也，能安之者，其在君乎？吾见天下名士多矣，未有若君者也！君善自持。吾老矣！愿以妻子为托。"人物品评家许劭称曹操为"治世之能臣，乱世之奸雄"。

曹操20岁时举孝廉，先后担任洛阳北部尉、顿丘令、济南相、典军校尉。灵帝死后，少帝即位，大将军何进与袁绍密谋杀掉宦官，太后不同意，于是二人召董卓进京，想以此威胁太后。曹操得知后嘲笑他们："宦官自古有之，但先皇不该给他们特权，以致走到今天这步。惩治宦官，应该除掉元凶，用一个狱卒就够了，何必要召唤外人呢？想把宦官全部杀掉，事情一定会泄露出去，我看要大祸临头了。"

事情果然不出曹操所料，宦官得到消息后，先下手除掉何进，袁绍又杀死宦官，等董卓进入洛阳时，朝廷权力出现真空，董卓趁机独揽大权。董卓为了扶持自己的势力，废少帝，立献帝，祸乱朝政。董卓表曹操为骁骑校尉，曹操不愿意在董卓手下做官，于是变更姓名，从洛阳逃走，在陈留起兵公开反对董卓。

《三国演义》中，曹操是因为刺杀董卓不成才逃走的，这个说法并没有历史依据。

初平元年（190年）正月，关东联军兴兵讨董，推举袁绍为盟主，曹操为奋武将军。当时各路诸侯都拥戴袁绍，只有济北相鲍信对曹操说："谋略超群，能拨乱反正的人，只有您了。假如不是这种人才，即使强大也会失败。您是上天所派来的吧！"

二月，董卓烧毁洛阳皇宫，挟汉献帝迁都长安，关东联军虽有10多万人，但连续100多天只是置酒设宴，不思进取。曹操说："我们兴义兵诛暴乱，大军已经集结，诸位还有什么迟疑！倘若董卓倚仗皇权，据守洛阳，向东进军，还算得上大患。如今他烧毁皇宫，劫持天子，天下震动，不知所归，这正是消灭董卓的好机会，只要一战就可以平定天下。"曹操于是率兵西进，准备在成皋虎牢关驻军。抵达荥阳汴水时，遭遇董卓大将徐荣，曹操兵少，战败。曹操被箭射中，坐骑也受伤。曹操堂弟曹洪将自己的马让给曹操，曹操不愿接受，曹洪说："天下可无洪，不可无君！"让曹操上马，自己徒步跟随，趁夜逃走。

四月，孙坚攻入洛阳，董卓西退长安，关东联军失去了共同的敌人，开始互相兼并。

初平三年（192年），青州黄巾军号称百万进入兖州，杀死兖州刺史刘岱。济北相鲍信邀请曹操出任兖州牧。曹操和鲍信联合进攻黄巾军，鲍信战死，曹操重金悬赏鲍信的尸首不得，用木头刻成鲍信的样子下葬。曹操在济北击败黄巾军，收获降卒30余万，人口百余万。曹操收其精锐，组成军队，号称青州兵。

兴平元年（194年），曹操父亲被徐州陶谦部下杀死，曹操以为父报仇为名进攻徐州，命陈宫驻守兖州。陈宫暗通吕布，邀请吕布当兖州牧，占据濮阳。曹操得到消息后率军回到兖州在濮阳与吕布交战，曹操战败，左手受伤。逃跑途中，曹操曾被吕布抓住，吕布不知道是曹操，问曹操："曹操何在？"曹操说："乘黄马走者是也。"吕布信以为真，放走曹操。曹操又夜袭吕布，吕布亲自上阵，率军乱箭齐发，箭如雨下，情形危急，曹操大将典韦对部下说："贼军来到10步之内，便告诉我。"部下说："10步了。"典韦又说："5步之内再告诉我。"部下畏惧，立即说："贼军来到了！"典韦手持10余支小戟，大叫而起，以戟掷敌，所投者无不应声而倒，吕布率军撤退，曹操才得以逃走。双方相持100多天，粮草用尽，各自退兵。

兴平二年（195年），曹操再度进攻吕布，将其击败，吕布投奔徐州刘备，曹操将兖州全部收复。十月，汉献帝封曹操为兖州牧，曹操的地位得到了官方的认可。

曹操占据兖州之初，州从事毛玠为曹操提出了两条发展策略，一条是"奉天子以令不臣"，一条是"修耕植以畜军资"，毛玠认为"如此则霸王之业可成也"，赶走吕布后，曹操有时间来做这两件事了。

建安元年（196年）七月，汉献帝从长安逃出，回到洛阳。曹操率军来到洛阳迎接，以洛阳残破不堪为由，迁都许县，改称许都，汉献帝加封曹操为大将军，曹操开始"奉天子以令不臣"。董卓乱政以来，天下大乱，人们渴望恢复王权，汉献帝强大的政治感召力帮助曹操吸纳了很多有才能的士人。

同年，曹操招募百姓在许都屯田，获得粮食百万斛，并逐渐向整个中原推广，开始"修耕植以畜军资"。三国时代是中国历史上的小冰河时期，天气寒冷，粮食减产，很多割据势力的士兵根本吃不上米，袁绍部队吃桑葚，袁术部队吃田螺。跟着曹操能吃上米，对百姓的吸引力很大，曹操渐渐赢得民心。

建安二十五年（220年）正月，曹操病逝于洛阳，时年66岁，谥曰武王，曹丕继位。同年十一月，汉献帝禅位于曹丕，曹丕称帝，国号为魏，定都洛阳，追尊曹操为武皇帝，庙号太祖。

地势陆通：徐州

徐州的地理环境

徐州北有山东丘陵，南有淮河，东有大海，西有泗水，形成天然屏障，宋人陈师道称其："于兵家为攻守要地。"三国时候的徐州大体相当于现在的山东南部和江苏北部。

徐州境内有苏北平原，总面积约3.5万平方公里，由泗水、沂水、沭水等水系冲积而成，灌溉便利，盛产小麦。南北朝时期，北魏薛虎子曾说："徐州良田十万余顷，水陆肥沃，清汴通流，足以溉灌，兴置屯田，资粮易积，非直戍卒丰饱，亦有吞敌之势也。"

徐州是上古九州之一，之所以叫徐州，是因为这里地势平缓，《释名》曰："徐，舒也，土气舒缓也。"如果没有强大的骑兵，很难守住徐州。吕蒙当东吴都督的时候，曾对孙权说："徐州地势陆通，骁骑所骋，今日取之，操后旬必来争。"

徐州西接中原，南临淮南。由中原东进，必过彭城；由淮南北上，必过下邳。彭城和下邳由泗水相连，一个偏西北，一个偏东南，形成犄角之势。泗水又叫清河，既是徐州防御敌军的屏障，又是徐州物资运输的通道。彭城就是现在的徐州市，而下邳三国时是徐州的治所，常常代指徐州。两个徐州很容易混淆，《三国演义》中，罗贯中就以为徐州与下邳是两个不同的城市，闹出不少笑话。

∧ 徐州地形图

彭城是华夏古都涿鹿的古称，据先秦典籍《世本》记载，"涿鹿在彭城，黄帝都之。"尧帝封彭祖于此建立大彭氏国，改称彭城。项羽建立西楚，即定都彭城。彭城依山傍水，地形险要，物产丰富，苏东坡称："其城三面阻水，楼堞之下，以汴泗为池，唯南面可通车马，而戏马台在焉。其高十仞，广袤百步，若用武之世，屯千人其上，筑战守之具，与城相表里，而积三千粮于城中，虽用十万人，不能取也。"泗水是彭城的屏障，曹操进攻吕布时，吕布打算把曹操"蹙着泗水中"。

下邳是由古郯国人南迁至此建城，故称下邳。下邳北接彭城，南蔽江淮，四面阻水，易守难攻。袁术多次从淮南进攻下邳，但都无功而返。曹操征讨吕布时，围攻下邳无果，最后放泗水淹没了下邳城才逼降吕布。下邳城的南门叫白门，吕布在白门楼被曹操缢杀。

与徐州关系密切的另一个城市是小沛，在政区上小沛属于中原兖州的沛国，但由于距离彭城较近，经常被徐州实际控制。刘邦曾在小沛起兵，人称沛公，可能因为这个特殊的政治原因，刘备特别喜欢在小沛屯兵。

徐州的割据沿革

陶谦时代（188 年—194 年）

陶谦字恭祖，扬州丹阳人，历任卢县县令、幽州刺史。黄巾起义时，陶谦被任命为徐州刺史，击退当地黄巾军。董卓乱政后，汉献帝西迁长安，中央皇权衰微，陶谦成为徐州的割据势力。当时，徐州百姓富裕，粮食丰盈，中原的流民都投奔到这里。但陶谦任人唯亲，很多忠良都被陷害，徐州渐渐混乱。

董卓之乱时，曹操的父亲曹嵩在青州琅琊郡躲避战乱。曹操占据中原后，派人把曹嵩接到自己身边。曹嵩前往中原时，携带了大量的财宝，半路，曹嵩遇到了陶谦的部下，陶谦的部下见财起意，抢劫了曹嵩。曹嵩想翻墙逃走，但他的小妾太胖无法爬墙，曹嵩无奈，只能与小妾躲到厕所里，发现后被杀害。

初平四年（193 年）秋，曹操起兵讨伐陶谦，先后攻下 10 余城，在彭城击败陶谦，陶谦败走，曹操为了泄愤，把数十万百姓驱赶到泗水河中淹死，尸体阻塞了河道，致使河水无法流动。

陶谦向青州刺史田楷求救，田楷派刘备前去帮助陶谦。陶谦表奏刘备为豫州刺史，屯兵小沛。曹操见刘备前来支援，加之军粮也已用尽，选择暂时退兵。

兴平元年（194 年）四月，曹操再度率领大军进攻徐州，接连攻破琅琊、东海，所到之处，鸡犬不留。回军时，又击败刘备。陶谦非常恐惧，打算放弃徐州逃回老家丹阳。正在这时，陈留太守张邈背叛曹操，向吕布献城，曹操只好回师平叛。不久，陶谦病死。

刘备时代（194 年—195 年）

刘备字玄德，涿郡涿县人，汉景帝儿子中山靖王刘胜的后裔。刘备的祖父和父亲世代在州郡做官，祖父官至县令。刘备少年丧父，家道中落，同母亲卖鞋编席为业，15岁外出游学，与公孙瓒一起受业于大儒卢植。但是他的志向不在读书，而喜爱狗马、音乐和华丽的衣服。刘备身高七尺五寸，双手过膝，可以看到自己的耳朵，不爱说话，礼贤下士，喜怒不形于色，爱结交豪杰，像关羽、张飞这样的年轻人争相归附于他。

黄巾起义后，刘备因征讨黄巾军有功先后担任安喜尉、下密丞、高唐尉等官职。后投奔公孙瓒，在公孙瓒处担任别部司马，跟随刺史田楷到青州防御袁绍，颇有战功，升迁为平原令，兼任平原相。

初平四年（193年）秋，曹操以为父报仇为名起兵讨伐陶谦，陶谦在刘备的帮助下保住徐州。陶谦表奏刘备为豫州刺史，屯兵小沛。

兴平元年（194年）十二月，徐州牧陶谦病重，对徐州别驾糜竺说："除了刘备，没有人能保护徐州。"陶谦去世后，糜竺率领徐州官民迎接刘备。刘备不敢担当此任，典农校尉陈登对刘备说："现在汉室衰微，天下大乱，建功立业，就在今日，徐州富有，户口百万，你就不要推辞了。"刘备说："袁术在淮南寿春，离我们不远，他四世三公，天下皆知，可以把徐州交给他。"陈登说："袁术骄奢淫逸，残暴不仁，不是能治理乱世的君主。如今，我们打算为您集10万大军，上可以辅佐君王，拯救百姓，下可以割据一方，保护徐州，您的功劳将流传千古。如果您不答应我们的请求，我也不敢听从您的建议了。"北海国相孔融也对刘备说："袁术岂是忧国忘家的人！不过是依仗祖上遗留下的威望，根本不值得在意。请您担任徐州牧，是百姓的选择，上天的赐予，如果拒绝，恐怕以后后悔不及啊。"刘备最终答应，就任徐州牧，完成了从县令到州牧的跳级跨越。

吕布时代（196年—198年）

吕布字奉先，并州五原郡九原人，弓马娴熟膂力过人，号为飞将，人称"人中有吕布，马中有赤兔。"

并州刺史丁原以吕布骁勇封他为骑兵都尉，对吕布像亲儿子一样看待。董卓进入洛阳后，吕布在董卓的引诱下杀死丁原投奔董卓，董卓十分喜欢吕布，收吕布为义子。但董卓曾因小事不满而向吕布掷出手戟，险些击伤吕布。吕布又与董卓的婢女有染，怕被董卓发觉，心中十分不安。在王允的怂恿下，吕布趁董卓朝贺时手刃董卓。事后，汉献帝以吕布为奋威将军，封温侯，与王允一起主持朝政。

董卓死后，凉州军团担心被牵连，李傕、郭汜等联合起来进攻长安，吕布不能抵挡，率领几百骑兵把董卓的脑袋系在马鞍上逃走，投奔袁术。

袁术认为吕布为人反复无常，不接受吕布，吕布此后开始在中原辗转流浪。兴平二年（195年），吕布被曹操击败，投奔徐州刘备。

淮南的袁术见刘备新入徐州，立足未稳，率军从盱眙和淮阴进攻刘备，试图夺取徐州。刘备派张飞守下邳，自己率军抵抗袁术。两军相持一个多月，各有胜负。

期间，张飞与陶谦旧部曹豹产生矛盾，张飞将其杀死，下邳城中大乱。曹豹是吕布的岳父，袁术写信给吕布，劝他袭击下邳，并许诺提供军粮。吕布大喜，率军进攻下邳，张飞败走，吕布俘虏了刘备的妻小。

刘备得知，率军回救，到达下邳后，全军溃散。刘备收拾残部，攻取广陵，又被袁术击败。刘备军中将士饥饿不堪，只好自相残杀，以人肉充饥。刘备走投无路，向吕布投降。吕布这时也怨恨袁术不继续供应粮草，接受了刘备的投降，封他为豫州刺史，驻军小沛，吕布则自称徐州牧。

曹操时代（198年—266年）

建安三年（198年），被吕布赶到小沛的刘备开始与曹操结盟，在曹操的帮助下，刘备招兵买马，扩大部队。这让吕布开始感到不安，于是吕布再次与袁术修好，派兵进攻刘备。九月，小沛失守，刘备妻小再次被掳，刘备逃走，投靠曹操。

在刘备的建议下，曹操东征吕布。十月，曹操攻克彭城，吕布退守下邳，坚守不出。曹操给吕布写信，说明利害，劝吕布投降，陈宫自知曹操不会原谅自己，阻止吕布投降。吕布曾派人向袁术求救，袁术率领1000多名骑兵前来支援，但被曹操击退。

曹操包围下邳3个月，吕布军中人心涣散，侯成、宋宪、魏续生擒陈宫和高顺，率领部众向曹操投降。吕布率领部将登上白门楼，见被曹军团团围住，劝说身边部将取其首级送给曹操，但众将都不忍心，吕布于是下城投降。

吕布被绑来见曹操，吕布说："缚太急，小缓之。"曹操说："缚虎不得不急也。"吕布说："明公，您最忌惮的人是我，现在我已经臣服，他人不足为虑。您统领步兵，我统领骑兵，天下指日可定。"曹操有些动心，刘备说："明公不见布之事丁建阳及董太师乎？"吕布指着刘备说："大耳儿最叵信！"曹操心领神会，将吕布缢死，徐州归曹操所有。

杀死吕布后，刘备跟随曹操回到许都，曹操封刘备为豫州牧。因不满曹操挟天子令诸侯，刘备和国舅董承接受汉献帝的衣带诏，密谋除掉曹操。一次宴会上，曹操对刘备说："今天下英雄，唯使君与操耳。本初之徒，不足数也！"刘备感到不安，开始找机会逃离曹操。

不久，曹操派刘备率军阻击袁术，避免袁术与袁绍联合。刘备离开曹营后，率兵杀死徐州刺史车胄，占据徐州，留关羽驻守下邳，自率一部兵力返回小沛，与袁绍联合，以共同讨伐曹操。

建安四年（199年）冬，曹操派司空长史刘岱、中郎将王忠率军进攻小沛的刘备，未能取胜。刘备对刘岱说："使汝百人来，无如我何，曹公自来，未可知耳！"

曹操亲自率军东击刘备，在小沛一举将刘备击败，刘备只身投奔河北袁绍，妻小也被曹操俘虏。曹操接着进攻下邳，生擒关羽，彻底收复徐州。

秦巴锁钥：汉中

汉中的地理环境

汉中位于汉中盆地，北有秦岭，南有大巴山，西有岷山，东有武当山，形成天然屏障。汉中在汉水的中游，因此名为汉中。陈琳曾对曹丕说："汉中地形，实为险固，四岳三途，皆不及也。"

汉中盆地又称汉中平原，由汉水冲积而成，灌溉便利，盛产水稻、小麦，天府之国的称呼最早就是形容汉中的。汉中是刘邦的发祥地，汉朝汉族皆因汉中得名。有一副对联巧妙地把"汉中盆地"四个字嵌入联中，形容汉中为"汉家发祥地，中华聚宝盆"。

汉中是关西和巴蜀之间南北通道，对关西和巴蜀来说都很重要。西汉初年，萧何曾说："汉中，语曰天汉，其称甚美，愿王汉中，收用巴蜀，还定三秦，天下可图。"曹操占据汉中后，法正建议刘备攻取汉中："克之之日，广农积谷，观衅伺隙，上可以倾覆寇敌，尊奖王室；中可以蚕食雍、凉，广拓境土；下可

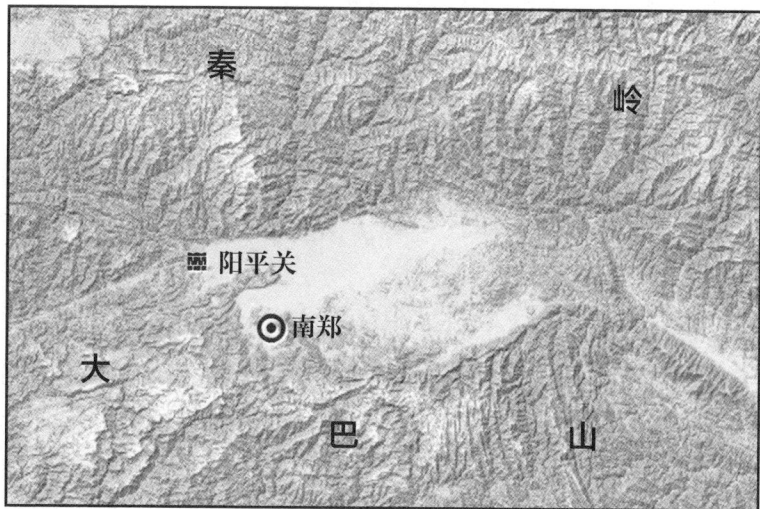

∧ 汉中地形图

以固守要害，为持久之计。"曹操曾派夏侯渊守汉中，刘备曾派魏延守汉中，皆为两国重臣。

由于秦岭比大巴山更加险峻，所以相比于关西，汉中对巴蜀的意义更大。《读史方舆纪要》说"汉中失，则蜀之大势十去其六"。刘备初定益州时，曹操征讨汉中，黄权对刘备说："若失汉中，则三巴不振，此割蜀人股臂也。"后刘备与曹操争汉中，刘备写信给诸葛亮要求派兵支援，诸葛亮有些犹豫，咨询杨洪意见，杨洪说："汉中，蜀之咽喉，存亡之机，若无汉中，则无蜀矣。此家门之祸，男子当战，女子当运，发兵何疑。"三国末年，钟会攻破汉中，几个月后蜀汉就灭亡了，可以证明黄权和杨洪的判断是正确的。

由汉中南下巴蜀有三条通道，自西向东分别是阴平道、金牛道、米仓道。由关西南下汉中有五条通道，自西向东分别为：祁山道、陈仓道、褒斜道、傥骆道、子午道。其中，金牛道、祁山道、陈仓道在阳平关交汇，阳平关因此被称为汉中门户。阳平关又叫阳安关，南倚鸡公山，北濒嘉陵江，地势极为险要，曹操征张鲁，刘备夺汉中，钟会灭蜀都围绕阳平关展开激战。

汉中仅有汉中一郡，但从军事地理的角度来看，汉中西侧的阴平、武都，东侧的上庸、房陵都与汉中关系密切。汉中的治所在南郑，西周末年，郑桓公死后，郑国百姓逃到此处，因此得名南郑。曹操征汉中张鲁回军后，感叹汉中地形险要，称："南郑直为天狱，中斜谷道为五百里石穴耳！"

汉中的割据沿革

张鲁时代（191年—215年）

张鲁字公祺，沛国丰县人。祖父张道陵客居巴蜀，创立太清玄元道，交纳五斗米即可入道，所以又被称为五斗米道。张道陵死后，其子张衡继续传道。张衡死后，张鲁再继续传道。张鲁拥有众多忠实的教徒，逐渐形成一股武装势力。

张鲁的母亲信奉鬼道，年轻漂亮，和益州牧刘焉常有来往。初平二年（191

年），刘焉任命张鲁为督义司马，与别部司马张修率兵进攻汉中。占领汉中后，张鲁杀死张修，兼并了张修的部队，在汉中一边传教一边扩大军事实力。刘焉死后，刘焉之子刘璋即位，刘璋以张鲁不服从命令为由杀死张鲁母亲，张鲁于是与刘璋结怨。

张鲁割据汉中时，用五斗米道教化民众，自称"师君"。因为五斗米道又称"鬼道"，所以学道的人都叫"鬼卒"，已经接受五斗米道的叫"祭酒"。祭酒可以统领民众，统领民众较多的叫"治头大祭酒"。

张鲁教导民众诚实守信不要欺诈，患病的人要检讨自己的过错，很多教义都与黄巾军相似。祭酒们都要建立义舍，免费提供义米、义肉，过路人根据饭量自取，如果取得过多，鬼神就要让他生病。犯法的人，赦免3次，然后才行刑。张鲁不设置官员，用祭酒管理民众，民众很认可这样的做法，张鲁也因此雄踞汉中30年。

东汉末年，朝廷无力进攻张鲁，封张鲁为镇民中郎将，兼汉中太守，张鲁地位合法化了。

此后，有人从地里挖出来一方玉印，暗示张鲁将要成事。张鲁的部下想尊张鲁为汉中王，张鲁的功曹阎圃劝谏道："汉川的百姓，户口超过10万，财产富有，土地肥沃，四面地势险固，上匡扶天子，可以成为齐桓公、晋文公，次一等也是窦融这样的人，不失富贵。现在承制设置官署，足以独断专行，不用再称王自找麻烦。希望您暂且不称王，免得找来祸患。"张鲁听从了阎圃的意见。

曹操时代（215年—219年）

曹操战胜马超、韩遂后，占据关西地区，接下来，曹操南下进攻汉中张鲁。建安二十年（215年）七月，曹操走陈仓道进抵阳平关。

张鲁见曹操势大，准备率众投降，但张鲁的弟弟张卫不同意，率兵众数万人在阳平关拒守，横山筑城十余里。曹军攻打阳平关，士卒死伤严重，军粮也将耗尽，曹操命令撤军。曹军前部军队在夜间迷路，误入张卫营寨，张卫部队得知曹军将要退兵，守备松懈，见曹军突然到来大吃一惊，当时又有数千只麋鹿闯入张卫营寨，把张卫部队冲击得七零八落。曹操得到报告立即变更部署，令部队连夜据险袭击，多用弓弩，箭射敌营。张卫不敌，乘夜暗逃走，曹军占领阳平关。

张鲁听说阳平关失陷，逃入巴中。张鲁逃走前封存国库，曹操对他的做法十分赞赏，派人前往巴中劝降张鲁。十一月，张鲁率部出降，曹操拜其为镇南将军。

刘备时代（219年—263年）

曹操占据汉中后，与刘备接壤。曹操令张郃率部进军巴中，企图把巴中百姓迁往汉中，刘备令张飞迎战，双方在宕渠相持50余天。张飞率精兵万余人，从小道截击张郃。山道狭窄，救兵无法前来，张飞大破张郃。张郃弃马登山，与麾下10余人从小道逃脱，率军退回南郑。

建安二十二年（217年），刘备在益州立足已稳，在法正的建议下，走金牛道从阳平关攻取汉中。刘备进至阳平关，在关前同夏侯渊对峙一年之久。曹操唯恐夏侯渊有失，率军前往汉中迎战刘备。刘备改变策略，从阳平关南渡沔水，顺着山势缓缓前行，在定军山扎下营寨。夏侯渊率兵争夺定军山，黄忠率兵居高临下，将夏侯渊斩杀。夏侯渊死后，张郃率军退守阳平关。

建安二十四年（219年）三月，曹操由褒斜道抵达汉中。曹操与刘备相持一个月，兵士逃亡日益增多。五月，曹操撤出全部部队，回到长安，刘备占据汉中。

七月，刘备自称汉中王，在汉中设立祭坛，检阅军队，宣读奏章，跪拜接受汉中王的印玺绶带，戴上王冠，派使者将奏章送呈献帝，归还以前授予的左将军、宜城亭侯的印绶，立儿子刘禅为太子，提拔魏延为汉中太守。

南北腰膂：南阳

南阳的地理环境

　　南阳位于南阳盆地，北有伏牛山，南有汉水、大洪山，西有武当山，东有桐柏山，形成天然屏障。《读史方舆纪要》称南阳"形胜之地，沃衍之墟"。南阳即三国时期的南阳郡，位于在伏牛山的南面，汉水的阳面（北面），故称南阳。在政区上南阳郡属于荆州，但从军事地理的角度，南阳处于盆地之中，相对独立，常常与荆州分离，刘备、孙权取得荆州后都无法拿下南阳即是最好的证明。

　　南阳盆地又称南襄盆地，北起南阳的治所宛城，南到襄阳。今天，宛城改

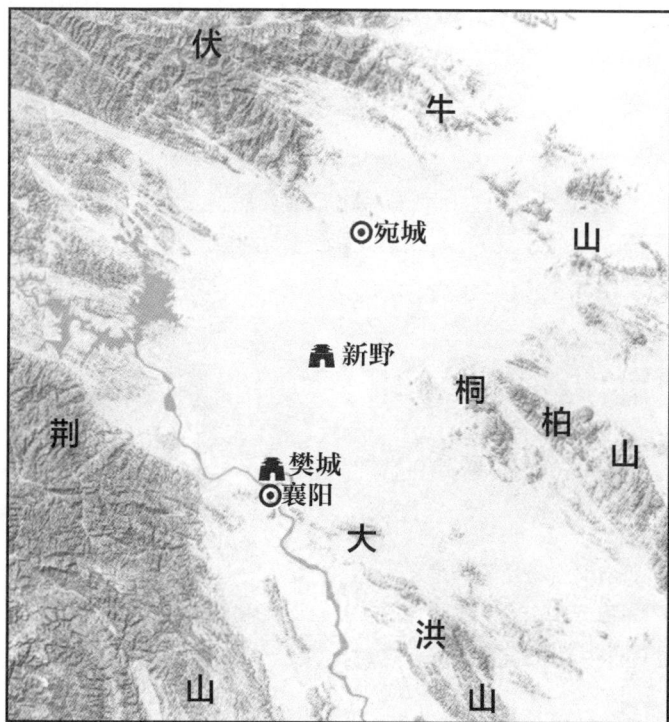

∧　南阳地形图

名为南阳市，襄阳与一水之隔的樊城合并为襄樊市。南阳市在河南省，襄樊市在湖北省，两个城市之间产生了诸葛亮的隆中所在地之争。虽然诸葛亮的隆中在襄阳西北的邓县，但诸葛亮说自己"躬耕于南阳"也没有问题，毕竟襄阳也属于南阳，不过这个南阳并非指今日的南阳市（三国时的宛城），而是当时的南阳郡。

南阳盆地内有唐白河平原，由唐河、白河等河流冲积而成，灌溉便利，盛产小麦、水稻。《读史方舆纪要》称南阳"广浚河渠，漕挽天下，可使大集"。

南阳是东汉开国皇帝刘秀的发祥地，宋代李纲这样评价南阳："南阳光武所兴，有高山峻岭，可以控扼，宽城平野，可以屯兵。"

南阳被称作"南北腰脊"，是中原与荆州之间的南北通道，宛城是南阳的北大门，襄阳是南阳的南大门。

宛城之宛通"碗"，因南阳盆地地形像碗一样而得名。宛城的南侧和东侧都临淯水，淯水像一个圆弧一样把宛城包住，因此想要进攻宛城必要渡过淯水，

∧ 空中看襄阳古城池

淯水即白河。张绣曾在宛城反攻曹操，曹操爱将典韦为救曹操战死。

襄阳因地处襄水之阳而得名，汉水穿城而过，分处南北两岸的襄阳、樊城隔水相望。相比于樊城，襄阳城高池深，易守难攻，民间有"铁打的襄阳，纸糊的樊城"一说。关羽北伐襄阳，得其天时，汉水暴涨，但也无法攻破襄阳。司马懿曾说："襄阳，水陆之冲，御寇要地，不可失也。"

从宛城到襄阳有一条著名的通道，即宛襄古道，刘备常年屯兵的新野县即在宛襄古道的中心点。

南阳的割据沿革
袁术时代（190年—194年）

袁术字公路，汝南汝阳人，是司空袁逢的儿子，袁绍同父异母的弟弟。少年时袁术以侠气闻名，被推举为孝廉，历任折冲校尉、虎贲中郎将。董卓废少帝前夕，任命袁术为后将军，袁术担心受到董卓牵连，离开洛阳逃到南阳。当时恰巧长沙太守孙坚杀死南阳太守张咨，袁术趁机取得南阳。

南阳有户口百万，但袁术骄奢淫逸，横征暴敛，百姓苦不堪言。初平元年（190年）正月，关东群雄起义兵讨伐董卓，孙坚到鲁阳与袁术相见，袁术表奏孙坚为破虏将军，兼领豫州刺史，进军讨伐董卓。孙坚初战告捷，下一步准备进攻洛阳。这时，有人对袁术说："坚若得洛，不可复制，此为除狼而得虎也！"袁术听了这话，觉得有道理，不再给孙坚提供粮草。孙坚连夜从阳人骑马赶到鲁阳，气愤地对袁术说："所以出身不顾，上为国家讨贼，下慰将军家门之私仇。坚与卓非有骨肉之怨也，而将军受谮润之言，还相嫌疑！"袁术心中愧疚，当即为孙坚调拨军粮。孙坚攻入洛阳，击败吕布，赶走董卓。

初平二年（191年），袁术又派孙坚攻打荆州刘表。刘表派黄祖迎战，孙坚击败黄祖，乘胜追击，渡过汉水，包围襄阳，孙坚单马行至岘山，被黄祖军士射杀。袁术失去了最得力的战将，无法与刘表对抗，放弃南阳，率余部逃向淮南地区。

张绣时代（196年—199年）

张绣，武威祖厉人，骠骑将军张济的侄子。韩遂祸乱凉州时，祖厉县长被人袭击杀害，张绣作为县吏，伺机杀了凶手，郡内都认为他有义气。于是张绣招聚少年，成为邑中的豪杰。董卓兵败时，张济与李傕、郭汜进攻长安，赶走吕布。张绣跟随张济，以军功迁官至建忠将军，封宣威侯。

张济屯兵弘农，士卒饥饿，南攻南阳穰县，被流矢射死。荆州官员都来祝贺刘表，刘表说："张济无路可走才来，我这个主人，待客无礼，发生交战，这不是我的本意，我接受吊唁，不接受祝贺。"刘表派人去收容张济的部队。此时，张济的侄子张绣接管了张济的部队，张绣的谋士贾诩劝说张绣依附刘表，张绣同意，命贾诩去见刘表，刘表用宾客的礼节招待贾诩。贾诩回来后说："刘表在天下太平时，可以担任三公的要职。但他看不清形势的变化，为人多疑无谋，不会有所作为！"

曹操时代（199年—266年）

宛城距离中原许都很近，张绣屯兵宛城后，成了曹操的肘腋之患。建安二年（197年）正月，曹操率军讨伐张绣，驻军清水，张绣率众投降曹操。曹操赏赐张绣大将胡车儿重金，又纳张绣寡嫂为妾，引起张绣不满。张绣听从贾诩建议偷袭曹军，杀死曹操的长子曹昂、侄子曹安民，曹操也被流箭射中，狼狈败逃。校尉典韦同张绣力战，左右的卫士死伤殆尽，典韦身上受伤数十处，张绣部下冲上前来，典韦双臂挟住两个敌人奋力击杀，瞪着眼睛大骂张绣而死。曹操收集残部，退回舞阴驻守。张绣率领骑兵前来追击，被曹操击败，张绣退回穰城，再度与刘表联合。

建安三年（198年）三月，曹操率军进攻南阳穰城。到了穰城，曹操命许褚为先锋，许褚大胜，斩首敌军数以万计。五月，刘表派兵救援张绣，试图切断粮道，曹操决定撤军。为防止部队被割裂，曹操将军营相连一团，缓缓撤兵。拂晓，张绣以为曹军逃走，全军追击。曹操出奇兵，以步骑兵夹攻，大破张绣，然后撤军。

建安四年（199 年），袁绍遣人招降张绣，并与贾诩结好。张绣准备同意，贾诩却当着张绣的面对袁绍的来使说："归谢袁本初，兄弟不能相容，而能容天下国士乎？"张绣大惊，说："袁绍强大，曹操弱小，我们又与曹操有仇，怎么能投降曹操呢？"贾诩说："这正是我们应该投降曹操的原因。第一，曹操挟天子以令诸侯，名正言顺；第二，袁绍强大，我们兵少，袁绍必然不能看重我们，曹操弱小，能得到我们肯定高兴；第三，曹操有志于天下，接纳我们，正好可以向天下展示他的胸襟。"张绣听从贾诩的建议，率众归顺曹操。曹操大喜，封张绣为扬武将军，并让其子曹均娶张绣之女为妻。

江淮襟带：淮南

淮南的地理环境

淮南北有淮河，南有长江，西有大别山，东有大海，形成天然屏障。《读史方舆纪要》称淮南"据淮之中，形势便利，阻水带山，战守有资"。

淮南境内有江淮平原，由肥水、巢湖、施水、濡须水冲积而成，灌溉便利，盛产水稻、小麦。《读史方舆纪要》称："至于江淮之间，五方之所聚也，百货之所集也，田畴沃衍之利，山川薮泽之富，远近不能及也。"三国后期，魏国准备找一地区大力发展农业，邓艾建议选择淮南，他认为"水丰常收三倍于西，计除众费，岁完五百万斛以为军资。六七年间，可积三千万斛于淮上，此则十万之众五年食也。以此乘吴，无往而不克矣。"

东晋伏滔作《正淮论》曰："外有江湖之阻，内保淮肥之固。龙泉之陂，良畴万顷，舒六之贡，利尽蛮越，金石皮革之具萃焉，苞木箭竹之族生焉，山湖薮泽之隈，水旱之所不害，土产草滋之实，荒年之所取给。此则系乎地利乎也。"

淮南是徐州与江东之间的南北通道，对南北的意义十分重大。宋人唐庚称：

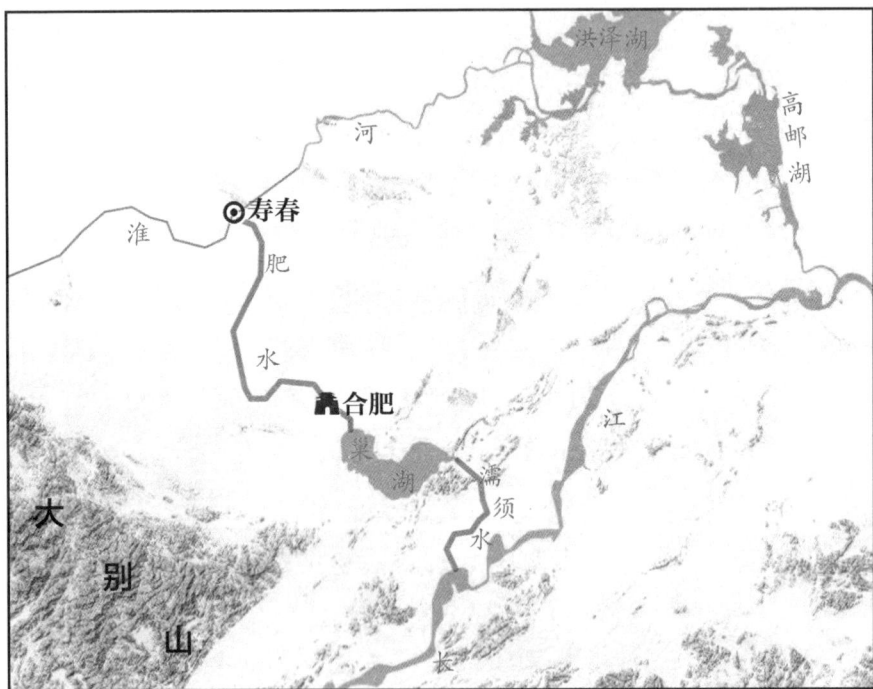

∧ 淮南地形图

"自古天下裂为南地，其得失皆在淮南。"同为宋人的胡安国也说："长江以限南北，而长淮又所以蔽长江也。"寿春是淮南的北大门，合肥是淮南的南大门。

寿春是淮南的治所，也叫寿阳，《读史方舆纪要》称："寿阳不陷，敌虽深入，终不能越之而有淮南。"淝水之战时，谢玄在寿春战败了苻坚的百万之师。三国末年，淮南三次反叛，都在寿春起事。

合肥是北方对江东进攻的发起点。战船由淮河从水路进入长江，要经过肥水（北肥水）和施水（南肥水）。北肥水和南肥水在冬季不能行船，但只要等到春夏雨水增多时，北肥水和南肥水就会在合肥会合，形成通路，合肥因此得名。《水经注》说："夏水暴涨，施合于淝，故曰合淝。"《读史方舆纪要》称合肥"淮右噤喉，江南唇齿"，赤壁之战后，孙权多次攻击合肥，但皆无功而返。

淮南的割据沿革

袁术时代（193年—199年）

初平四年（193年）正月，袁术粮道被刘表切断，在南阳存身不住，袁术率领余部前往九江郡，杀死了扬州刺史陈温，占据淮南，封部将张勋、桥蕤为大将军。李傕、郭汜攻入长安后，想结交袁术，授予袁术左将军，封阳翟侯，并派遣太傅马日磾为袁术举行授封仪式，袁术抢了马日磾所携的军中符节，然后把他关押起来不再放他回去。

袁术一直认为袁姓出自于陈姓，陈姓是舜的后代，以土承火，应该接替汉朝。袁术曾见到一个谶语："代汉者，当涂高也。"袁术认为"涂"即"途"，与他的字"公路"吻合。袁术听说孙坚得到了传国玉玺，以孙坚的妻子为人质换来玉玺，称帝的野心越来越大。

兴平二年（195年）冬天，汉献帝逃出长安。袁术以为时机已到，召集部下开会说："如今刘氏天下已经衰微，天下大乱，我们袁家四世三公，百姓们都愿归附于我。我想秉承天意，顺应民心，登基称帝，不知诸君意下如何？"众人听了不敢说话，只有主簿阎象进言："当年周人从始祖后稷到文王，不断积累功德，三分天下有其二，可他们还侍奉殷商。明公您虽然世代担任要职，但还没有周人那么强；汉室虽然衰微，但还没到殷纣王那么残暴。"袁术听了后很不高兴。

建安二年（197年），袁术不顾他人反对，在寿春僭越称帝，建号仲氏。袁术任命九江太守为淮南尹，广置公卿朝臣，在城南城北筑起皇帝祭祀天帝所用的祭坛。徐州的吕布和江东的孙策得知袁术在淮南称帝，都与袁术决裂。

曹操时代（199年—266年）

称帝后的袁术骄奢淫逸，后宫妻妾有数百人皆穿绫罗绸缎，肉吃不了就挂在房梁上，而他的士卒却饥寒交迫。百姓的生活更苦，淮南一带断绝人烟，甚至出现人吃人的现象。建安四年（199年），袁术钱粮耗尽，无处安身，派人把帝号送给其兄袁绍，并写信说："汉朝刘氏气数已尽，袁氏应当接命称王，如今您拥有冀青幽并四州，人口百万户，我谨将上天授予的使命归献给您，请您复兴大业！"袁绍同意接纳袁术，派袁谭迎接袁术。袁术想从下邳经过，但结果在路上被曹操派来的刘备截住去路，袁术无法通过，又退往寿春。

六月，酷暑难耐，袁术欲喝蜜浆解渴，但找不到蜜，袁术坐在床上，叹息良久，大叫说："袁术至于此乎！"然后突然跌倒在床下，吐了一斗血死去。

袁术的堂弟袁胤害怕曹操，不敢留在寿春，率领部曲带着袁术的灵柩与家眷投奔庐江太守刘勋。前任广陵郡太守徐璆得到传国玉玺，献给曹操，曹操拿到玉玺的同时也拿到了淮南。

天府之士：巴蜀

巴蜀的地理环境

巴蜀位于四川盆地，四周被海拔 2000~3000 米的山脉和高原所环绕，北有大巴山，西有邛崃山、大凉山，南有大娄山，东有巫山，形成天然屏障。巴蜀地区在三国时称为益州，相当于现在的四川和重庆地区，益通"隘"，意为险隘。《读史方舆纪要》称其"山川重阻，地大而要"。

四川盆地内有成都平原，面积近 1 万平方公里，由长江及其支流冲积而成，又有自古闻名的都江堰水利工程，灌溉发达，盛产水稻，被称为天府之国。战国时，司马错劝说秦惠王伐蜀曰："取其地，足以广国也；得其财，足以富民缮兵。"

诸葛亮同时看到了益州的险要和富饶，他在隆中对中这样说："益州险塞，沃野千里，天府之土，高祖因之以成帝业。"

巴蜀地区东连荆州，北接汉中，东路为水路，北路为陆路。由荆州西进，可以威胁巴郡，巴郡的治所在江州，也就是今天的重庆市；由汉中南下，可以

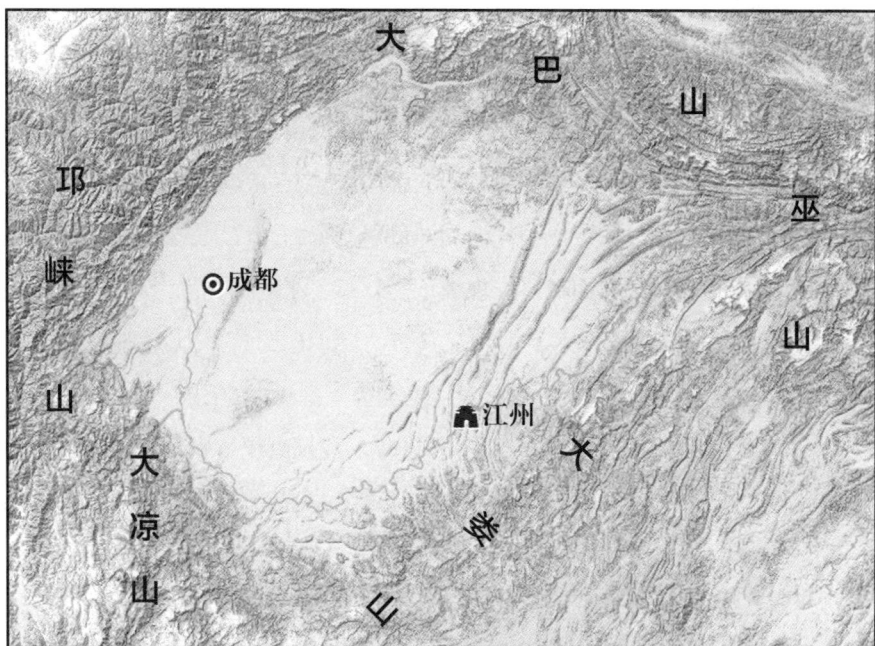

∧ 巴蜀地形图

威胁蜀郡，蜀郡的治所在成都，也就是今天的成都市。江州和成都，一个巴一个蜀，是巴蜀的两个重心。

商周时期，巴人以江州为都城，建立了巴国。后秦灭巴国，分天下为三十六郡，巴郡为其一。由荆州沿三峡入蜀，犹如在一个细长的喇叭中穿行，而这个喇叭的喇叭口就是江州，一过江州，豁然开朗。《读史方舆纪要》认为"从来由江道伐蜀者，未尝不急图江州，江州，咽喉重地也"。刘备与刘璋争夺巴蜀时，名将严颜镇守江州，被张飞击败。

关于成都一名的来历，据《太平寰宇记》记载，是借用西周建都经过，取周王迁岐一年而所居成聚，二年成邑，三年成都而得名蜀都。蜀语成都二字的读音就是蜀都。"成者，毕也，终也"，成都的含义就是蜀国最后的都邑。公元前 316 年，秦国先后兼并蜀国、巴国，设置蜀郡于成都，从此，成都成为巴蜀地区的治所。

巴蜀的南部是南中地区，生活着以彝族为主的众多少数民族。刘备死后，南中首领孟获反叛，诸葛亮七擒七纵，孟获心服口服，发誓再不反叛，诸葛亮仍命孟获掌管南中。

虽说"高祖因之以成帝业"，但刘邦最早割据的是汉中，而非巴蜀，历史上没有人在巴蜀建立政权而最终夺取天下。"天下未乱蜀先乱，天下已治蜀后治"，历代割据巴蜀的政权不胜枚举，两汉之际，巴蜀为公孙述建立的成家政权（25年—36年）所割据；东汉末年，巴蜀为刘备建立的蜀汉政权（221年—263年）所割据；西晋末，巴蜀又为李雄建立的成汉政权（304年—347年）所割据；东晋末年，巴蜀又为焦纵所割据（405年—413年）；五代时，巴蜀先是为王建建立的前蜀政权（907年—925年）所割据，后又为孟知祥建立的后蜀政权（934年—965年）所割据；元末，巴蜀又为明玉珍建立的大夏政权（1362年—1371年）所割据；明末，巴蜀又为张献忠建立的大西政权（1643年—1646年）所割据，这些政权没有一个最终统一天下。造成这种奇特现象的原因有二：一是蜀道难，从外面打进巴蜀不容易，同理，由巴蜀往外打也很难；二是马种差，西南马身材矮小，性情温顺，只适合山地驮运，无法作为战马逐鹿中原。

巴蜀的割据沿革

刘焉父子时代（188年—214年）

刘焉字君郎，江夏竟陵人，汉景帝之子鲁恭王的后裔。刘焉年轻时即在州郡做官，以宗室的身份担任中郎，后历任洛阳令，冀州刺史、南阳太守、宗正、太常。

中平五年（188年），刘焉目睹灵帝政治腐败，王室将乱，于是向灵帝建议："州刺史和郡太守贪污腐败，搜刮百姓，所以天下大乱，可以选择清廉的重臣为州牧，安定国家。"东汉的地方行政机构沿袭了秦汉以来的郡县两级，全国一共有158个郡（或国），1190个县，郡的最高行政长官为郡守，县的最高行政长官为县令。在郡之上，全国设立了 13 个州，州的最高行政长官为州刺史。不过，州仅仅是个监察区，职能是考核郡守和县令的政绩，州刺史既无政权也无兵权。汉灵帝采纳太常刘焉的建议，把州设为郡县之上的更高一级行政单位，改州刺史为州牧，集军政大权于一身。包括司马光在内的很多历史学家认为，这一事件是东汉王朝崩溃的标志。

刘焉本来谋求担任交州牧，企图到偏远地区躲避乱世。但后来听说益州有天子气，就改变主意希望去益州。恰好当时益州刺史郤俭横征暴敛，灵帝便同意刘焉为益州牧，派他去益州惩治郤俭。

刘焉到益州时，郤俭已经被当地的黄巾军杀死，而州从事贾龙又将黄巾军平灭。在贾龙的帮助下，刘焉进入益州，把治所定在绵竹，任命贾龙为校尉，招降纳叛，表面上实行仁政，心中却另有所图。

五斗米教教主张鲁的母亲信奉鬼道，年轻漂亮，和刘焉常有来往，刘焉就任命张鲁为督义司马，前往汉中，切断巴蜀与朝廷的交通，斩杀朝廷使者。贾龙见刘焉图谋不轨，起兵反对刘焉，被刘焉杀害。

初平二年（191 年），刘焉造乘舆车具千余辆，荆州牧刘表上书暗示刘焉有称帝的野心。汉献帝派在长安担任奉车都尉的刘焉之子刘璋前往劝说，但刘璋到了益州就没有再回来。

兴平元年（194 年），天降大火，烧毁了刘焉的治所绵竹城，刘焉的乘舆车也全部化为灰烬，刘焉把治所迁到成都，不久发背疮而死。刘焉死后，刘璋接任。

刘璋即位后，张鲁开始变得傲慢，不服从刘璋命令，刘璋杀死张鲁的母亲和弟弟，双方结仇，刘璋多次派兵进攻张鲁，但都被张鲁打败。

刘备时代（214 年—263 年）

赤壁之战前，刘璋得知曹操占领襄阳，派遣别驾张松向曹操表达敬意。曹操对张松十分傲慢，不给张松官做。张松怀恨在心，回到成都后，劝刘璋与曹操断绝来往，与刘备结交，请刘备进攻张鲁。刘璋见曹操兵败赤壁，听从了张松的建议，派法正去荆州见刘备。

在法正和庞统的劝说下，刘备决定谋取益州。建安十六年（211年）十月，刘备以诸葛亮、关羽、张飞、赵云留守荆州，以庞统、黄忠、魏延随行，沿长江三峡西进巴蜀。刘备从江州沿涪水北上到达涪城，刘璋率领3万多人迎接刘备。法正和庞统建议刘备在会面时刺杀刘璋，刘备以民心未附为由没有采纳。刘备军与刘璋军欢宴100余日后，刘备北到葭萌，但并没有立即进攻张鲁，而是广树恩德，收买人心。

在庞统的建议下，刘备以刘璋提供的军资不足为由起兵，占领涪城。刘璋派部将张任、冷苞、邓贤、吴懿等抵抗刘备，都被击败，退守绵竹，吴懿也向刘备投降。刘璋又派李严、费观统率绵竹的各路军马，但李严、费观也率领自己的部下向刘备投降。刘备的势力更加强大，分派部下将领占领周围各县。张任与刘璋的儿子刘循退守雒城，刘备进军包围雒城，擒杀张任。

刘备无法攻下雒城，请求荆州支援。诸葛亮留关羽守荆州，与张飞、赵云率兵溯长江而上。期间，庞统被流矢射中而死。刘备攻破雒城，进而包围了成都。诸葛亮、张飞、赵云也率兵前来会合。刘备又派李恢去游说寄居张鲁处的马超，马超率部投奔刘备，驻扎在成都北部。

刘备包围成都数十天，刘璋投降。刘备把刘璋安置在荆州公安，归还他的全部财物，并封刘璋为振威将军，刘备自任益州牧，成为巴蜀的新主人。

章武元年（221年），刘备在成都称帝，国号为汉，年号章武。

蜀汉章武三年（223年）春，刘备病重，把诸葛亮从成都召到永安，托付后事。刘备对诸葛亮说："君才十倍曹丕，必能安国，终定大事。若嗣子可辅，辅之；如其不才，君可自取。"诸葛亮哭着说："臣敢竭股肱之力，效忠贞之节，继之以死！"夏四月，刘备病逝，时年63岁。五月，刘禅即皇帝位，事无巨细，都由诸葛亮决定。

帝王之资：荆州

荆州的地理环境

　　荆州可能是《三国演义》中最模糊的地理概念，时而指一个州，时而指一个县。荆州本是指东汉十三州之一，但赤壁之战后曹刘孙三家瓜分荆州，荆州北部归曹操，荆州南部归刘备孙权。刘备占据荆州南部后，治所设在江陵县，所以荆州又代指江陵。曹操占据荆州北部后，治所设在新野县，所以荆州又代指新野。也就是说，荆州至少有 4 个概念，即刘备孙权占据的荆州，曹操占据的荆州、江陵县、新野县。

　　我们这里的荆州概念不是政区上的，而是军事地理上，与东汉十三州之一

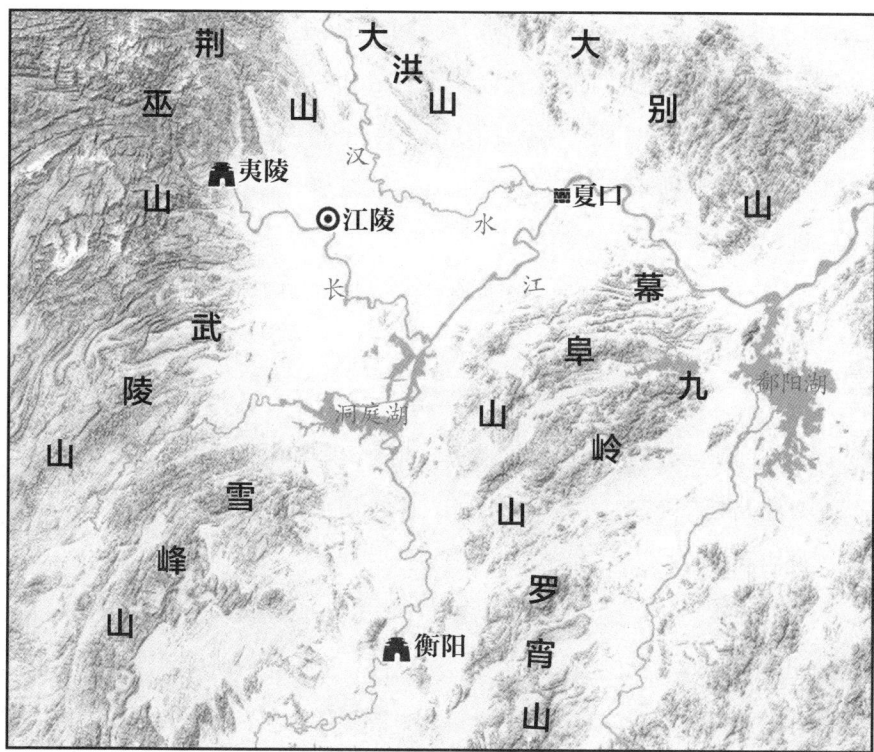

∧ 荆州地形图

荆州相比，不包含荆州最北的南阳郡，因此也不包含南阳郡的两大城市宛城和襄阳，所以这里的荆，相当于刘备、孙权占据的那部分荆州。军事地理上的荆州之所以不包含北面的南阳郡，是因为南阳郡地处南阳盆地当中，相对封闭，汉水、武当山、荆山、长江依次阻挡在它与荆州之间，南阳郡本身可以看作一个军事地理单元。赤壁之战后，孙刘联军席卷荆州全境，唯独拿不下南阳郡，也是这个原因。

荆州地处两湖平原，包括湖北的江汉平原和湖南的洞庭湖平原，合称两湖平原。两湖平原又称两湖盆地，北有汉水、大洪山，南有五岭，西有巫山，东有大别山、幕阜山、九岭山、罗霄山，形成天然屏障。《读史方舆纪要》称其"山川险固，自古称雄武焉"。荆州以原境内蜿蜒高耸的荆山而得名，相当于现在的湖北、湖南两省。

两湖平原整体上像一个不规则的椭圆形，长轴方向呈近南北向延伸约达300公里以上，短轴方向呈近东西向延伸约在180~240公里之间，总面积约为5万平方公里。两湖平原中，湖北的江汉平原由长江和汉水冲积而成，湖南的洞庭湖平原由洞庭湖冲积而成，三国时境内还有云梦大泽，灌溉便利，盛产水稻，古有"湖广熟，天下足"之称。

鲁肃曾对孙权形容荆州的险要和富饶："荆楚与国邻接，水流顺下，外带江汉，内阻山险，有金城之固，沃野万里，士民安富。若据而有之，此帝王之资矣。"

荆州相当于北方的中原，四通八达，北有南阳、南有岭南、西有巴蜀、东有江东，诸葛亮在隆中对中说："荆州北据汉沔，利尽南海，东连吴会，西通巴蜀，此用武之国。"

荆州是四战之地，重要的城市也有4个，分别是北面的江陵、南面的衡阳、西面的夷陵、东面的夏口。其中，夷陵、江陵、夏口自西向东沿江而建，长江对于荆州的意义在南北方向可作为抵御北方的屏障，在东西方向可作为连通荆州的通道。

江陵是荆州的治所，也是荆州的重心，因"地临江，近州无高山，所有皆陵阜"而得名，甘宁曾对孙权说："江陵之得失，南北之分合判焉，东西之强弱系焉。"《读史方舆纪要》称："刘表收之，坐谈西伯；刘备假之，三分天下；关羽用之，威震中华；孙权有之，抗衡曹魏。"

衡阳是荆州的南大门，衡阳，因在衡山之阳而得名，孔安国称："荆州，北据荆山，南及衡山之阳。"从衡阳出发，走零陵峤道可到岭南的广西，走桂阳峤道可到岭南的广东。如果我们把三国版图比作一个人，那么零陵峤道是这个人的左腿，桂阳峤道就是这个人的右腿，而衡阳所在的长沙郡就是这个人的胯部。

夷陵是荆州的西大门，也是三峡的东出口，"水至此而夷，山至此而陵"，故名夷陵。陆逊抵挡刘备东征时，为了避其锋芒，一直退到夷陵，然后上书孙权曰："夷陵要害，国之关限，虽为易得，亦复易失。失之非徒损一郡之地，荆州可忧。"后陆逊用火攻在夷陵击败刘备，并在此镇守。陆逊死后，其子陆抗继续镇守夷陵。陆抗也曾上疏孙权曰："西陵，国之西门，虽云易守，亦复易失。若有不守，非但失一郡，则荆州非吴有也。如其有虞，当倾国争之。"

夏口是荆州的东大门，汉水的下游叫夏水，夏水的入江口即为夏口，也称汉口。夏口南临高山，三方阻水，易守难攻。三国时，刘表的部将黄祖镇守夏口，孙权多次进攻，始终无法攻克。宋代祝穆曾说："夏口城依山负险，周围不过二三里，而历代攻围，多不能破。"赤壁之战后，孙权得到夏口，为了加强防御，孙权在夏口附近修筑武昌城，后来武昌和夏口（汉口）合并为一个城市，即为武汉。

荆州的割据沿革

刘表时代（190 年—208 年）

刘表字景升，山阳高平人，年轻时就很有名，是"八俊"之一。黄巾起义时，刘表受大将军何进征辟为掾属，出任北军中候。初平元年（190 年），荆州刺史王叡被孙坚所杀，董卓上书派刘表继任。

当时荆州宗贼兴盛，又有袁术在鲁阳屯兵，苏代为长沙太守，贝羽为华容县长，各自称霸。刘表到荆州，单马进入宜城，与蒯良、蒯越、蔡瑁共谋。刘表说："荆州宗贼兴盛，百姓不归附，袁术等人趁机作乱，大祸临头。我想征兵，但恐怕无人响应，众位有何对策呢？"蒯良道："百姓不归附的原因，是仁不足，百姓归附而不能治理的原因，是义不足。如果履行仁义之道，则百姓会像水流一样归附您，何必担心征兵无人响应呢？"刘表又问蒯越该怎么办，蒯越说："盛世当以仁义为先，乱世当以权谋为先。兵不在多，在有人会用。袁术为人有勇无谋，苏代、贝羽皆是一介武夫，不足为虑。宗贼首领贪婪残暴，部下早有不满，可以派人以利益引诱他们，他们一定会来。到时候您杀死宗贼首领，安抚并利用他们的部下。全州之人都愿意留在荆州，听到您的仁德，他们会扶老携弱而来。兵多将广，百姓归附，南据江陵，北守襄阳，荆州八郡可传檄而定。袁术等人再来，也无能为力了。"刘表叹道："子柔之言，可以说是雍季之论。异度之计，可以说是臼犯之谋。"

于是刘表让蒯越派人诱请宗贼55人赴宴，将其全部斩杀，兼并了他们的部曲。在蒯氏和蔡氏家族的帮助下，刘表控制了除南阳郡外的荆州七郡，"保江汉间，观天下变"。

曹操时代（208年—209年）

建安十三年（208年）正月，曹操平定河北，统一中国北方。七月，曹操南征荆州，未到荆州时，刘表病死。

刘表有两个儿子，长子刘琦与次子刘琮。刘琮的妻子是刘表后妻蔡氏的侄女，因此蔡氏喜爱刘琮而厌恶刘琦。蔡瑁是蔡氏的弟弟，曾帮助刘表占据荆州。因此，刘表死后，刘琦担任江夏太守，刘琮接替刘表为荆州牧。

曹操兵临城下，章陵郡太守蒯越及东曹掾傅巽等劝刘琮投降曹操，刘琮说："现在我与诸位凭借荆州之地，守卫先父之业，观天下成败，为什么不可以呢？"傅巽说："顺逆要符合大体，强弱要符合大势。以臣下对抗君主，违背道义；

以荆州防御全国，必然危险；以刘备迎战曹操，注定失败。3 个方面我们都不占优势，这是在自取灭亡啊！而且将军您自己考虑一下，您能比得上刘备吗？"刘琮说："比不上。"傅巽说："如果刘备不能抵挡曹操，则即使是投入荆州的全部力量，也不足以自保；如果刘备能够抵挡曹操，那他就不会再居于将军之下了。请您不要犹豫了，投降吧。"刘琮接受了蒯越和傅巽的建议，投降曹操，被曹操封为青州刺史。

当时，刘备驻军樊城，听到刘琮投降的消息后准备撤军江陵继续抵抗。曹操知道江陵贮有军用物资，恐怕刘备先到占据江陵，亲自率领 500 名精锐骑兵急速追赶，一天一夜跑了 300 余里，在当阳县的长坂坡追上刘备。刘备战败，逃到夏口刘琦处。

曹操进军江陵，除江夏外的荆州郡县全部归降，曹操占据荆州。

刘备孙权时代（209 年—219 年）

刘表的死讯传到江东，鲁肃以吊唁为名前往荆州打听虚实。鲁肃见到刘备，建议刘备与孙权联合，刘备同意，派诸葛亮到柴桑面见孙权。在诸葛亮和鲁肃的劝说下，孙权决定联合刘备抵抗曹操。

孙权任命周瑜、程普为左、右都督，各自带领万余人与刘备合力迎战曹操。周瑜进军，与曹操在赤壁相遇，当时曹操的部队中已发生疾疫。两军初次交战，曹军失利，退到长江北岸乌林驻扎。

周瑜等驻军在长江南岸，周瑜部将黄盖说："如今敌众我寡，难以长期相持。曹军正把战船连在一起，首尾相接，可以用火攻烧走曹军。"周瑜同意了这个计划，派人送信给曹操，谎称黄盖打算投降。

黄盖准备了几十艘艨艟斗舰，满载薪草，浇满膏油，外用赤幔伪装，上插牙旗，在船后系上走舸。当时东南风正急，黄盖将 10 艘战船排在最前面，到江心时升起船帆，其余的船在后依次前进。黄盖举火为号，命士卒大叫："投降来了！"曹军皆出营观看。离曹军还有 2 里多远，那 10 艘船同时点火，火烈风猛，船像箭一样向前飞驶，把曹军战船全部烧光，火势还蔓延到曹军设在陆地上的营寨。顷刻间，浓烟烈火，遮天蔽日，曹军人马烧死和淹死的不计其数。周瑜率领精兵紧追，鼓声震天，奋勇向前，曹军伤亡惨重。

曹操率军从华容道步行撤退，遇到泥泞，道路不通，天又刮起大风。曹操让所有老弱残兵背草铺在路上，曹操率领骑兵勉强通过，逃到江陵。

曹操留下曹仁镇守江陵，自己率军回到北方。周瑜率军围攻曹仁一年有余，杀伤曹军甚多，曹仁弃城撤走。孙权任命周瑜兼任南郡太守，屯驻江陵。

不久，刘琦去世，孙权奏请刘备兼任荆州牧，周瑜将江陵南岸油江口借给刘备，改名公安。刘备以江陵为基础，率军攻取荆州南部四郡，武陵太守金旋、长沙太守韩玄、桂阳太守赵范、零陵太守刘度望风投降，刘备占据除江夏外的荆州大部分地区。

刘备曾答应孙权取得巴蜀后归还荆州，但等刘备取得巴蜀后，孙权多次催促刘备归还荆州，刘备总是找各种理由搪塞。

建安二十年（215年），孙权派吕蒙率 2 万兵士去攻取长沙、零陵、桂阳三郡。刘备得知，急忙从巴蜀赶回荆州，配合关羽争夺三郡。

鲁肃邀请关羽会面，双方兵马驻扎在百步之外，鲁肃、关羽皆单刀赴会。鲁肃谴责关羽说："孙将军见刘备兵败，无立足之地，将荆州借给刘备，现在刘备已经得到巴蜀，不仅不归还荆州，连三郡也不答应。"关羽身边的一个人说："天下之地，唯有德者居之，并非一成不变。"鲁肃大声呵斥此人，表情严肃。关羽也拿起刀对那人说："这是国家大事，你知道什么！"

《三国演义》中，双方的单刀赴会变成了关羽一个人的单刀赴会，突出了关羽的英勇，但对鲁肃有所贬低。关羽身边那个插话的人很可能就是周仓的历史原型。

同年，曹操进攻汉中，刘备担心巴蜀有失，与孙权讲和。双方商议，以湘水为界平分荆州，湘水以东江夏、长沙、桂阳三郡归属孙权，湘水以西南郡、武陵、零陵三郡属刘备。双方罢兵，荆州问题得到了暂时的缓解。

建安二十四年（219年），关羽受到刘备攻取汉中的鼓舞，北伐襄樊，曹操派于禁与庞德率领七军前去救援。八月，汉水暴涨，水淹七军，关羽擒于禁，斩庞德，威震华夏。襄樊守将曹仁拼死抵抗，关羽久攻不下，曹操又派徐晃前去迎战关羽，将关羽击败，但关羽不甘心就此退兵。曹操听从司马懿和蒋济的建议，联合孙权夹击关羽。

江东方面，吕蒙建议孙权趁关羽北伐之机，袭取江陵，占领荆州，孙权同意。于是吕蒙诈病，孙权调吕蒙回到建业，名为养病，实为偷袭江陵做准备。经吕蒙推荐，孙权任命陆逊接替吕蒙。陆逊上任后，对关羽毕恭毕敬，关羽掉以轻心，撤掉江陵的守军支援前线。

吕蒙得到消息，前往柴桑，选取精兵，白衣渡江，昼夜兼程，前往江陵。江陵守将糜芳、士仁与关羽不和，见大兵压境，举城投降。吕蒙进入江陵，秋毫无犯，颇得民心。

曹操命徐晃把吕蒙袭取江陵的消息告诉关羽，关羽开始不相信，多次派人去江陵打探，前线将士得知在江陵的家属平安无恙，待遇甚至超过从前，全无战心。

关羽向刘封、孟达求援，刘封、孟达拒绝派兵，关羽孤立无援，西退麦城。孙权派人诱降，关羽伪装投降，把幡旗做成人像立在城墙上，然后逃走。逃跑过程中，关羽部队溃败，跟随他的只有十余名骑兵。十二月，潘璋部下马忠在章乡擒获关羽及其儿子关平，并将关羽父子斩首，孙权独霸荆州。

天堑之表：江东

江东的地理环境

长江下游柴桑到建业一段呈东北走势，所以这段长江以东的地区被称作江东。三国时期以中原为中心，长江以内为里，长江以外为表，因此江东也叫江表。江东北有长江，西有大别山、幕阜山、九岭山、罗霄山，东南皆为大海，形成天然屏障。三国时代，江东位于扬州，包括今天的江西省、浙江省和江苏省南部。孙权部将董袭说"江东地势，有山川之固"，诸葛亮在隆中对中也认为江东"国险而民附"。

《三国演义》常说江东有"六郡八十一州"，"六郡"是对的，指的是吴郡、会稽郡、丹阳郡、豫章郡、庐陵郡、庐江郡。"八十一州"则混淆了州与县的概念。

江东西有鄱阳湖平原，东有太湖平原，连接两者的是长江下游冲积平原，总面积约5万平方公里，河湖密布，灌溉便利，盛产水稻，是真正的鱼米之乡。周瑜曾形容江东："铸山为铜，煮海为盐，境内富饶，人不思乱。"

江东北临淮南，西连荆州。从淮南南下可以直接威胁江东的治所建业，从

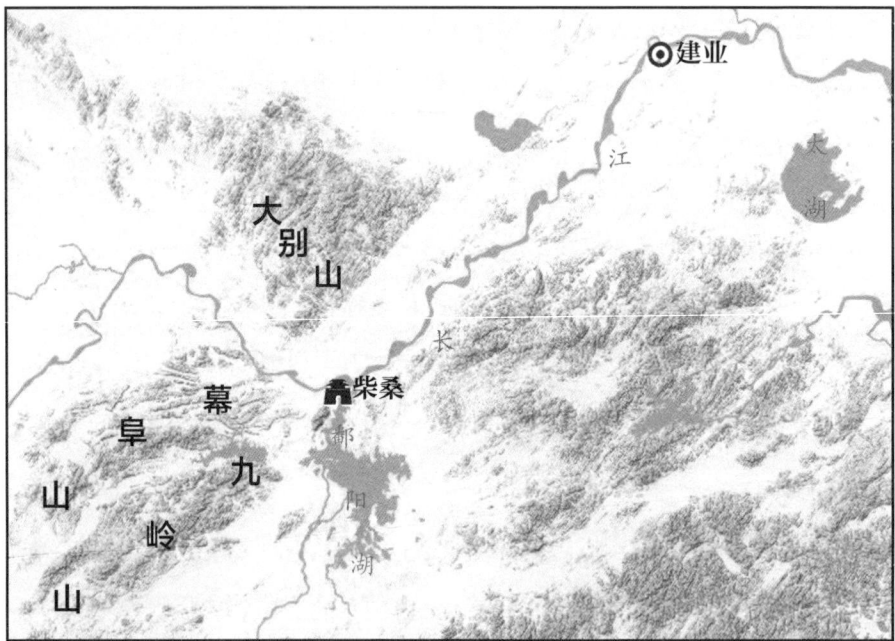

∧ 江东地形图

∧ 石头城遗址

荆州东进必过柴桑。

建业本为楚国的金陵邑,秦灭楚,改金陵邑为秣陵县。建安十六年(211年),孙权将治所从京口迁往秣陵。建安十七年(212年),孙权在金陵邑故址石头山筑城,名曰石头城,作为驻军和屯粮之所,并且改秣陵为建业,寓意"建功立业"。建业在钟山之西,石头城之东,诸葛亮称其:"钟山龙蟠,石头虎踞,此帝王之宅。"建业即为今天的南京市建邺区。

柴桑是江东的西大门,因柴桑山而得名,又称九江、浔阳。《读史方舆纪要》称柴桑为"湖广、江南之腰膂"。赤壁之战前,孙权"军在柴桑,观望成败",《三国演义》中舌战群儒、群英会、孔明吊孝等故事都发生在这里。柴桑历代都是交通要道,白居易的《琵琶行》就写于此处,第一句即为"浔阳江头夜送客,枫叶荻花秋瑟瑟。"《水浒传》中,宋江曾在此题写反诗。

江东的割据沿革

孙策时代（199 年—200 年）

孙坚死时，孙策只有 17 岁，安葬父亲后，孙策渡过长江，在江都居住，结交天下豪杰，立志为父报仇。

孙策到寿春去见袁术，哭着对袁术说："我已故的父亲昔日从长沙出发征讨董卓，与您在南阳相会，共结盟好，不幸遇难，没有完成大业。我感念您对我父亲的旧恩，愿意为您继续效力，请您明察我的一片诚心。"袁术把孙坚的千余残兵还给孙策，袁术常常感叹："使术有子如孙郎，死复何恨？"袁术最初许诺以孙策为九江太守，但却用了陈纪。后来袁术想攻打徐州，向庐江太守陆康借 3 万斛米，陆康不给，袁术大怒，派孙策进攻陆康，对孙策说："之前我错用了陈纪，本意并不是如此，如果你能击败陆康，庐江太守还是你的。"孙策果然击败了陆康，但袁术又任命自己的部下刘勋做庐江太守，孙策非常失望。

孙坚的老部下朱治见袁术骄奢淫逸，不足以成大事，劝孙策返回故里攻取江东。当时孙策的舅父吴景攻打樊能、张英等人，一年多未能取胜。孙策便向袁术请求说："我家对江东人民有恩，我愿意帮助舅舅去进攻横江。攻取横江后，我便回到家乡去招兵买马，估计可以召集 3 万士卒，用来辅佐将军平定天下。"袁术知道孙策对自己心怀不满，但当时刘繇等人占据江东，他认为孙策不一定能将他们击败，于是同意了孙策的请求，上表推荐他为折冲校尉。

《三国演义》中，孙策用传国玉玺作抵押袁术才答应借给孙策兵马，与史有悖。历史上，袁术把孙坚夫人扣为人质才换取了传国玉玺。

兴平二年（195 年），孙策把家小托付给张纮，率领千余名步兵和数十名骑兵向江东进发，沿途招兵买马，到达历阳的时候，已经增加到五六千人。周瑜也从丹阳率兵迎接孙策，并援助他军费和粮草。孙策大喜，对周瑜说："我得到你的帮助，一定能成功！"孙策进攻横江、当利，全部获胜，樊能、张英战败逃走。

《三国演义》中，孙策挟死于糜，喝死樊能，得到了"小霸王"的外号。

正史中，孙策只是击败了于麋和樊能的部队，并没有在战场上与他们直接交锋。小霸王的外号《三国志》也没有明写，可能来自许贡对孙策的评价"孙策骁雄，与项籍相似"。

孙策渡江以后，所向披靡，锋芒无人能挡。百姓听到孙策要来，全都失魂落魄。各地官员弃城出逃，躲到深山之中。及至孙策到来，军纪严明，秋毫无犯。百姓十分拥戴，争相用牛肉和美酒去慰劳孙策的军队。

孙策进攻刘繇时，刘繇的老乡太史慈前来看望刘繇。太史慈身高七尺七寸，美须髯，猿臂善射，弦不虚发。有人劝刘繇任用太史慈为大将，但刘繇看不起太史慈，只派他去侦察敌情。太史慈只带一个骑兵前往，不期在神亭与孙策遭遇，当时跟随孙策的有 13 名骑兵，都是韩当、黄盖这样的虎将。太史慈上前厮杀，正与孙策相对，孙策一枪刺中太史慈战马，揽得太史慈项上手戟，而太史慈也夺取孙策的头盔。两家的骑兵各自赶来，二人这才罢休。

刘繇与孙策交锋，战败逃走，不久去世。太史慈被孙策生擒，孙策亲自为他松绑，拉着他的手说："还记得我们的神亭之战吗？如果你那时捉到我，会怎么对待我？"太史慈说："无法估量。"孙策大笑着说："现在，我希望与你一起共创大业，你智勇双全，只是没有遇到明主。我是你的知己，不必再担心了。"太史慈同意跟随孙策，孙策封太史慈为门下督。

孙策命太史慈招降刘繇残余部队，问太史慈要带多少兵，太史慈说："我之前对您多有冒犯，但您却宽容了我，我应该以死相报。兵不在多，我带几十人就行。"孙策的左右都说："太史慈此去一定不会回来。"孙策说："子义如果舍弃我，还能跟随谁！"把太史慈送到营门外，握着太史慈的手腕说："你多长时间能回来？"太史慈说："60 天之内。"太史慈走后，孙策部下议论纷纷，认为不该放太史慈走。孙策说："你们不要再说了，我已经详细考虑过了。太史慈勇气过人，胆略不凡，不是反复之人，他遵循道义，注重承诺，一旦把我看作知己，死也不会辜负我，你们不必再担心了。"太史慈果然如期返回，并带回来了刘繇残部。

《三国演义》中，太史慈与孙策约定的时间是第二天中午，一天的时间对于招降残部有些太短了。

孙策颁发命令，通知各县："刘繇的旧部，前来归降的，一律既往不咎，愿意当兵的，一家只出一个人就可以免除全家的徭役，不愿意当兵的也不勉强。"不到10天，投靠孙策的人从四面八方而来，孙策得到士卒2万人，马1000多匹，威震江东。

建安二年（197年），袁术占有传国玉玺正式僭越称帝，孙策给袁术写信劝他不要这么做，袁术不听，孙策与袁术绝交。曹操表奏孙策为讨逆将军，封吴侯。

此后，孙策又先后击败许贡、战胜严白虎，活捉王朗，赶走刘勋，招降华歆，吴、会稽、丹阳、豫章、庐陵、庐江全部江东六郡尽归孙策所有。曹操听说孙策平定江东，感叹道："猘儿难与争锋也！"把亲弟弟的女儿许配孙策的弟弟孙匡，又让三子曹彰娶孙贲的女儿，又推举孙权为茂才。

前吴郡太守许贡因孙策夺其城池嫉恨孙策，上表汉献帝说："孙策骁勇善战，与项羽类似，应该加官晋爵，召回京城。如果召他回京，他不得回，如果放任在外，必为祸患。"孙策得到这个表章找来许贡对质，许贡说他并没写过，孙策大怒，将许贡缢死。许贡死后，许贡的门客潜伏在民间，找机会为许贡报仇。

建安五年（200年），孙策正在山中打猎，遇到3个许贡家客，孙策问："你们是谁？"这3个人回答："我们是韩当的部下，在这里射鹿。"孙策说："韩当的部下我都认识，但没见过你们。"孙策张弓搭箭，射中一人，其余二人害怕，反射孙策，正中孙策面颊，孙策的骑兵赶到，将二人杀死。医生看过孙策箭伤，认为可以治好，但要静养百日。孙策照镜子看到自己受伤的脸，对左右说："面如此，尚可复建功立事乎？"当晚，箭疮迸裂，孙策逝世，年仅26岁。

《三国演义》中，许贡家客先射中孙策，然后孙策拔下脸上的箭反射，射中三人其中一人，与历史上的顺序相反。

孙策相貌英俊，言谈幽默，性格豁达，能接受别人的意见，善于使用人才。

因此，无论士大夫还是一般百姓，凡是见过他的人，都为他尽心尽力，乐意为他效死。曹操与袁绍在官渡相持时，孙策计划偷袭许都，迎接汉献帝，但随着孙策之死，这个计划破产了。

孙权时代（200 年—280 年）

孙策临死前对张昭等人说："中原正在大乱，以吴越的人力，据守三江险要，足以坐观成败。你们一定要好好辅佐我的弟弟！"孙策把孙权叫来，为他佩戴印绶，对孙权说："举江东之众，决机于两阵之间，与天下争衡，卿不如我；举贤任能，各尽其心以保江东，我不如卿。"

《三国演义》中，孙策还曾对孙权说："内事不决问张昭，外事不决问周瑜。"但这句话不见于史料。

孙策死后，孙权悲痛欲绝，无心主政。张昭对孙权说："孙将军，现在是哭的时候吗？"张昭为孙权换好官服，扶孙权上马，带他巡视军营。张昭向朝廷表奏孙策的死讯，并告知群臣恪守职责不可懈怠。

太妃担心江东不保，向张昭、董袭等人问计，董袭说："江东的地势有山川之险，讨逆将军（孙策）为政廉明，施恩布德；讨虏将军（孙权）继承基业，上下一心。张昭处理事务，我等奋勇杀敌，地利与人和都具备，不必担心。"大家都认为董袭说得对。

周瑜从巴丘率兵前来奔丧，留在吴郡，担任中护军，与张昭一起主持军政事务。当时孙策虽然已经据有吴、会稽、丹阳、豫章、庐陵、庐江六郡，但偏远山区还未全部控制。流亡客居在江南的士大夫还怀有暂时避难的想法，与孙策未建立起稳定的君臣关系。但张昭、周瑜等人认为可以与孙权共同完成大业，于是尽心尽力地为孙权效力。

周瑜为孙权引荐了鲁肃，孙权立即接见鲁肃，与他交谈，大为赏识。等到宾客都告辞后，孙权单独留下鲁肃，把坐榻合在一处，相对饮酒。孙权说："今汉室倾危，四方云扰，孤承父兄余业，思有桓文之功。君既惠顾，何以佐之？"

鲁肃说出了著名的榻上策：

"昔高帝区区欲尊事义帝而不获者，以项羽为害也。今之曹操，犹昔项羽，将军何由得为桓文乎？肃窃料之，汉室不可复兴，曹操不可卒除。为将军计，唯有鼎足江东，以观天下之衅。规模如此，亦自无嫌。何者？北方诚多务也。因其多务，剿除黄祖，进伐刘表，竟长江所极，据而有之，然后建号帝王以图天下，此高帝之业也。"

鲁肃认为，汉室已经不可能复兴，曹操也不可能彻底除掉，当前应该以江东为基础，趁曹操在北方作战的时机，占据刘表的荆州，然后利用长江之险与曹操南北对抗。孙权说："如今我尽力经营一方，只是希望辅佐汉王室罢了，你所说的这些我还没有想到。"从此，孙权非常看重鲁肃。

建安七年（202年），曹操表奏孙权为讨虏将军，领会稽太守，并下书要求孙权送儿子到许都，企图挟持人质控制江东。孙权与群臣商议，张昭等犹豫不决。孙权带周瑜去吴夫人处商议，周瑜说："当初楚国开始受封于周朝时，统治的区域方圆不到100里。后继的国君贤明能干，开拓疆土，逐渐占有荆州与扬州，前后延续了900多年。如今，将军承袭父兄的基业，拥有六郡的人口，兵精粮足，将士听命。上山开采铜矿，沿海炼制食盐，境内富庶，人心安定，有什么理由非要送人质呢？人质一送去，就被曹操抓住了弱点，只要朝廷下令征召就不能不前往。这样，就会被人所控制。到时，您最多不过拥有一个侯爵的身份，有十几个仆从，几辆车，几匹马，岂能与面南称孤一样！不如不送人质，请观其变。如果曹操真能以大义来治理天下，将军再侍奉他也不晚。如果他图谋不轨，犯上作乱，他救自己都顾不上，又怎么能害人？"吴夫人对孙权说："周瑜说得很对。他与你哥哥孙策同年，只小一个月。我把他看作自己的儿子，你要当作哥哥来尊敬他。"

从此，孙权继承父兄割据江东，以张昭为老师，以周瑜、程普等为将军，以鲁肃、诸葛瑾等为宾客，巩固统治，开疆拓土。

黄龙元年（229年），孙权于武昌正式登基为帝，国号为吴。

神凤元年（252年）四月，孙权病逝，时年71岁，在位24年，谥号大皇帝，庙号太祖。同月，太子孙亮即位。

枕山襟海：岭南

岭南的地理环境

岭南东南皆临大海，西有云贵高原，北有五岭。五岭也称南岭，包括大庾岭、骑田岭、都庞岭、萌渚岭、越城岭。五岭是中国江南最大的横向构造带山脉，成为阻隔岭南与荆州之间的天然屏障。三国时代，这里是东汉十三州之一的交州，交州以治所交趾而得名，包括现在的广东、广西及越南的红河三角洲一带。秦末武臣曾把五岭与长城并举："北有长城之役，南有五岭之戍。"

岭南地区西有红河三角洲，东有珠江三角洲，总面积超过7万平方公里，河流密布，灌溉便利，盛产水稻。《读史方舆纪要》称其："地皆沃衍，耕耨

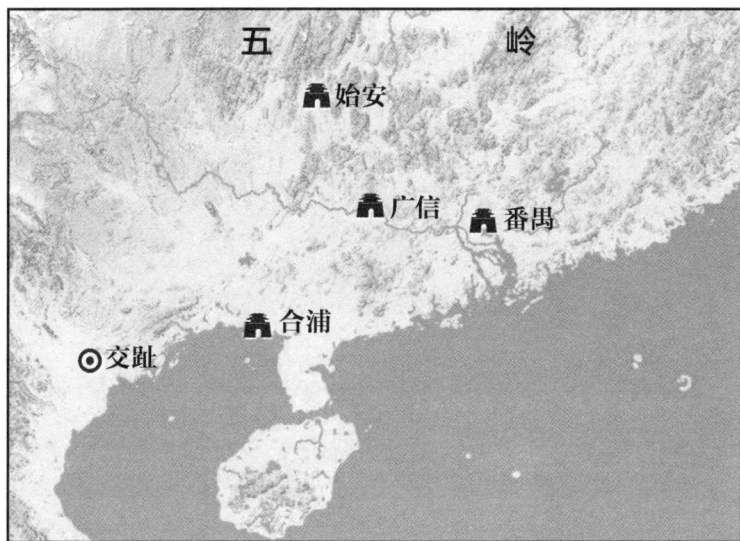

∧ 岭南地形图

以时，鱼盐之饶，市舶之利，资用易足也。"

岭南主要有 7 个郡，分别是郁林、合浦、苍梧、南海、交趾、九真、日南，其中交趾、九真、日南都在今天的越南，郁林、合浦、苍梧在今天的广西省，南海在今天的广东省。

桂林、南海、苍梧是岭南 3 个战略要地，《读史方舆纪要》称："西则桂林为堂奥，而苍梧为门户；论东则南海为心腹，而苍梧为咽喉。"由于五岭阻隔，三国时期，从荆州进入岭南只有两条路，一条是西路的零陵峤道，一条是东路的桂阳峤道。

走零陵峤道进岭南必过始安，即今天的桂林。《读史方舆纪要》称桂林："奠五岭之表，联两越之交，屏蔽荆衡，镇慑交海，枕山带江，控制数千里，诚西南之会府，用兵遣将之枢机也。"东吴曾在始安设置南部都尉。

走桂阳峤道进岭南必过番禺。《读史方舆纪要》称番禺："连山北峙，巨海东环，所谓包山带海，险阻之地也。封域绵邈，田壤沃饶，五岭以南，此为都会。"诸葛亮隆中对认为荆州"北据汉沔，利尽南海"，这里的南海指的是南海郡，南海郡的治所就在番禺。226 年，东吴从交州中把南海郡分离了出来，另置广州，番禺日后也改名广州，沿用至今。

始安和番禺之间，通过苍梧相连。苍梧的治所广信位于岭南中心，汉代曾为交州治所。《读史方舆纪要》称："梧地总百粤，山连五岭，唇齿湖湘，嗓喉桂广。"建安十三年（208 年），刘备弃新野走樊城后，曾想投奔苍梧太守吴巨。

三国时，岭南的治所在交趾郡的龙编，即今天的越南首都河内，《礼记》称："南方曰蛮，雕题交趾。"其俗男女同川而浴，故曰交趾。

岭南的割据沿革

士燮时代（187 年—220 年）

士燮字威彦，苍梧广信人。他的祖先本是鲁国汶阳人，为躲避王莽之乱移居交州，经过六世到士燮的父亲士赐。士燮年轻时在京都洛阳跟随大儒刘陶学习《左氏春秋》，后被推举为孝廉，补任尚书郎，因公事免官。其父士赐去世后，士燮被举为茂才，任巫县令一职。中平四年（187年），士燮被任命为交趾太守。

交州刺史朱符向各地收重税，引起反抗被杀，州郡秩序混乱。此时皇权衰微，朝廷对交州的影响力大为减弱。士燮名义上是效忠于汉朝的交趾太守，实际上已成为割据岭南各郡的军阀。士燮上表奏请任命其大弟士壹任合浦太守，二弟士䵋任九真太守，三弟士武任南海太守。

士燮心胸开阔，宽容厚道，谦虚谨慎，礼贤下士，中原很多人都投靠他避难。袁徽在给尚书令荀彧的信中说道："交趾士燮先生治学精深，又通晓治政，处于大乱之中，保全一郡之地，20余年疆界内没有战祸，百姓没有失去他们的产业，商人旅客，都受到他的恩惠。即如窦融保全河西之地，也不能超过他！处理公务的余暇，他还研习书传，尤其对《春秋左氏传》的研析简练精微，我曾多次就该书中的一些疑难之处向他请教，他都能举以师说，解释甚为详密。对《尚书》他能兼通古文今文，对其中大义理解十分详备。听说京师古文经学派与今文经学派各以为是争辩不休，他现在正打算分条论析《左氏春秋》《尚书》的正确含义上奏。"

士燮兄弟一起担任各郡郡守，雄踞一州，加之天高皇帝远，威望无以复加。他们出入时敲锣打鼓，车辆堵满整个街道，常有胡人在车马群中焚香。他们的妻妾都乘坐配有盖帷的小车，子弟都有兵士骑马跟在身后。岭南各少数民族都向士燮兄弟臣服，地位超过从前的南越王赵佗。

朝廷在朱符死后派遣张津为新任刺史。但张津行为却荒诞不经，不久即为部将区景杀死。荆州牧刘表得知此事后，派赖恭前往接替了张津的职位，同时派吴巨出任苍梧太守。为避免刘表的势力过于强大，曹操以汉献帝的名义赐予士燮玺印，并写信说："交州地处与中原隔绝之处，南面面朝大海，朝廷的恩命无法宣达，臣下的话受到塞阻，得知逆贼刘表又派赖恭窥视南土，现在以士燮为绥南中郎将，总督交州七郡，兼任交趾太守如旧。"

后来士燮派遣使者张旻奉送贡品到许都，正值天下大乱之时，道路隔绝，而士燮没有放弃进贡的职责，朝廷为嘉奖特意下诏拜士燮为安远将军，封爵龙度亭侯。

孙权时代（220年—280年）

刘表死后，苍梧太守吴巨与交州刺史赖恭发生冲突，吴巨率兵进攻赖恭，赖恭逃到零陵，向孙权求援，孙权随即任命步骘为交州刺史，统领武射吏千余人南行接管交州。当时吴巨有5000士卒，而步骘实际上只带来了400多人，吴巨不听从调遣，步骘设局将他斩杀，威声大震，交趾太守士燮及其兄弟率众前来归附。当时，前刺史张津故将夷廖、钱博之徒仍然割据山头，称雄一方，步骘逐一将其消灭。交州的秩序渐渐趋于稳定，法令得到执行。

建安末年，士燮将儿子士廞送至东吴为人质，孙权任命其为武昌太守，士燮、士壹在南方的儿子们，都被任为中郎将，士燮被孙权拜为卫将军、龙编侯。岭南地区正式归属孙权所有。

公元226年，交趾太守士燮病故，孙权便任命士燮之子士徽为安远将军，领九真太守，以校尉陈时代替士燮为交趾太守。

交州刺史吕岱认为交州过于偏远，士燮在当地的影响力太大，上书孙权欲分南海三郡为交州，以将军戴良为刺史；海东四郡为广州，吕岱自为刺史，这么做可以削弱士燮家族在岭南地区的势力。孙权同意了这个建议，派戴良前往。

士徽不服，想自任交趾太守，率领亲兵阻止戴良入境，戴良无法去交州上任，只得留于合浦。士燮的老臣柏邻叩头苦谏，劝说士徽不要与孙权对抗，反被士徽打死。柏邻的哥哥柏治率领自己的宗族部众进击士徽，也被士徽击败。

吕岱上书孙权，请求率兵征讨士徽，孙权同意，命吕岱率3000士卒前往。有人向吕岱建议："士徽家族世代在交趾为官，全州的人都依附于他，不可轻举妄动。"吕岱则认为："现在士徽虽然图谋不轨，不会料到我们突然而至，如果我军秘密行动轻装出发，打士徽措手不及，一定可以击败他。倘若行动迟缓，士徽一定会产生疑心，加固城墙，联合各郡少数民族。到那时，即使再聪明的人来，恐怕也难以战胜士徽。"于是，吕岱昼夜行军，与戴良在合浦会合，兵临交趾城下。

吕岱以士燮的侄子士辅为从事，派他劝说士徽投降，士徽自认为难以战胜吕岱，遂率领兄弟6人向吕岱军投降，吕岱将他们统统斩首。

士徽死后，士徽的残余势力向吕岱军进攻，吕岱军奋勇力战，又将他击败，占据广州。此后，吕岱军继续向交趾南部的九真郡进发，又斩获万余人，扶南（今柬埔寨）、林邑（今越南中南部）等地均向东吴称臣纳贡。

对弈

弱肉强食

第四章

中原与河北之间的战争

中原与河北之间的军事通道

中原与河北以黄河东汉故道为界。公元 69 年，东汉明帝派王景治理黄河，将黄河、汴河分流，自荥阳至千乘海口修筑堤岸。这一时期的下游河道称东汉故道，流路自今濮阳西南西汉故道的长寿津改道东流，循古漯水经今范县南，于阳谷县西与古漯水分流，经今黄河和马颊河之间。

三国时代，袁绍占据河北，都城为邺城；曹操占据河南，都城为许都，两者之间有一条捷径，即由邺城南下，经过黎阳、白马、延津、官渡，到许都。这条线路基本是直线，道路平坦，曹操与袁绍的官渡之战即发生在这条线路上。

黎阳与白马隔河相望，黎阳在黄河北岸，白马在黄河南岸。《读史方舆纪要》称："黎阳、白马之险，恒甲于天下。"黎阳依山傍水，地势险要，东南有黄河，西南有黎山，黎阳也因此得名。《汉官仪》说："中兴以幽、冀、并州兵平定天下，故于黎阳立营，兵锋尝为天下冠。"官渡之战后，曹操进攻黎阳，用了近一年

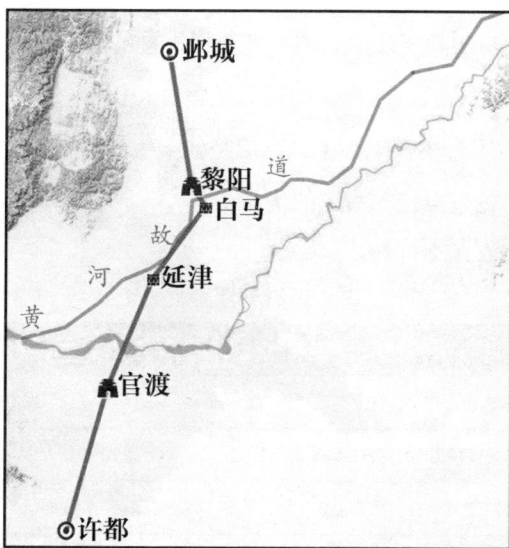

∧ 中原与河北之间的军事通道

的时间才攻破。相对于黎阳，白马的名气要大得多，因为关羽曾在此斩杀颜良。白马渡口因白马山而得名，《开山图》称："山下常有白马群行山上，悲鸣则河决，驰走则山崩。"

延津也称酸枣，《读史方舆纪要》称："延津上游，此为锁钥之口。"关东群雄讨董卓时曾在这里屯兵。官渡之战前，曹军在延津诛杀文丑。袁绍屯粮的乌巢即在延津东南。

官渡地处鸿沟上游，鸿沟水自荥阳下分二渠，其一为官渡水，官渡因此而得名。官渡是许都北方的最后一道屏障，曹操曾在此建垒与袁绍相持。

官渡之战

曹袁对比

曹操与袁绍是发小，两人少年时曾结伴游侠，一次看见有人举行婚礼，发现新娘很漂亮，两人就藏在这家人的花园里，夜间，两人大叫："有小偷！"这家人都出来找小偷，曹操进去，拿着刀抢走新娘。逃跑过程中，两人掉进乱草堆里，袁绍吓得不敢动弹，曹操见情形危机，大叫："小偷在这里呢！"袁绍吓得一下子从草堆里跳了出来，两人才得以逃跑。

袁绍的家族四世三公，而曹操的祖父是宦官；群雄讨董时，袁绍是盟主，而曹操只是一路诸侯。在曹操心中，袁绍是他一生的敌人。官渡之战前，曹操就曾同荀彧郭嘉讨论过自己与袁绍的优劣。

荀彧提出曹操有 4 个优势：

优势	袁绍	曹操
度胜	貌外宽而内忌，任人而疑其心	明达不拘，唯才所宜
谋胜	迟重少决，失在后机	能断大事，应变无方
武胜	御军宽缓，法令不立，士卒虽众，其实难用	法令既明，赏罚必行，士卒虽寡，皆争致死
德胜	凭世资，从容饰智，以收名誉，故士之寡能好问者多归之	以至仁待人，推诚心不为虚美，行己谨俭，而与有功者无所吝惜，故天下忠正效实之士咸愿为用

荀彧说："袁绍表面宽容，内心狭隘，不相信他所用之人；而您明正通达，不拘小节，唯才是举，这是在度量上胜过袁绍。袁绍遇事迟疑犹豫，少有决断，往往错过良机；而您当机立断，随机应变，不拘成规，这是在谋略上胜过袁绍。袁绍军纪不严，法令不立，士兵虽多，却不能重用；而您法令严格，赏罚分明，士兵虽少，却奋不顾身，这是在治军上胜过袁绍。袁绍凭借名门之资，装模作样，徒有虚名，缺乏才能，善于谄媚之人大多归附于他；而您以仁爱之心待人，推诚相见，不求虚荣，行为谨严克己，奖励有功之臣时毫不吝惜，忠诚又有真才实学之人都愿意为您效劳，这是在德行上胜过袁绍。凭借这四方面的优势，辅佐天子，匡扶正义，讨伐叛逆，谁敢不从？袁绍兵多又有什么用？"

郭嘉提出曹操有 10 个优势：

优势	袁绍	曹操
道胜	繁礼多仪	体任自然
义胜	以逆动	奉顺以率天下
治胜	以宽济宽，故不摄	纠之以猛而上下知制
度胜	外宽内忌，用人而疑之，所任唯亲戚子弟	外易简而内机明，用人无疑，唯才所宜，不间远近
谋胜	多谋少决，失在后事	策得辄行，应变无穷
德胜	因累世之资，高议揖让以收名誉，士之好言饰外者多归之	以至心待人，推诚而行，不为虚美，以俭率下，与有功者无所吝，士之忠正远见而有实者皆愿为用
仁胜	见人饥寒，恤念之形于颜色，其所不见，虑或不及也，所谓妇人之仁耳	于目前小事，时有所忽，至于大事，与四海接，恩之所加，皆过其望，虽所不见，虑之所周，无不济也
明胜	大臣争权，谗言惑乱	御下以道，浸润不行
文胜	是非不可知	所是进之以礼，所不是正之以法
武胜	好为虚势，不知兵要	以少克众，用兵如神，军人恃之，敌人畏之

郭嘉说："在我看来，袁绍有十败，您有十胜，袁绍虽然兵强，但也不会有什么作为。袁绍繁文缛节多过；而您不拘小节，此道胜一也。袁绍师出无名；而您奉天子令诸侯，此义胜二也。东汉政策过于宽容，袁绍以宽治宽，士卒凝

聚力差；而您大力治军，上下一心，此治胜三也。袁绍表面宽容内心狭隘，不相信他所用之人，担任要职的都是他的亲属；而您容易相处，内心机敏，用人不疑，唯才是举，不问亲疏，此度胜四也。袁绍喜欢算计却少决断，经常错失机会；而您当机立断，随机应变，此谋胜五也。袁绍自诩四世三公，沽名钓誉，善于谄媚图虚名者多归附于他；而您以诚待人，开诚布公，不爱虚名，行事简约，为属下做出了榜样，奖励有功之臣毫不吝啬，忠诚且有真才实学之人都被重用，此德胜六也。袁绍看见贫穷之人就面露怜悯之色，看不到的就不管，这就是所谓的妇人之仁；而您时常忽略小事，但恩泽四海，即使看不到的地方，也会考虑周全，此仁胜七也。袁绍的部下争权夺利，互相诬陷；而您管理属下方法得当，慢慢影响属下，此明胜八也。袁绍是非不分；而您对正确的礼遇有加，对错误的绳之以法，此文胜九也。袁绍喜欢虚张声势，不懂兵法；而您以少胜多，运兵入神，士卒敬畏您，敌人害怕您，此武胜十也。"

荀彧与郭嘉的看法坚定了曹操的信念，他与刘备煮酒论英雄时认为："本初之徒，不足数也。"

《三国演义》中，煮酒论英雄的时候，曹操与刘备讨论了袁术、袁绍、刘表、孙策、刘璋、张绣、张鲁、韩遂8个人是否称得上英雄，但是，真实的历史中，曹操只评价了袁绍。

战前准备

建安三年（198 年），曹操消灭徐州吕布，关西马腾、韩遂质子许都。建安四年（199 年），淮南袁术病死，南阳张绣投降，曹操控制了长江以北、黄河以南的大部分地区。

初平四年（193 年），袁绍武力夺取青州，又任命外甥高干为并州刺史控制了并州。建安三年（198 年），袁绍逼死公孙瓒，占领幽州，袁绍雄踞冀青幽并四州，黄河以北皆属于袁绍。

袁绍与曹操以黄河为界，大战一触即发。但是，对于这一战怎么打，袁绍内部却有不同意见。

沮授、田丰劝阻袁绍说："近来我军讨伐公孙瓒，连年出兵，百姓疲困不堪，仓库中没有积蓄，不应该再兴师动众。应当抓紧农业生产，使百姓休养生息。然后派遣使者将消灭公孙瓒的捷报呈献天子，如果捷报不能上达天子，就可以上表指出曹操断绝我们与朝廷的联系，然后出兵进驻黎阳，逐渐向黄河以南发展。同时多造船只，整修武器，分派精锐的骑兵去骚扰曹操的边境，使他不得安定，而我们以逸待劳，这样就可以坐等统一天下了。"郭图、审配说："以袁公您的神武，统率河北强兵，讨伐曹操，易如反掌，何必那样费事？"沮授说："救乱诛暴，则为义兵；倚强凌弱，则为骄兵。义兵无敌，骄兵必败。曹操尊奉天子以号令天下，如今我们要是举兵南下，就违背了君臣大义。而且，克敌制胜的谋略，不在于强弱。曹操法令严明，士兵训练有素，不是公孙瓒那样被动挨打的人。如今要舍弃万全之计而出动无名之师，我为您担忧！"郭图、审配说："周武王讨伐商纣王，并不是不义，何况我们讨伐的是曹操，怎么能说是师出无名？而且如今袁公您强盛无比，将士们急于立功疆场，不乘此时机奠定大业，就是所谓的'天与不取。反受其咎'，这正是春秋时期越国所以兴盛，吴国所以灭亡的原因，沮授的计策过于持重，不是随机应变的谋略。"

袁绍采纳了郭图、审配的意见，以审配、逢纪为统军，田丰、许攸为谋士，颜良、文丑为大将，精选步兵10万，骑兵1万，于建安四年（199年）六月，由邺城南下，就近取道，计划经黎阳、白马、延津、官渡，进攻500里外的许都。

曹操的将领们听说袁绍要来进攻许都，都很害怕。曹操说："我知道袁绍的为人，他志向远大而智谋短浅，外表勇武而内心胆怯，猜忌刻薄而缺少威信，人马虽多而调度无方，将领骄横而政令不一，他的土地虽然广大，粮食虽然丰足，却正好是为我们预备的。"孔融对荀彧说："袁绍地广兵强，有田丰、许攸这样的谋士为他出谋划策，审配、逢纪这样的忠臣为他处理事务，颜良、文丑这样的勇将为他统领军队，恐怕难以战胜吧！"荀彧说："袁绍的兵马虽多，但法纪不严。田丰刚直，但经常犯上；许攸贪婪，但无人约束；审配专权，但缺乏谋略；逢纪果断，但自以为是。这几个人，势必不能相容，一定会生内讧。颜良、文丑不过是一勇之夫，一战可擒。"

建安四年（199年）八月，曹操率兵进据冀州黎阳，令于禁率兵2000驻军黄河南岸的重要渡口延津，协助镇守白马的东郡太守刘延，阻止袁军渡河长驱南下，同时以主力在官渡一带筑垒固守，以抵挡袁绍从正面进攻。

十二月，当曹操正部署对袁绍作战时，刘备斩杀徐州刺史车胄，占据徐州，自己驻守小沛，关羽驻守下邳，公开对抗曹操。曹操为了避免两面作战，计划亲自率军东击刘备，将领们都说："与您争夺天下的是袁绍，如今袁绍大军压境，而您却向东讨伐刘备，如果袁绍在背后进行攻击，怎么办？"曹操说："刘备是人中豪杰，如今不进攻他，必定成为后患。"郭嘉说："袁绍性情迟钝，而且多疑，即使来进攻，也不会很快就来。刘备刚刚创立基业，人心还没有完全归附，马上进攻，一定能将刘备击败。"曹操于是挥师东征刘备。

得到曹操东征的消息，袁绍的谋士田丰对袁绍说："曹操去徐州攻打刘备，双方交战不可能很快结束，现在调动全部兵力袭击曹操的后方，一定会马到成功。"袁绍说自己儿子生病，无心用兵。田丰举着拐杖敲击地面，说："夫遭难遇之机，而以婴儿之病失其会，惜哉！"

曹操很快攻下小沛，刘备抛弃妻小，只身逃往河北投奔袁绍。曹操转而进攻下邳，迫降关羽。曹操敬佩关羽的为人，厚待关羽，希望关羽能归附曹操，但关羽说："我也知道曹公待我很好，但我与刘备将军患难与共，誓以生死，不可背叛。我最终不会留在曹营，但我一定要报答曹公对我的恩惠。"

《三国演义》中，关羽投降时，向曹操提出了3个条件："一者，吾与皇叔设誓，共扶汉室，吾今只降汉帝，不降曹操；二者，二嫂处请给皇叔俸禄养赡，一应上下人等，皆不许到门；三者，但知刘皇叔去向，不管千里万里，便当辞去：三者缺一，断不肯降。"这3个条件并没有史料依据。

初战告捷

击败刘备后，曹操还军官渡，袁绍孩子病好了，准备进攻许都。田丰劝阻袁绍说："曹操已经打败了刘备，许都现在不再空虚。而且曹操擅长用兵，变化无常，兵马虽少，不可轻敌，如今应该长期坚守。将军凭借山河之固，四州之兵，外面联合豪杰，内部发展农耕。然后挑选精锐部队，分为奇兵，趁敌人空虚轮番出战，用来骚扰黄河以南的地区。敌人援救右边，我就攻其左边；敌人援救左边，我就攻其右边，使敌人疲于奔命，人民不能安居乐业，我们还没有疲劳但对方已经困乏，用不了 3 年，不费一兵一卒就可战胜敌人。现在我们舍弃稳操胜券的计策而想通过一次战争去决定成败，万一不能如愿以偿，后悔就来不及了。"袁绍不听。田丰极力劝阻，袁绍认为他败坏军心，将田丰治罪关押起来。

沮授在出军前，召集族人，把自己的家产分给他们，说："成功则取得天下，失败则性命难保，真是可悲！"他弟弟沮宗说："曹操的兵马比不上我军，您为什么害怕呢？"沮授说："凭曹操的智慧与谋略，又挟持天子作为资本，我们虽战胜公孙瓒，但士兵实际上已经疲惫，加上主公骄傲，将领奢侈，全军覆没，就在这一仗了。扬雄曾经说过，六国的努力，都是在帮助秦国统一天下，现在我们也是这样！"

建安五年（200 年）正月，袁绍命建安七子之一陈琳写讨曹檄文，向各州郡发布，并悬赏"得操首者，封五千户侯，赏钱五千万"。陈琳在文中把曹操祖孙三代都骂了个遍："祖父中常侍腾，与左悺、徐璜并作妖孽，饕餮放横，伤化虐民；父嵩，乞匄携养，因赃假位，舆金辇璧，输货权门，窃盗鼎司，倾覆重器，操赘阉遗丑，本无懿德，少狡锋协，好乱乐祸。"当时，曹操头疼病发作，躺着听人读陈琳的檄文，听到精彩处，一下子坐了起来，说："这篇文章把我的病治好了！"

二月，袁绍进军黄河北岸重镇黎阳，派颜良进攻镇守白马的东郡太守刘延，企图夺取黄河南岸要点，以保障主力渡河。沮授说："颜良性情急躁狭隘，虽然骁勇，但不可让他独当一面。"袁绍不听。

四月，曹操率军向北援救刘延。荀攸说："如今我们兵少，不是袁军的对手，只有分散他的兵力才行。您到延津后，做出准备渡河袭击袁绍后方的样子，袁绍必然向西应战。然后，您率军轻装急进，袭击白马，攻其不备，可以击败颜良。"曹操听从了荀攸的计策。袁绍听说曹军要渡河，就分兵向西阻截。曹操率军急速向白马挺进，还差10余里，颜良才得到消息，大吃一惊，前来迎战。曹操派张辽、关羽作先锋，关羽望见颜良的旌旗伞盖，策马长驱直入，在万众之中刺死颜良，斩下他的头颅而归，袁绍军中无人能够抵挡。

《三国演义》中，为了渲染颜良的武力，在关羽出场前，颜良接连斩杀宋宪、魏续，20回合击败徐晃。这些战斗并没有史料依据，这么写的目的是突出关羽的神勇。

杀死颜良后，曹操知道关羽一定会离开，对他重加封赏，关羽把曹操赏赐的物品封装好，写信告辞，投奔刘备。曹操左右想去追杀关羽，曹操说："各为其主，不要追了。"

《三国演义》中，关羽离开曹营后，发生了过五关斩六将的故事，这些故事都是虚构的，而且，仔细考察会发现，五关的地理位置有很多错误。

颜良被杀后，袁绍准备亲率主力渡河。沮授劝阻他说："胜负之间，变化无常，一定慎重考虑。如今应当把大军留驻在延津，分出部分军队去官渡，如果他们获胜，回来迎接大军也不晚。大军渡河南下，万一失利，大家就没有退路了。"袁绍不听他的劝告。沮授在渡河时叹息着说："上盈其志，下务其功，悠悠黄河，吾其济乎！"沮授称病辞职，袁绍不批准，但心中怀恨，解除沮授的兵权，把他所率领的军队全部拨归郭图指挥。

袁绍大军到达延津以南，曹操部署军队在南阪下安营，派士卒登上营垒观望。士卒报告说："敌军文丑部队大约有五六百骑兵。"一会儿，又报告说："骑兵逐渐增多，步兵不可胜数。"曹操说："不必再报告了。"命令骑兵解下马鞍，放马休息。曹军大约有600名骑兵，是文丑部队的十分之一，将领们认为敌军骑兵过多，不如回去坚守营寨。荀攸说："敌人已经上钩了，怎么能离开！"曹操看着荀攸微微一笑。袁绍大将文丑与刘备率领五六千骑兵先后赶到，曹军将领们都说："可以上马了。"曹操说："还没到时候。"又过了一会儿，袁军的骑兵更多了，有的已经开始攻击曹军的辎重车队，曹操说："上马！"曹军骑兵立即上马，曹操挥军猛击，大破袁军，斩杀文丑。

文丑与颜良都是袁绍军中名将，两次交战，先后被曹军杀死，袁绍军中士气大减。

《三国演义》中，作者把杀死文丑的功劳给了关羽，与史有悖。文丑死于何人之手史无明文，但肯定不是关羽，因为斩颜良后关羽已经离开曹营。

两军对峙

袁军初战失利，但兵力仍占优势。七月，袁绍驻军阳武，准备南下进攻许都，沮授劝袁绍说："我军数量虽多，但战斗力比不上曹军，曹军粮草短缺，军用物资储备比不上我军。因此，曹操利于速战速决，我军利于打持久战。应当作长期打算，拖延时间。"袁绍没有采纳。八月，袁绍大军向前稍作推进，紧靠沙丘扎营，东西达数十里。曹操也把部队分开驻扎，与袁绍营垒相对。

曹操出兵与袁绍交战，没有取胜，又退回营垒，坚守不出。袁绍军中建造高楼，堆起土山，居高临下向曹营射箭，曹军在营中行走，都要用盾牌遮挡飞箭。曹操制成霹雳车，发射石块，将袁绍的高楼全都击毁。袁绍又挖地道进攻，曹军在营内挖出一道长长的深沟，以抵御袁军从地下来攻。曹操兵少粮尽，士兵疲惫不堪，百姓无法交纳沉重的赋税，纷纷背叛而归属袁绍。曹操大为忧虑，给荀彧写信，说准备退回许都，引诱袁军深入。荀彧回信说："袁绍集中全部军队来到官渡，打算与您一决胜负。您以弱敌强，如果不能牵制敌人，就将被敌人消灭，这是生死存亡的时机。而且，袁绍只是一般人眼中的的英雄罢了，能把人才召集在自己身边，却不能任用。以您的神武明智，加上尊奉天子名正言顺，有谁能阻拦得住！如今，粮食虽少，但还没有到楚汉争霸对峙时的困境。

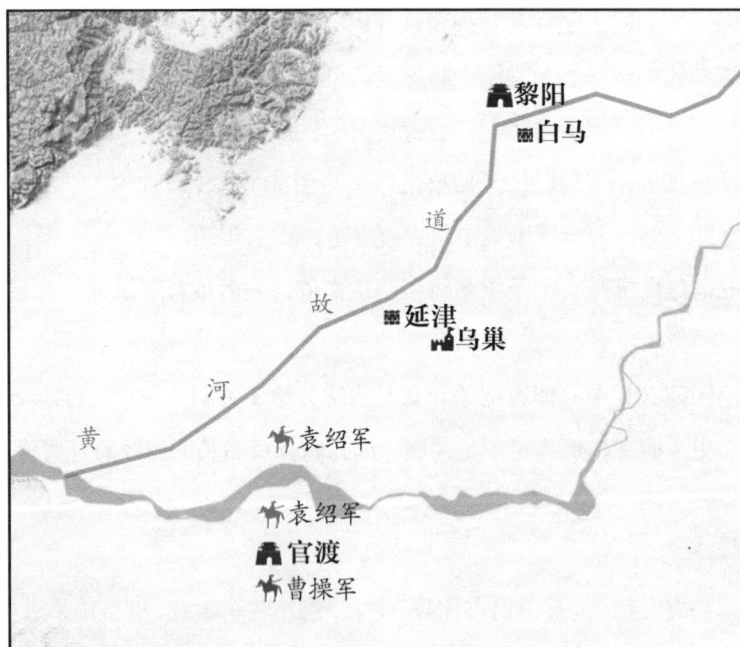

∧ 曹操与袁绍在官渡对峙

那时刘邦项羽谁也不肯先撤军，就因为先撤军就会陷入巨大的劣势。我军虽然只有袁军的十分之一，但您坚守不出，如同掐住袁军的咽喉，使袁军无法前进，已长达半年。事态继续发展，必将发生变化，这正是出奇制胜的时机，一定不能放弃。"曹操听从荀彧的劝告，继续坚持。

袁绍的运粮车数千辆来到官渡，荀攸对曹操说："袁绍的运送辎重的车队马上就要来了，押运的大将韩猛勇敢却轻敌，进攻他一定会获胜。"曹操说："派谁去合适？"荀攸说："徐晃最合适。"曹操听从荀攸的建议，派遣徐晃在半路击退韩猛，烧毁辎重。

十月，袁绍又派大批车辆运粮草，命大将淳于琼率领1万余人护送，停留在袁绍大营以北40里的乌巢。沮授劝袁绍说："可派遣蒋奇率一支军队，在运粮队的外围巡逻，以防曹操派军袭击。"袁绍不听。许攸说："曹操兵少，却集中全力来抵抗我军，许都防备一定空虚，如果派一支队伍轻装前进，连夜奔袭，可以攻陷许都。占领许都后，迎奉天子以讨伐曹操，必能擒住曹操。假如他未立刻溃散，也能使他首尾不能兼顾，疲于奔命，一定可将他击败。"袁绍不同意，说："我们应该先擒住曹操。"与此同时，许攸家里有人犯法，留守邺城的审配将他们逮捕，许攸知道后大怒，投奔曹操。

奇袭乌巢

曹操听说许攸前来，来不及穿鞋，光着脚出来迎接他，拍手笑着说："子远，你来了，我大事可成！"许攸入座后对曹操说："袁军势大，您有什么办法对付他？现在还有多少粮草？"曹操说："还可以支持 1 年。"许攸说："没有那么多，再说一次。"曹操又说："可以支持半年。"许攸说："您不想击破袁绍吗？为什么不说实话呢！"曹操说："刚才只是开玩笑罢了，其实只可应付 1 个月，我该怎么办？"许攸说："您孤军独守，没有援兵，而且粮草已尽，这是危急的关头。袁绍有一万多辆运粮车存于乌巢，守备不严，如果派轻装部队袭击，出其不意，焚毁他们的粮草，不出 3 天，袁绍大军就会自行溃散。"

《三国演义》中，此时曹操粮草已尽，曹操开始说粮草可以支撑一年，许攸不信，曹操又说半年，许攸还不信，曹操再说 3 个月、1 个月，许攸都不信，最后点破曹操粮草已尽。历史上，曹操的粮食尚可支撑 1 个月，小说这么处理，是为了渲染当时的紧迫形势。

曹操大喜，留曹洪、荀攸坚守官渡营寨，亲自率 5000 精锐步骑兵前往偷袭。沿途冒用袁军旗帜，人衔枚，马缚口，每人带一束柴草，连夜抄小路行军，谎称袁公怕曹操偷袭后军，派他们到后方加强防备，骗过袁军盘查。曹军到达目的地以后，包围淳于琼营寨，大肆放火，袁绍部队惊慌失措。天亮时，淳于琼望见曹军人少，出营迎战，不敌曹军，又退回营寨，曹军继续进攻。

袁绍听到曹操袭击淳于琼的消息，对儿子袁谭说："趁着曹操进攻乌巢的淳于琼，我们进攻曹操的官渡，让他无家可归。"于是派遣大将高览、张郃去攻打官渡。张郃说："曹操亲率精兵进攻乌巢，必能攻破淳于琼，淳于琼如果战败，则大势将去，请先去救援淳于琼。"郭图试图效仿围魏救赵之计，坚持要先攻曹操营寨。张郃说："曹操营寨坚固，一定不能攻克。如果淳于琼被捉，我们都将成为俘虏。"袁绍最终决定派轻兵去援救淳于琼，派重兵进攻曹军大营，但未能攻下。

袁绍的轻兵到达乌巢，曹操左右有人说："敌人的骑兵逐渐靠近，请分兵抵抗。"曹操怒喝道："敌人到了背后，再来报告！"曹军士兵拼死作战，大破袁军，斩杀淳于琼，烧毁袁军全部粮草，杀死袁军1000多人，并把袁军将士的鼻子与牛马的唇舌割下来一起送到袁绍大营。袁军将士看到后，大为恐惧。

《三国演义》中，增加了淳于琼醉酒的细节，但并没有史料依据。

郭图因自己的计策失败，心中羞愧，就又去袁绍那里诬告张郃，说："张郃听说我军失利，幸灾乐祸。"张郃听说后，又恨又怕，与高览烧毁了攻营器械，到曹营去投降。曹洪生怕中计，不敢接受他们投降。荀攸说："张郃因为计策不为袁绍采用，一怒之下来投奔，您有什么可怀疑的！"曹洪这才接受了张郃、高览的投降。

见到名将张郃都已投降，袁军惊恐，全面崩溃。袁绍与袁谭等人戴着头巾，骑着快马，率领800名骑士渡过黄河逃命。曹军追赶不及，但缴获了袁绍的全部辎重、图书和珍宝。曹操收缴袁绍的往来书信，得到许都官员及军中将领写给袁绍的示好信，他将这些信全部烧掉，说："当时袁绍强大，连我都不能自保，何况众人呢！"

袁军残部全部投降，曹操想要收编降兵，但无粮供应，如果放回，担心又回到袁绍处，只能指责他们诈降，全部坑杀，先后杀死8万余人。

沮授来不及跟随袁绍渡河逃走，被曹军俘虏，大喊："我不是来投降的，是被你们抓住的。"曹操和他是老相识，亲自来迎接他，对他说："我们处在不同的地方，一直被隔开不能相见，想不到今天你会被我捉住。"沮授说："袁绍失策，自取失败，我的计谋和力量都无法施展，该当被擒。"曹操说："袁绍缺乏头脑，不能采用你的计策，如今天下战乱未定，我想与你一同建功立业。"沮授说："我叔父与弟弟的性命都控制在袁绍手中，如果蒙您看重，就请快些杀我，这才是我的福气。"曹操叹息说："我如果早得到你，天下之事不值得担忧了。"于是，曹操赦免沮授，并给予他优厚待遇。不久，沮授准备逃回袁绍军中，曹操这才将他杀死。

得知袁绍兵败的消息，有人对监狱中的田丰说："您一定会受到重用。"田丰说："袁绍表面宽容而内心狭隘，不能明白我的一片忠心，而我多次直谏惹怒了他，如果他战胜曹操，一高兴或许还能赦免我，现在他被曹操击败，心情郁闷，变得更加狭隘，我看不到活下去的希望了。"袁军将士都捶胸痛哭，说："假如田丰在这里，一定不至于失败。"袁绍对逢纪说："留在冀州的众人，听到我军失败，都会挂念我，只有田丰以前曾经劝阻我出兵，与众人不同，我也感到心中有愧。"逢纪说："田丰听说您失利，拍手大笑，说您被他说中了。"袁绍于是对僚属说："我没有用田丰的计策，果然被他取笑。"于是下令把田丰处死。起初，曹操听说田丰没有随军出征，高兴地说："袁绍必败无疑。"到袁绍大败逃跑时，曹操又说："假如袁绍采用田丰的计策，胜败还难以预料。"

水淹邺城

建安六年（201年）四月，曹操率军沿黄河行进，进攻仓亭，再次将袁绍击败。

《三国演义》中，仓亭之战中，袁绍亲率三子一甥参战，程昱献十面埋伏之计，但这些细节都缺乏史料依据。

建安七年（202年），袁绍因官渡之败羞愧愤恨，发病吐血，五月病死于邺城。袁绍有三个儿子：袁谭、袁熙、袁尚。袁绍后妻刘氏偏爱袁尚，经常在袁绍面前称赞袁尚，袁绍想让袁尚做自己的继承人。沮授曾劝阻袁绍说："世人常说，一万个人追逐一只野兔，一个人捉到后，其他人即使贪心，也全停止下来，这是因为所有权已经确定。袁谭是您的长子，应当做继承人，而您却把他排斥在外，灾祸将由此开始。"袁绍说："我想让儿子们各自主持一州的事务，以考察他们的能力。"于是，他委派袁尚为冀州刺史，长子袁谭为青州刺史，次子袁熙为幽州刺史，外甥高干为并州刺史。

逢纪、审配拥护袁尚，辛评、郭图则拥护袁谭，彼此有矛盾。等到袁绍死后，众人都认为袁谭是长子，应该拥立他继承袁绍。审配等人恐怕袁谭掌权后，会受到辛评等人的报复，就假传袁绍的遗命，尊奉袁尚做袁绍的继承人。袁谭自青州赶来奔丧，不能接替父亲的职位，就自称车骑将军，进驻黎阳。袁尚拨给袁谭很少一部分兵力，而让逢纪跟随他一起前往。袁谭请求再增加兵力，审配等人商议后予以拒绝，袁谭大怒，杀死逢纪。

九月，曹操渡过黄河，进攻黎阳。袁谭向袁尚求救。袁尚留审配守邺城，亲自率军去救袁谭，与曹操对抗。两军交战数次，袁谭、袁尚连续失败，只好坚守不出。

建安八年（203年）二月，曹操再次进攻黎阳，与袁谭、袁尚在黎阳城下展开大战，袁谭、袁尚败走，退回邺城，曹操占据黎阳。曹军将领都提出要乘胜攻打邺城，郭嘉说："袁绍生前喜欢这两个儿子，没能决定让谁做继承人。如今，他们权力相等，各有党羽辅佐。情况危急，就相互援救，局势稍有缓和，

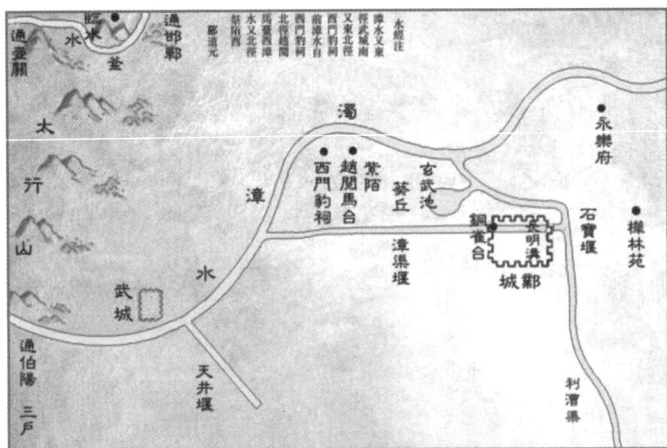

∧ 邺城示意图

就又会争权夺利。不如先向南进取荆州，等待他们兄弟内讧，然后再进攻，可以一举平定。"曹操同意了郭嘉的看法，回到许都。

曹操退军后，袁尚与袁谭果然开始互相攻击。建安九年（204年）二月，曹操乘袁尚离开邺城出兵攻打袁谭之机，进攻审配镇守的邺城。曹操包围邺城，堆土山，挖地道，久攻不下。

五月，开凿壕沟，围绕邺城长达40里，壕沟很浅，看上去好像可以越过。审配在城上看见，觉得可笑，没有派兵出来破坏。曹操派人乘夜疏通，一夜之间，挖成深2丈、宽2丈的深壕，把漳河水引入壕沟，完全断绝了邺城内外的联系。城中人饿死大半。

《三国演义》中，决漳河水淹邺城是许攸的计谋，事实上史无明文。

袁尚得知邺城危急，率领1万多人回救邺县，曹操迎面拦截，将其击败。袁尚派陈琳请求投降，曹操不答应。袁尚只好回头逃奔蓝口，曹操再次进兵，很快包围了袁尚。袁尚的部将马延、张颢临阵投降，士兵彻底溃乱，袁尚逃往中山。曹操缴获袁尚的辎重，得到袁尚的印绶、符节、斧钺和衣服物品，拿给城内的人看，城内守军士气低落。审配向士兵下令说："要坚守死战，曹军很疲惫了。袁熙正向这边赶来，不用担心没有主帅！"曹操出来巡视围城情况，审配埋伏射手射曹操，几乎射中曹操。

八月，审配的侄子审荣乘夜打开城门，放曹军入城。审配在城中抵抗，被曹军生擒。由于支持袁谭，辛评和他的家眷被审配关在邺城监狱中，辛评的弟弟辛毗赶去，打算救护他们，但全家都已被审配下令杀死。曹军士兵把审配绑起来带到大帐，辛毗迎面用马鞭猛抽审配头部，大骂他说："奴才，你今天死定了！"审配瞪着辛毗说："狗东西，正是由于你们这些人，冀州才遭到曹军蹂躏，我恨不能亲手杀死你。而且，你今天能决定我的生死吗？"过了一会儿，曹操接见审配，问审配："你知道是谁开的城门吗？"审配说："不知道。"曹操说："是你的侄子审荣。"审配说："小孩子没出息才走到这步。"曹操又问他："那天我巡视围城部队，你怎么有那么多弓弩！"审配说："我还恨弓弩少呢，没有射死你！”曹操说：“你效忠于袁氏，也不得不那样做。”曹操有心宽恕审配，但审配意气壮烈，始终不说一句屈服求饶的话，曹操又看见辛毗等人在旁号哭不止，只得下令杀死审配。等到行刑时，审配大声命令刽子手让自己面向北方，说：“我君在北。”

曾经写战斗檄文骂遍曹操祖孙三代的陈琳也向曹操投降，曹操对陈琳说：“你为袁绍写战斗檄文，骂骂我就可以了，为什么要连我祖父和父亲一起骂？”陈琳说：“箭在弦上，不得不发。”曹操爱才，既往不咎。

曹操的长子曹丕趁乱杀进袁绍府邸，看见一老一幼两个女子，两人蓬头垢面，惊恐万分，曹丕问：“这是谁？”刘氏说：“这是袁熙的妻子，我的儿媳。”曹丕说：“让她把头抬起来！”甄姬头向后仰，挽起发髻，擦拭面孔，美貌绝伦，曹丕当时惊叹一声。刘氏对甄姬说：“我们死不了了。”经曹操同意，曹丕纳甄姬为妻。日后曹丕称帝，即为甄妃。

许攸自觉功高，叫曹操的小名：“阿瞒，没有我，你得不到冀州。”曹操笑着说：“你说得对。”走到邺城东门时，许攸又说：“这家伙没有我，你们都进不了这门。”后来，曹操找理由将许攸杀死。

《三国演义》中，杀死许攸的是许褚，但史无明文。

曹操亲自去袁绍墓前祭祀，痛哭流涕，安慰袁绍的妻子，退还袁家的金银财宝，并赐给绸缎丝锦等，发放生活费用。起初，袁绍与曹操共同起兵讨伐董卓，袁绍问曹操说：“假如大事不成，有什么地方可以据守？”曹操说：“足下的意思呢？”袁绍说：“我南据黄河，北方依靠燕代地区，团结少数民族，向南争夺天下，大概可以成功吧！”曹操说：“吾任天下之智力，以道御之，无所不可。”

曹操自领冀州牧，有人建议曹操：“应该恢复上古天下九州制，因为在九州制中冀州面积最大，这样天下就归顺了。”曹操觉得可行，但荀彧反对：“按照九州制，关西、幽州、并州都属于冀州，要争夺的地方太多了。您刚刚击败袁尚，生擒审配，天下震动，人人自危，唯恐不能保住自己的地盘。现在令这些地方都归属冀州，他们必将蠢蠢欲动。人们都说关西诸将群龙无首，如果听说恢复九州制，一定以为您要来夺取他们的地盘。一旦发生变故，他们虽然胸无大志，但也会结盟抵抗，对我们产生威胁。这样，袁尚获得喘息，袁谭怀有二心，刘表荆州观望，天下难以统一。您现在应该马上平定河北，然后修复洛阳，南下荆州，谴责刘表不供奉天子，如此这般，天下都知道您的用意，人们就不再担心自己的安危了。等到天下大定，再恢复九州制也不晚，这才是长久之计。"曹操听从荀彧的建议，放弃恢复九州制。按照荀彧的计划，曹操准备彻底平定河北。

统一河北

邺城陷落以后，袁氏集团遭到极大削弱，进一步分裂为三股势力。袁谭据有冀州东部、北部和青州；袁尚被迫逃到幽州投靠袁熙；袁绍的外甥高干据有并州。

建安九年（204年）十二月，曹操进军平原，在袁谭城门下安营。袁谭不敢交战，退至南皮，固守城西清河边。曹操进入平原，统一了青州。

建安十年（205年）正月，曹操进攻南皮，袁谭率军出战，曹军伤亡惨重。曹操准备稍微减缓攻势，议郎曹纯说："如今，我们孤军深入，难以持久，如果不能攻克敌城，一后退就会大损军威。"曹操于是亲自擂动战鼓，命令部下猛攻，终于攻陷南皮。袁谭披发骑马狂奔，从马上掉下，回头对追兵说："哎，你放过我，我保你富贵。"话未说完，头已落地。听到袁谭已死的消息，冀州治中从事王脩下马放声大哭，说："没有您，我回到哪里去啊？"于是去了曹操那里，请求让他收葬袁谭的尸体。曹操想要观察王脩的诚意，沉默着一声不吭。王脩又说："我曾受过袁氏的厚恩，如果让我得以收殓袁谭尸体，然后马上死，我也不会后悔。"曹操称赞他的义气，答应了他。曹操又杀死郭图等人，统一了冀州。

建安十年（205年）三月，袁熙受到他自己部将焦触、张南的攻击，与袁尚一起投奔辽西郡的乌桓部落。焦触自称幽州刺史，胁迫所属各郡县的长官背叛袁氏，归顺曹操。焦触、张南集结数万人的部队，杀死白马，歃血为盟，下令说："有敢于违抗者，一律斩首。"众人在威逼之下，都不敢抬头，各自按顺序歃血盟誓。幽州别驾韩珩说："我受到袁氏父子的厚恩，如今袁氏已经破亡，我的智谋不能拯救他们，又没有勇气去死，于君臣大义已经有缺欠。如果再去归顺曹操，就更为失节，我不能做这样的事。"在场的人都被吓得变了颜色，生怕焦触会立刻杀死韩珩。焦触说："发动大事，应立大义，事情的成败，不在乎一个人，我们可以成全韩珩的志愿，以勉励忠心事主的人。"于是，听任韩珩离去。焦触等人全部归降曹操，曹操大喜，加封焦触、张南为列侯，基本统一了幽州。

《三国演义》中，把幽州献给曹操的人叫乌丸触，这是罗贯中的断句错误。《三国志·袁绍传》中，有一句"熙、尚为其将焦触、张南所攻，奔辽西乌丸，触自号幽州刺史"，乌丸即乌桓，触为焦触。罗贯中断句为"熙、尚为其将焦触、张南所攻，奔辽西。乌丸触自号幽州刺史。"

建安十一年（206年）正月，曹操以世子曹丕守邺城，亲自率兵进攻并州高干，围攻壶关。当时曹操下令："城陷之后，把敌军全部坑杀。"结果几个月都攻不下来。曹仁向曹操劝谏："围城必须留个活门，这是给敌军一条生路。如今主公向敌军宣告城陷必死，那敌人必然死守。而且壶关城墙坚固，粮草丰富，要攻，则士卒疲伤，要守，则迁延日久。这样驻军于坚城之下，强攻死守之兵，不是良计。"曹操听从曹仁的建议，壶关果然很快投降。高干亲自向匈奴求救，匈奴不发兵。高干逃亡，曹操派人将其捕杀，统一了并州。

至此，袁氏集团只有袁尚、袁熙率少数兵力逃往乌桓，其余全部被消灭。曹操夺取了冀、青、幽、并四州，基本统一了河北。

北征乌桓

建安十二年（207年），曹操准备出兵乌桓征讨袁尚、袁熙，将领们都说："袁尚不过是个败军之将，乌桓人贪得无厌而不念旧情，岂能受袁尚利用。如今大军深入塞外征乌桓，刘备必然劝说刘表乘虚袭击许都，万一发生变化，事情就后悔不及了。"郭嘉说："您虽然威震天下，但乌桓人倚仗距离遥远，一定不会预先防备，乘其不备，突然袭击，可以一战告捷。况且，袁绍对这一地区的百姓以及塞外的异族有恩，而袁尚兄弟现在还活在世上。如今冀青幽并四州的百姓，只是因为畏惧而服从我们，并没有受过我们的恩德。如果我们离开这里而率军南征，袁尚利用乌桓的武力做资本，召集愿为恩主效死的部属，乌桓人反叛，四州的百姓及异族都会纷纷响应，这会使乌桓首领蹋顿动心，生出非分的打算，恐怕青州与冀州就不会再在您的控制下了。刘表不过是个坐谈客，他自知才干不能驾驭住刘备，重用刘备则害怕控制不住刘备，轻用刘备则刘备不会为他卖命。因此，即使我们调动全国兵力远征，您也不必担忧。"曹操听从了郭嘉的意见。

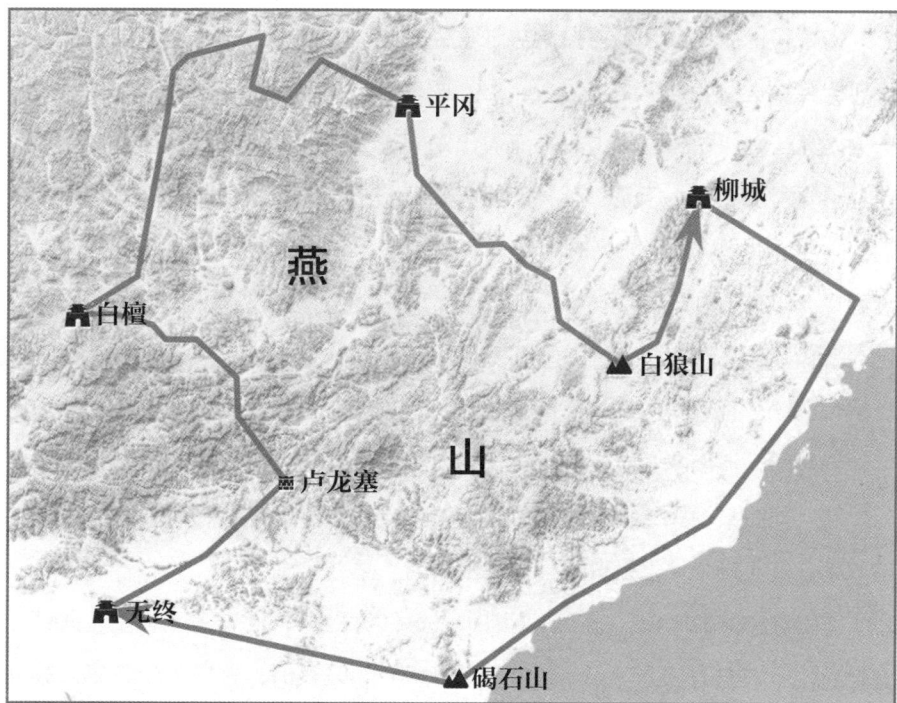

∧ 曹操征乌桓的进军与退军路线

曹操大军进发到易县，郭嘉提议说："兵贵神速，如今远涉千里进行奇袭，辎重太多，难以掌握先机。而且假如乌桓人得到消息，必然加强戒备；不如留下辎重，军队轻装加倍速度行军，出其不意发动进攻。"曹操同意。

五月，曹操大军到达无终，当时正赶上夏季，大雨不止，沿海一带泥泞难行，辽西走廊一线无法通行。曹操听从幽州本地人田畴的建议，引军出卢龙塞，塞外道路不通，曹操凿山填谷 500 余里，经过白檀、平冈，又穿过鲜卑王庭，东指柳城。距离 200 余里时，乌桓人才知道。袁尚、袁熙与蹋顿率领数万名骑兵迎击曹军。

八月，曹操登上白狼山，与乌桓军遭遇。乌桓士兵强悍，曹军车辆辎重都在后边，身披铠甲的将士很少，曹操左右的人都感到畏惧。曹操登高，看到乌桓军容不整，挥军进攻，派张辽为先锋，乌桓军队大乱，张辽斩杀蹋顿，投降的胡人与汉人共有 20 余万。袁尚、袁熙投奔辽东公孙康。

击败乌桓后，有人劝曹操乘势进攻公孙康，曹操说："公孙康会把袁尚、袁熙的脑袋送给我，没必要采取武力。"袁尚与袁熙来到公孙康处，谋划凭借勇力杀死公孙康占据辽东。公孙康看出来袁氏兄弟图谋不轨，而且担心收留袁氏兄弟会得罪曹操。于是，公孙康请袁氏兄弟赴宴，等二人来到，派伏兵将其制服，捆绑后扔在地上。当时天冷，地面冰凉，袁尚希望能给他一个席子御寒，袁熙说："脑袋都要到千里之外了，还要席子干吗？"果然，公孙康将二人斩首，送与曹操。有人问曹操："您已退军而公孙康杀死袁尚、袁熙，这是为什么？"曹操说："公孙康一向畏惧袁尚、袁熙，我如果急攻，他们就会合力抵抗，我给他们时间，他们就会自相残杀，这是大势所趋。"

《三国演义》中，提出借刀杀人计谋的是郭嘉，于是有了"郭嘉遗计定辽东"的故事，其实这个计谋是曹操自己想出来的。

曹操自柳城撤军前，谋士郭嘉因水土不服病故，年仅 38 岁。郭嘉在世时，曹操就说："只有郭嘉郭奉孝最能理解我啊！"发丧时，曹操十分悲痛，对荀攸等人说："你们当中，郭嘉最年轻，我本来计划等天下统一后，把我的身后事托付给他,但是他中年夭折,这就是命吧!"安葬完郭嘉,曹操又发表章说:"军师祭酒郭嘉,跟随我南征北战,已有11年。每次商议大事,制定战略,群臣未决,郭嘉已经有了办法。平定天下,郭嘉的功劳最大,不幸早亡,大业未成。追思郭嘉,他的功劳往事历历在目。"一年后,曹操兵败赤壁,感叹道:"郭奉孝在,不使孤至此。"

曹操沿辽西走廊班师,路过碣石山,曹操诗兴大发,创作了著名的《观沧海》:

东临碣石,以观沧海。

水何澹澹,山岛竦峙。

树木丛生,百草丰茂。

秋风萧瑟,洪波涌起。

日月之行,若出其中。

星汉灿烂,若出其里。

幸甚至哉,歌以咏志。

∧ 如今的碣石山

中原与关西之间的战争

中原与关西之间的军事通道

中原与关西被黄河、崤山、华山阻隔，连接中原与关西的军事通道是历史悠久的两京古道。两京古道始于西汉都城长安，经潼关、秦函谷关、汉函谷关，到达东汉都城洛阳。

两京古道源于西周。西周的都城原在镐京，武王灭商以后，为巩固周朝对东方的统治，计划在东边的伊、洛二水一带夏人故居地建设新的都邑。后来成王将这个计划付诸实施，在洛水的北侧建立了洛邑。宗周镐京与成周洛邑，从此成为周朝的两个都城，镐京即后来的长安，洛邑即后来的洛阳。为了便于两个都城的交流，周人在镐京和洛邑之间修建了一条大道，号称"周道"，又叫作"王道"，《诗经·小雅·大东》称"周道如砥，其直如矢"，砥即磨刀石，矢即箭，形容周道平坦而笔直。两汉时期，长安是西汉的都城，洛阳是东汉的都城，周道也改称两京道。

两京古道崤山至函谷一段被称崤函古道，这段"河流翼岸，巍峰插天，绝

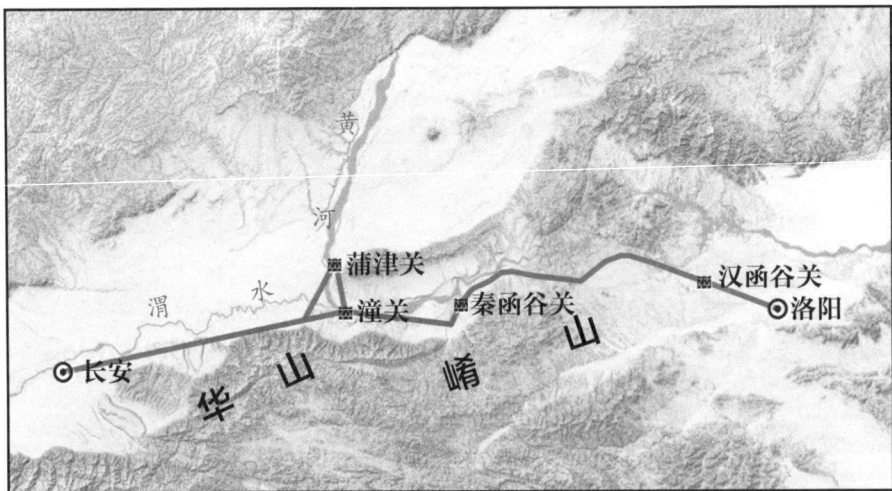

∧ 中原与关西之间的军事通道

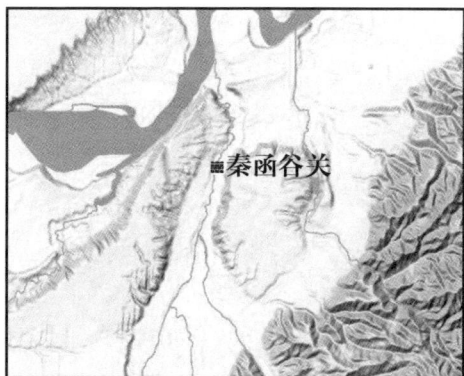

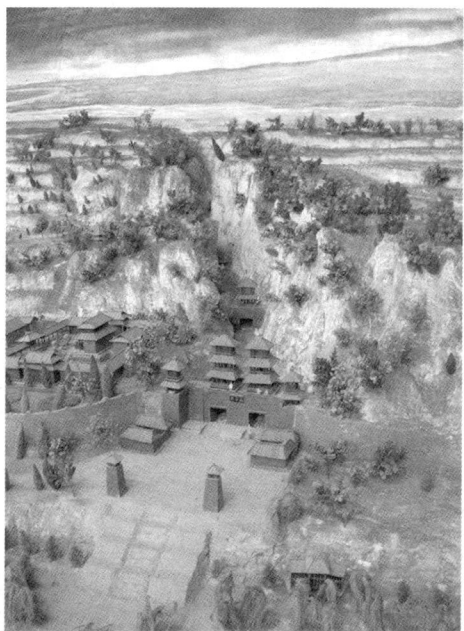

〈 秦函谷关复原图

谷深委，峻坂纡回，崤函之险，实甲于天下矣。"唐太宗《别潼关》有句："崤函称地险，襟带壮两京。"

　　函谷关有两座，一座在弘农，秦时建造，简称为秦关；另一座在谷城，汉时建造，简称为汉关。

　　函即盒、匣，秦关建在两谷之间，深险如函，故称函谷关。战国时，东出函谷关即为陕邑，陕邑以西称作陕西，沿用至今。陕通"狭"，意指崤函古道的狭窄。函谷关素有"车不方轨，马不并辔"之说，东汉初，天水的隗嚣谋划割据陇西，部将王芫献策："请以一泥丸东封函谷关，图王不成，其弊犹足以霸。"董卓西迁长安时，对反对他的杨彪说："崤函险固，国之重防。"曹操西征马超来到弘农的秦函谷关，曾说："此西道之要。"

西汉时期，关中长安为都城，人们都以自己是关中人为荣。楼船将军杨仆，原籍函谷关以东的新安县，被称为关外人，他深感不快，就尽捐家资，于公元前114年在新安县城东也修起了一座雄伟的城池，也起名函谷关，从此杨仆自称关中人。这座新建起来的函谷关后来被称作汉函谷关。

潼关本为桃林塞，建安元年（196年），曹操为预防关西兵乱，始设潼关。潼关之潼，通"撞"，意为水撞，渭水和洛水在潼关处与黄河会合，撞击山关，因此命名为潼关。《水经注》载："河在关内南流潼激关山，因谓之潼关。"建安十六年（211年），曹操曾与马超、韩遂为首的关西联军在潼关对峙。

潼关北有黄河、南有华山。张养浩在《山坡羊·潼关怀古》写道：

峰峦如聚，波涛如怒，山河表里潼关路。望西都，意踌躇。伤心秦汉经行处，宫阙万间都做了土。兴，百姓苦；亡，百姓苦。

"峰峦如聚，波涛如怒，山河表里潼关路"，正是潼关地形的写照，峰峦指的是华山，波涛指的是黄河。

古潼关只有一条狭窄的羊肠小道，往来仅容一车一马，过去人们常以"细路险与猿猴争"形容潼关的狭窄。公元758年，杜甫走两京古道从洛阳返回长安，途径潼关，写下了脍炙人口的《潼关吏》：

士卒何草草，筑城潼关道。大城铁不如，小城万丈余。借问潼关吏，修关还备胡。要我下马行，为我指山隅。连云列战格，飞鸟不能逾。胡来但自守，岂复忧西都。丈人视要处，窄狭容单车。艰难奋长戟，万古用一夫。哀哉桃林战，百万化为鱼。请嘱防关将，慎勿学哥舒。

"连云列战格，飞鸟不能逾。胡来但自守，岂复忧西都。丈人视要处，窄

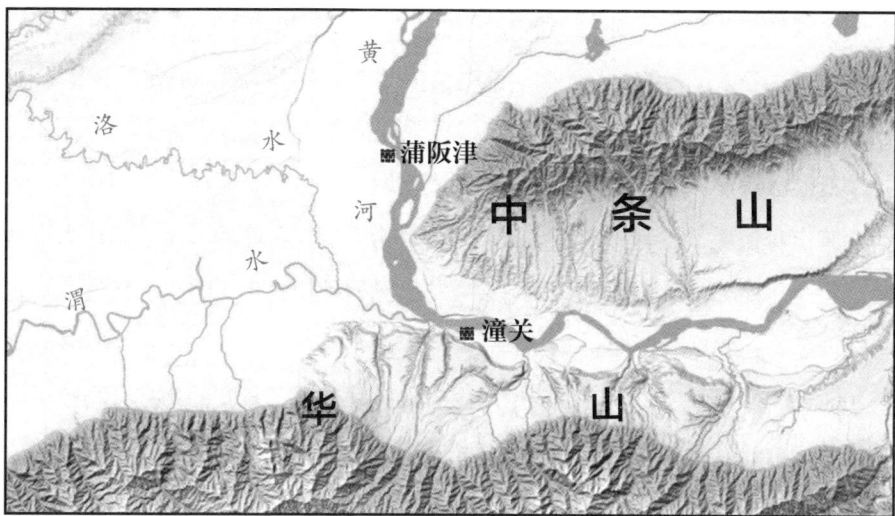

∧ 潼关与蒲阪津

狭容单车。艰难奋长戟，万古用一夫。"是杜甫借用潼关吏的回答来说明潼关的险要，大意为：战栅修建的和云彩一样高，即使飞鸟也不能逾越。胡人来了只要防守就好了，何必担心长安有失呢？高个子的人来到这里要注意碰头，狭窄的道路仅仅能容纳一辆车子。因为狭窄，挥舞长戟非常困难，潼关自古"一夫当关，万夫莫开"。

如果说潼关是关西的东大门，那潼关北面普救寺附近的蒲阪津就是东便门。从潼关进入渭南地区，只要过潼关就可以了，但是从蒲阪津到关西的渭南地区要北渡黄河、再西渡黄河、再南渡渭水，三次面临敌人半渡击之的危险。虽然渡水困难，但蒲阪津的险要程度不及潼关。建安十六年（211 年），曹操与马超在潼关相持，派徐晃暗渡蒲阪津迂回才进入渭南地区。

潼关之战

潼关对峙

赤壁之战后，曹操南下受阻，准备向西发展。李傕、郭汜死后，关西地区势力比较分散，除了韩遂、马超，还有侯选、程银、杨秋、李堪、张横、梁兴、成宜、马玩等人，号称关西十将，这些势力基本上互不统属，群龙无首。

建安十六年（211 年）三月，曹操以驻守洛阳的司隶校尉钟繇先行，征西护军夏侯渊后继，佯装进攻汉中张鲁，实质取道关中，企图控制关西众将。关西众将出身低微，没有称霸天下的志向，只希望能在自己的一亩三分地当土皇帝。但是，他们怀疑曹操来到关中会威胁自己的地位，出于自卫，韩遂、马超等关西十将群起反叛曹操。

《三国演义》中，驻守洛阳的司隶校尉钟繇变成了长安的郡守，马超用庞德之计夺取长安，钟繇退守潼关，马超又攻破曹洪把守的潼关。这些情节都是虚构的，潼关之战前，长安潼关都在关西十将的掌握之中。更夸张的是，马超进攻长安时钟繇还曾与马岱单挑，一回合被马岱击败，逃回城中。幸亏罗贯中手下留情，否则就无法解释钟繇的那些书法如何流传于世了。

曹操得到消息后，令徐晃从并州南下河东，令曹仁督众将由中原进逼潼关，并指示众将：“关西兵精悍，坚壁勿与战。”曹仁在潼关前拥兵不战，关西众

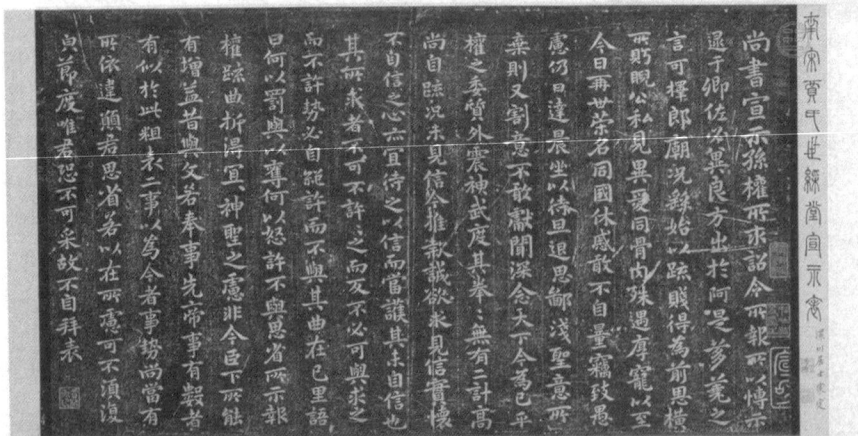

∧ 钟繇《宣示表》

∧ 曹军与关西联军在潼关前对峙

将从各自分散的驻地纷纷前来，集结于潼关，兵力多达 10 万人，企图阻遏曹军于关外。

七月，曹操从河北邺城率兵亲征潼关。出发前，诸将向曹操建议："关西兵强，习长矛，非精选前锋，则不可以当也。"但曹操自信地说："战在我，非在贼也。贼虽习长矛，将使不得以刺，诸君但观之耳。"

曹操来到潼关后，关西众将每一部来到潼关，曹操便面有喜色。众将战后间其缘故，曹操说："关西地域辽阔，如果众将各自据守险要地区，依次征讨他们没有一二年的时间是不够的。现在他们都来到潼关，集中在一起，人数虽然众多，但不相统属，群龙无首，一定可以一举将他们消灭，事半功倍，所以我很高兴。"

《三国演义》中，曹操来到潼关后曾和马超有过一次交锋，马超接连战胜于禁、张郃，刺死李通，杀得曹操割须弃袍。历史上李通在 209 年就病死了，并没有活到潼关之战，曹操割须弃袍也于史无本。

暗渡蒲阪

曹操深知潼关险要，难以攻取，向徐晃问计。徐晃说："您现在屯重兵于潼关，敌人也担心您攻打潼关，所有的兵力都在这里，而没有人守卫蒲阪津，可见他们没有谋略。如果现在我先率领精兵渡过蒲阪津，再掩护大军渡河，一定可以击败敌人。"曹操同意了徐晃的计划。

八月，在曹操进攻潼关的掩护下，徐晃率步骑兵 4000 人，夜间从蒲阪津偷渡黄河。由于关西联军主力被吸引于潼关，渡口无备，徐晃顺利渡过黄河，占领黄河西岸，修筑防御工事。

闰八月，在徐晃军的牵制下，曹军主力冒险在潼关西侧的风陵渡北渡黄河。曹操指挥部队先渡，自己同许褚及虎卫军百余人留南岸断后。马超在潼关看到曹操，率领万余人马出关进攻曹操。当时箭如雨下，曹操端坐胡床不动，许褚对曹操说："敌人来了！我军已经都渡过黄河了，您也渡河吧！"许褚急扶曹操上船，关西士卒想上船捉拿曹操，许褚将他们一一砍死。当时船工已经被射死，许褚左手举马鞍，为操挡箭，右手撑船。校尉丁斐放出牛马诱敌，马超士卒争相猎捕牛马，部队混乱，曹操才得以渡过。先渡过黄河的将领获悉后军被马超攻击，不知道曹操的生死，都很担心，见到曹操后，悲喜交加，有的甚至流下眼泪，曹操却大笑说："今日几为小贼所困乎！"

曹军主力渡至黄河北岸以后，北上蒲阪津，在徐晃的接应下，再次西渡黄河。曹操准备西渡时，马超对韩遂说："我们应该阻止曹操渡河，不到 20 日，曹军就会缺粮，曹操自然会退兵。"韩遂没有采纳马超的建议。后来曹操听到马超的计划后，说："马儿不死，吾无葬地也。"

渡过黄河后，曹操的下一个目标就是南渡渭水。这时马超率潼关守军急趋渭水流入黄河的渭口，阻击曹军。每次曹军渡河时，马超都派骑兵冲杀。曹操一面命令多布疑兵以分散关西联军，一面秘密用船只把工兵送入渭水，在渭水上突击架设浮桥，连夜分兵过桥，先头部队占领渭水南岸。

曹军先头部队南渡渭水后，曹操又发现一个问题，渭水南岸多泥沙，无法修建堡垒。谋士娄子伯建议："现在天冷，可以起沙为城，然后用水浇灌，一夜可成。"曹操采用娄子伯的办法，果然成功。在堡垒的掩护下，九月，曹军全部渡过渭水。

《三国演义》把娄子伯写成了一位终南山隐士，说他姓娄，名子伯，道号梦梅居士，"鹤骨松姿，形貌苍古"，宛如神仙一般。其实，娄子伯名圭，子伯是他的字，早在官渡之战时他就是曹操的谋士了。曹操封魏王后，父子乘车外出，娄圭说："此家父子，如今日为乐也。"有人告诉了曹操，曹操以诽谤罪将其杀死。

离间联军

由于韩遂、马超等在春季三月时，就在潼关屯集 10 万大军，加之用于长途输送粮草需要大量人力，关西当年的农业生产几乎全部荒废。此时秋季已过，冬季将临，关中各部却征收不上来新粮，全军有断炊之虞。

关西联军为避免作持久战，只好割地请和。谋士贾诩认为可以假装答应他们，曹操问他有何计策，贾诩只说了 4 个字："离之而已。"曹操会心一笑。

曹操与韩遂、马超单马会面，曹操只带着"虎痴"许褚前往。马超想凭借勇力，乘机上前捉拿曹操。但马超听过许褚的勇武，怀疑跟随曹操的就是许褚，便问曹操："公有虎侯者安在？"许褚力如虎而痴，故号虎痴，也称虎侯。曹操用手指许褚，许褚睁大眼睛瞪马超，马超不敢轻举妄动。

《三国演义》中安排马超和许褚进行了一次单挑，即许褚裸衣战马超，但根据正史，两人并未交手。

韩遂又作为代表与曹操单独相见。曹操与韩遂父亲在同一年被推荐为孝廉，又与韩遂是同辈，曾有交情。当二人会面时，在马上不谈军事，只说当年在京城的旧事，说到高兴处，两人哈哈大笑。会面结束，马超问韩遂："曹公说了什么？"韩遂回答："没说什么。"马超对韩遂的态度十分怀疑，担心他与曹操私下联系。

曹操与韩遂第二次会面时，关西众将都纷纷前来，希望可以看看曹操真人，曹操笑着对他们说："汝欲观曹公邪？亦犹人也，非有四目两口，但多智耳！"曹操又把他最精锐的骑兵5000虎豹骑排成10排，阵列森严，精光耀日，关西诸军看到后非常震撼。

过了几天，曹操给韩遂书信，信中却故意在多个言词上涂涂抹抹，圈圈点点，就像是韩遂改动过一样，马超看到后更加怀疑韩遂。

曹操看到关西联军出现裂痕，立即与马超、韩遂等约期会战，而马超、韩遂等也急于结束对峙状态。曹操先以轻兵前往挑战，双方交战，曹军以虎豹骑夹击关西联军，关西联军大败，曹军斩杀了成宜、李堪等人，韩遂、马超败走陇右。

《三国演义》中夸大了马超与韩遂的不和，安排韩遂暗地投降曹操，马超知道后砍断韩遂左手，这是与史有悖的。

总结潼关之战的胜利时，曹操称："兵之变化，固非一道"。曹操以夏侯渊驻军长安，留守关中，自己率军返回邺城。

陇右之战

建安十七年（212年）正月，休整后的马超攻击陇右诸郡，各郡纷纷响应，只有天水郡冀城坚持固守。马超集中陇右的全部兵力，联合汉中张鲁，集结万余人攻城。

凉州别驾冀城人杨阜率领官员和宗族子弟千余人抵抗，与马超从正月僵持到八月。期间，凉州刺史韦康多次向夏侯渊求救，当夏侯渊进兵至距冀城200余里时，马超领兵前来进攻，夏侯渊军战败。韦康不见援军，考虑投降。杨阜流泪劝谏说："我率领子弟兵以义气互相鼓励，只求一死，并无二心，战国田单所守之城，还没有冀城坚固呢。如今放弃马上就要建立的功名，给自己蒙上不义的罪名，我宁愿以死相守。"韦康不听，开门投降马超。马超将韦康杀死，以杨阜守义，没有杀杨阜。占领冀城后，马超自称征西将军，领并州牧，督凉州军事。

五月，曹操因马超起兵之事诛杀马超之父马腾及马超的两个弟弟马休、马铁，并夷灭三族。

《三国演义》中，罗贯中把曹操杀马腾一家安排在马超反叛之前，成为马超反叛的理由。这么做是为了维护日后投奔蜀汉的马超的形象，也是为了渲染曹操的残暴。

不久，杨阜妻子姜氏去世。杨阜告假，请求埋葬亡妻，马超准许。姜氏娘家在历城，姜氏的哥哥姜叙在历城有兵马，杨阜从小在姜叙家长大。杨阜见到了姜叙和姜叙母亲，姜叙母亲也是他的岳母。杨阜叙说了冀城陷落的经过，悲

∧ 冀城与历城

泣不已。姜叙说："何以如此？"杨阜说："守城不能完，君亡不能死，亦何面目以视息于天下！马超背父叛君，虐杀州将，岂独阜之忧责，一州士大夫皆蒙其耻。君拥兵专制而无讨贼心，此赵盾所以书弑君也。超强而无义，多衅易图耳！"姜叙的母亲很感慨，命令姜叙听从杨阜的计谋。两人确定计划后，又与赵昂等人联合。当时赵昂的儿子赵月在马超手下，赵昂心有疑虑，与妻子王异商量："我们已经如此谋划，事情一定能成功，应当把赵月怎么办？"王异厉声回答："忠义是立身之本，现在我们要雪君父的大耻，牺牲自己也不足为重，何况只是一个儿子？以前的项托、颜渊之所以能传诵千秋，正是因为他们重义啊。"

九月，杨阜和姜叙起兵，公开反对马超。马超闻讯后大怒，从冀城亲自率兵出击。冀城空虚，杨阜和姜叙的部队乘虚而入，抓住马超妻小，全部杀死。马超袭击历城，抓住姜叙的母亲。姜叙母亲骂道："汝背父之逆子，杀君之桀贼，天地岂久容汝，而不早死，敢以面目视人乎！"马超大怒，杀死姜叙母亲。杨阜与马超作战，5处受伤，宗族兄弟死了7人。马超败走，杀死赵昂之子赵月，南投张鲁。

《三国演义》中，赵昂被马超杀死，与史有悖。历史上，赵昂因破马超有功，被曹操遥封益州刺史。汉中之战时黄忠在定军山击杀夏侯渊以及由曹操所署任的益州刺史赵颙。赵颙与赵昂身份一致，均为赵姓，颙、昂二字近义近音，赵颙很可能就是赵昂。

陇右平定，曹操封赏讨伐马超的功臣，封侯者11人。杨阜为关内侯。杨阜推辞说："我杨阜没有保护好州君性命，他们死后，我也没有尽节报孝。在道义上我应被罢黜，在法律上我应被诛杀。马超又没被杀死，我没有资格接受爵禄。"曹操说："你与君臣共创大功，陇右百姓至今挂在嘴边，作为美谈。子贡辞让封赏，孔子认为不妥。你尽心报国可嘉。姜叙的母亲劝姜叙早日起兵，实在是明智之举，杨敞的妻子也不过如此。实在贤能！实在贤能！史官记录忠义，是不会忘记你们的。"

建安十九年（214 年）春，马超从张鲁处求兵，北取凉州，还围祁山。赵昂与妻子王异守卫祁山，姜叙等急向夏侯渊求救。诸将认为应当听从曹操调度，而夏侯渊说："曹公在邺城，与长安往返 4000 里，等收到曹操指令，姜叙等必败，故此举不适合救急。"夏侯渊先派张郃率步骑兵 5000 人为先锋，抄近路由陈仓狭道进兵，自己则督运粮草随后出发。当张郃兵至渭水北岸，与马超相遇，马超的兵力不及张郃，逃回汉中。

张鲁曾想把女儿许配给马超，有人对张鲁说："有人若此不爱其亲，焉能爱人？"张鲁于是作罢。后马超听说刘备入川，投奔刘备。

《三国演义》中，"有人若此不爱其亲，焉能爱人？"这句话变成了"**马超妻子遭惨祸，皆超之贻害也。主公岂可以女与之？**"其实，马超妻小之死虽然马超也有责任，但是不是主要的，马超父亲之死则完全是因为马超反叛。

赶走马超后，夏侯渊又率军战胜了韩遂及盘踞陇右多年的羌、氐等少数民族，彻底占据陇右。夏侯渊行军迅速，常常出其不意，在曹军中人称："典军校尉夏侯渊，三日五百，六日一千。"曹操评价夏侯渊说："宋建造为乱逆 30 余年，渊一举灭之，虎步关右，所向无前。仲尼有言：'吾与尔不如也。'"

中原与徐州之间的战争

中原与徐州之间的军事通道

中原治所许都与徐州治所下邳之间有泗水涝洼区（今微山湖）和铜山阻隔，但在泗水涝洼区与铜山之间有一个狭窄的通道，彭城正好堵在这个通道之上，因此，从中原进攻徐州必然要先攻彭城再攻下邳。彭城是华夏古都涿鹿的古称，据先秦典籍《世本》记载："涿鹿在彭城，黄帝都之。"尧帝封彭祖于此建立大彭氏国，改称彭城。项羽建立西楚，即定都彭城。彭城依山傍水，地形险要，物产丰富，苏东坡称："其城三面阻水，楼堞之下，以汴泗为池，唯南面可通

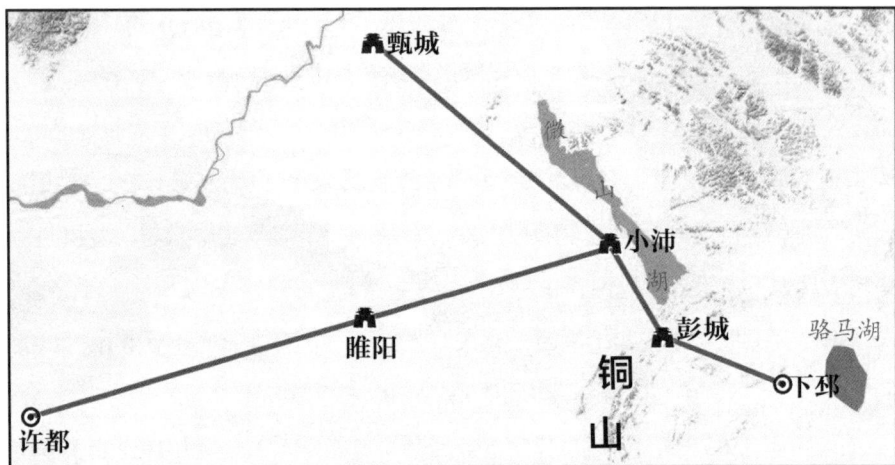

∧ 中原与徐州之间的通道

车马，而戏马台在焉。其高十仞，广袤百步，若用武之世，屯千人其上，筑战守之具，与城相表里，而积三千粮于城中，虽用十万人，不能取也。"

由中原进入徐州的捷径是经小沛过彭城到下邳。小沛是中原与徐州的中间地带，在政区上小沛属于中原兖州的沛国，但由于距离彭城较近，经常被徐州实际控制。如果说彭城是徐州西大门的话，那小沛就是徐州的前哨站。

从许都到小沛要经过睢阳，睢阳可以看成许都和小沛之间的中转站。睢阳因在睢水之北而得名，相传帝颛顼曾在此建都。虞舜时，帝喾之子阏伯葬于睢阳，由于阏伯的封号为"商"，因此又称睢阳为商丘。《读史方舆纪要》称："自古争在中原，未有不以睢阳为腰膂之地者。"

曹操先后在甄城和许都屯兵，一共3次征讨徐州，基本上走的都是小沛—彭城—下邳一线。从许都到彭城大约有800里，距离虽然遥远，但是路途平坦，适合骑兵，吕蒙称之"地势陆通，骁骑所骋"。

曹操征陶谦

董卓之乱时，曹操的父亲曹嵩在青州琅琊郡躲避战乱。曹操占据中原后，派人把曹嵩接到自己身边。曹嵩前往中原时，携带了大量的财宝。半路途中，曹嵩遇到了徐州陶谦的部下，陶谦的部下见财起意，抢劫了曹嵩。曹嵩想翻墙逃走，但他的小妾太胖无法爬墙，曹嵩无奈，只能与小妾躲到厕所里，发现后被杀害。

曹嵩一家究竟是因何被杀，史书有两种说法。一种认为陶谦部下见财起意，《资治通鉴》和《三国演义》采取了这种说法；另一种认为徐州与中原接壤，陶谦与曹操有过摩擦，因故派人击杀，《世说新语》采取了这种说法。

初平四年（193年）秋，曹操以替父报仇为由，起兵讨伐陶谦，先后攻下10余城，在彭城与陶谦大战，陶谦败走。董卓之乱时，长安和洛阳的许多百姓为躲避战乱都迁徙到徐州，曹操为了泄愤，把数十万百姓被驱赶到泗水河中淹死，尸体阻塞了河道，致使河水都不能流动。

陶谦向青州刺史田楷求救，田楷派刘备前去帮助陶谦。陶谦表奏刘备为豫州刺史，屯兵小沛。刘备当时只有5000多人，陶谦又给了他4000人，凑成了

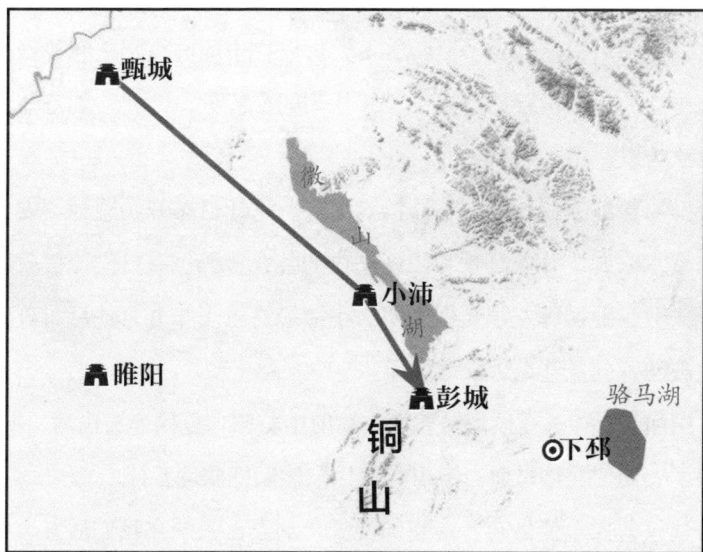

︿ 曹操征陶谦的路线

1万人，形成一股不可忽视的力量。

　　《三国演义》中，刘备救徐州前曾向公孙瓒借赵云。刘备早期的确和赵云**共同作战过，但对手不是曹操而是袁绍。刘备救徐州时，赵云已因兄丧为由返乡脱离了公孙瓒。**

　　曹操见刘备前来支援，加之军粮也已用完，选择暂时退兵。

　　兴平元年（194年）四月，曹操再度率领大军进攻徐州，接连攻破琅琊、东海，所到之处，鸡犬不留。回军时，又击败刘备。陶谦非常恐惧，打算放弃徐州逃回老家丹阳。正在这时，陈留太守张邈背叛曹操，向吕布献城，曹操只好回师平叛。

　　同年，陶谦病逝，刘备接替陶谦成为徐州牧，以下邳为治所，成为徐州新的主人。

曹操征吕布

　　建安三年（198年），吕布在淮南袁术的帮助下占据了刘备的徐州，刘备投降，吕布把他安置在小沛。刘备势单力孤，希望找到合作对象。而此时中原的曹操在吕布占据徐州后也感觉到了威胁，希望可以在中原与徐州之间找到一个缓冲地带，而小沛的地理位置恰恰在中原和徐州的交界处，因此，刘备与曹操一拍即合，化敌为友。

　　在曹操的帮助下，刘备在小沛招兵买马。这让吕布开始感到不安，于是吕布再次与袁术修好，并派高顺和张辽进攻刘备，曹操虽派夏侯惇援救，但被高顺和张辽击败，夏侯惇左眼受伤失明。小沛最终于当年九月被吕布攻破，刘备妻小再次被掳，刘备逃走，投靠曹操。

　　《三国演义》中，夏侯惇被曹性一箭射中左眼，夏侯惇拔出箭，带出眼珠，**夏侯惇说了一句"父精母血，不可弃之！"然后把眼珠吞掉。**

　　刘备建议曹操东征吕布，诸将都说："刘表、张绣在我们后方，如果您率军远袭吕布，必然会发生危机。"荀攸说："刘表、张绣刚刚被我们重创，不

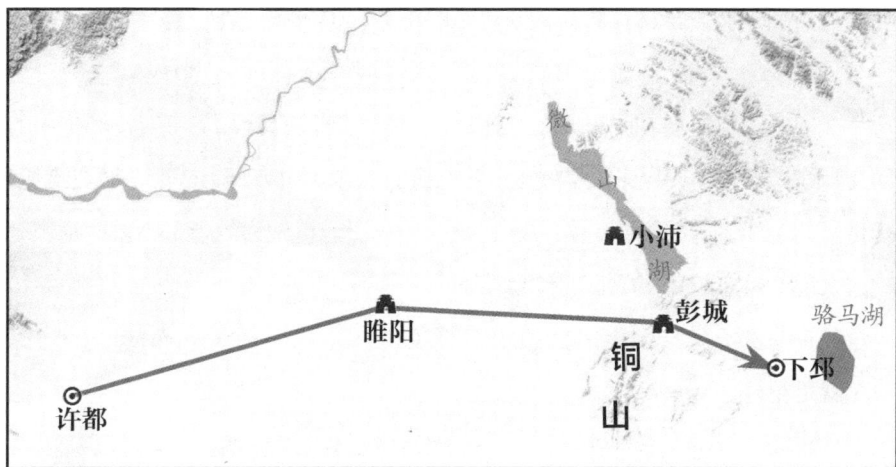

∧ 曹操征讨吕布的路线

敢轻易行动。吕布为人骁勇，又倚仗袁术的势力，如果放任不管，徐州郡县都会依附于他。现在趁他占据徐州不久，尚未赢得民心，进军可以将他攻破。"曹操同意荀攸的看法，向彭城发兵。

面对曹操的进攻，陈宫对吕布说："应当迎击曹操，曹军疲惫，我军以逸击劳，必能获胜。"吕布说："不如等待他们自己前来，我把他们赶到泗水中淹死。"吕布的计划没有成功，曹操顺利攻下彭城，吕布退守下邳。

广陵郡太守陈登作为曹操的先锋，进抵下邳。吕布亲自率军，屡次与曹操交战，全都大败，只好退守城池，不敢出战。

《三国演义》中，陈登并不是先锋，而是作为内应设计帮助曹操和刘备攻取徐州。其实，当时的徐州指的就是下邳，小说中说吕布放弃徐州投奔下邳是错误的。

曹操写信给吕布，为他陈述利害，吕布恐惧，打算投降。陈宫说："曹操远来，不能停留太久。将军应该率军在城外屯驻，而我率军在城内坚守，如果曹军进攻将军，我就领兵攻击他们的后背；如果曹军进攻下邳城，将军就在外援救。不到一个月，曹军粮食吃光，我们再行反击，可以破敌。"吕布同意，打算留陈宫与高顺守城，自己率骑兵截断曹军的粮道。但吕布的妻子对吕布说："陈宫与高顺一向不和，将军一出城，陈宫与高顺必然不能同心协力守城。万一出现什么问题，将军要在哪里立足！而且，曹操对待陈宫犹如父母对待怀抱中的幼儿，陈宫还舍弃曹操来投靠我们。你待陈宫并未超过曹操，就把全城交给他，托付妻儿老小，孤军远出，如果陈宫叛变，我还能再做你的妻子吗？"听到妻子这么说，吕布放弃了陈宫的计划。

吕布的妻子在《三国演义》中化身成了两个女子，一个是吕布的正妻严氏，一个就是貂蝉。

吕布为了解围，派部将许汜、王楷向袁术求救。袁术说："吕布不把女儿送来和亲，才会有今天的失败，现在又来找我干吗？"许汜、王楷说："您现在不救吕布，是自取败亡。吕布一旦被攻破，您也要危险了。"袁术觉得有道理，动员军队，声援吕布。吕布担心袁术因为自己不送女儿而不前来救援，就用丝绵将女儿身体裹住，绑到马上，乘夜亲自送女儿出城。在城外，吕布与曹操守兵相遇。曹军弓弩齐发，吕布不能通过，只得又退回城中。

曹操挖掘壕沟包围下邳城。但很久未能攻克，兵士十分疲惫，打算撤军。荀攸、郭嘉说："吕布有勇无谋，屡战屡败，士气低落。三军以将领为主心骨，将领士气低落，全军自然倦怠。陈宫虽有智谋，但反应迟缓。现在应该趁吕布士气没有恢复，陈宫计策没有确定，迅速发动猛攻，一举消灭吕布。"曹操采纳了荀攸和郭嘉的建议，开凿沟渠，引沂水、泗水来淹下邳城。

一个多月后，吕布走投无路，登上城头对曹军士兵说："你们不要再围城了，我要向明公自首。"陈宫制止说："曹操不过是个逆贼，怎么配称明公！我们现在投降，就好像用鸡蛋去敲石头，岂能保住性命！"

正在此时，吕布部将侯成丢失的15匹马失而复得，侯成准备酒肉庆祝，并先送给吕布饮用。但吕布大怒："我下令禁酒你却酿酒，是想借开酒会为名谋反吗？"侯成事后又恨又怒，与宋宪和魏续等人生擒陈宫和高顺，率领部众向曹操投降。吕布登上白门楼，见被曹军团团围住，劝说身边部将取其首级送给曹操，但众将都不忍心，吕布于是下城投降。

吕布被绑住送到曹操面前，吕布见到曹操说："明公您怎么瘦了？"曹操很诧异，说："你在哪里见过我？"吕布说："当初在洛阳。"曹操说："哦，对，我忘了，我之所以瘦了，是因为没有早抓到你啊。"吕布说："明公您担心的不过是我，现在我已经臣服，他人不足为虑。您统领步兵，我统领骑兵，天下指日可定。"曹操有些动心。吕布对旁边的刘备说："玄德，你现在是座上客，我现在是阶下囚，绳子绑这么紧，赶紧替我说点好话啊！"曹操笑着说："缚虎不得不急也。"准备命人松绑。但刘备说："不可，明公不见布之事丁建阳及董太师乎？"吕布大怒，指着刘备说："大耳儿最叵信！"曹操心领神会，将吕布缢死。

曹操又对陈宫说："你平生自以为智谋有余，现在怎么样？"陈宫指着吕布说："这个人不用我的计策，才落到这样的下场。如果他听我的话，也未必就被你捉住。"曹操说："你的老母怎么办呢？"陈宫说："我听说，以孝道治理天下的人，不伤害别人的双亲，我老母的生死，决定于您，而不在我。"曹操说："你的妻子儿女怎么办？"陈宫说："我听说施仁政于天下的人，不灭绝别人的后代，妻子儿女的生死，也决定于您，而不在我。"曹操没有再说话。陈宫请求受刑，于是走出门，不再回头，曹操忍不住为他落泪。

陈宫、高顺被曹操缢死。日后，曹操将陈宫的母亲召到身边，一直赡养到她去世，并把陈宫的女儿嫁了出去。张辽率领他的部下归降，被曹操任命为中郎将。

《三国演义》中，张辽被擒后拒绝投降，大骂曹操，经关羽求情，曹操招降张辽。而在《三国志》中，张辽是主动投降的。

曹操征刘备

建安三年（198年），曹操在徐州杀死吕布后，刘备跟随曹操回到许都，曹操封刘备为豫州牧。

程昱建议曹操除掉刘备："我看刘备有雄才大略，深得民心，不会久为人下，应该早点除掉。"曹操与郭嘉商议，郭嘉说："的确应该杀掉刘备，但是您现在聚义起兵，除暴安良，诚心诚意广招贤才，即使这样，很多人才还尚未前来。现在刘备有英雄之名，穷途末路时投靠我们而我们将其杀死，会得到害贤之名。这样一来，以后就不会有人再投奔您了，您与谁一起平定天下呢？为了除掉一个人，损害自己的名声，究竟值不值，要仔细考虑。"曹操的观点与郭嘉一样，并没有杀害刘备。但郭嘉也觉得刘备是个危险人物，郭嘉建议："一旦放走刘备，将成为心腹大患，应该早点把他软禁起来。"

因不满曹操挟天子令诸侯的局面，刘备和国舅董承接受汉献帝的衣带诏，密谋除掉曹操。一次宴会上，曹操对刘备说："今天下英雄，唯使君与操耳。本初之徒，不足数也！"刘备大惊失色，将手中的汤匙和筷子惊落在地。正好此时突然响起一声惊雷，刘备："圣人云'迅雷风烈必变'，良有以也。一震之威，乃可至于此也！"此后，刘备越发不安，开始找机会逃离曹操。

《三国演义》中，这段故事叫"青梅煮酒论英雄"，而在正史上，两人的确论了英雄，也煮了酒，但并没有提到用青梅下酒。

不久，曹操派刘备率军阻击袁术，避免袁术与袁绍联合。刘备走后，谋士程昱、郭嘉皆向曹操进谏"不能派遣刘备啊！"曹操这才悔悟，立即派人追赶，但已经来不及了。

果然如程昱、郭嘉所料，刘备走后，率兵杀死徐州刺史车胄，留下关羽驻守下邳，自率一部兵力返回小沛，附近郡县很多背叛曹操归附刘备，刘备的势力不断增强，兵力多达数万人。随后，刘备便派使者与袁绍联合，以共同讨伐曹操。

建安四年（199年）冬，曹操派司空长史刘岱、中郎将王忠率军进攻小沛的刘备，未能取胜。刘备对刘岱说："使汝百人来，无如我何，曹公自来，未可知耳！"

三国时代有两个刘岱，一个是兖州刺史刘岱，一个是司空长史刘岱，《三国演义》混淆了这两个人，以为这个刘岱就是兖州刺史刘岱，事实上，兖州刺

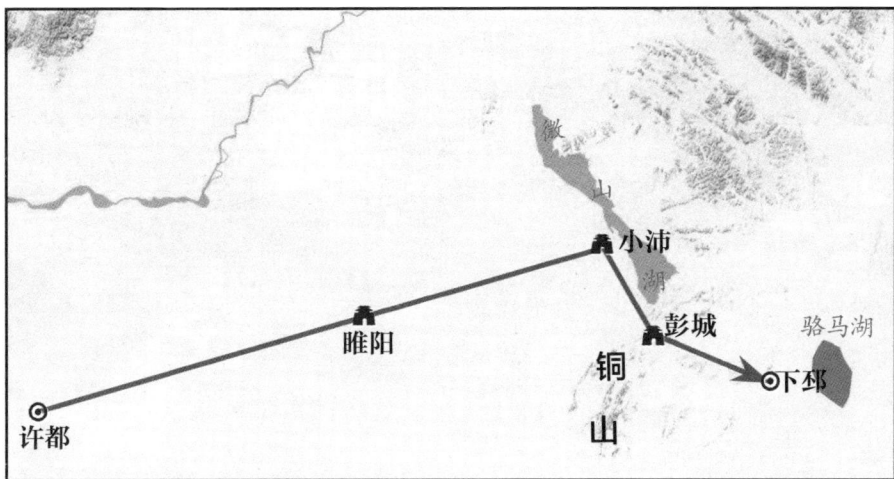

∧ 曹操征讨刘备的路线

史刘岱在 192 年就被黄巾军杀死了。

　　为了避免两面作战，曹操计划亲自率军东击刘备，将领们都说："与您争夺天下的是袁绍，如今袁绍大军压境，而您却向东讨伐刘备，如果袁绍在背后进行攻击，怎么办？"曹操说："刘备是人中豪杰，如今不进攻他，必定成为后患。"郭嘉说："袁绍性情迟钝，而且多疑，即使来进攻，也不会很快就来。刘备刚刚创立基业，人心还没有完全归附，马上进攻，一定能将刘备击败。"曹操听从郭嘉建议，率军东征刘备。

　　曹操进攻小沛，一举将刘备击败。刘备只身投奔河北袁绍，妻小也被曹操俘虏。曹操接着进攻下邳，生擒关羽，彻底收复徐州。

汉中与关西之间的战争

汉中与关西之间的军事通道

　　汉中与关西被秦岭阻隔，秦岭东西绵延 400~500 公里，南北宽达 100~150

∧ 汉中与关西之间的军事通道

公里，平均海拔2000米以上，韩愈有诗曰"云横秦岭家何在，雪拥蓝关马不前"。秦岭虽然艰险，但挡不住汉中与关西的交流，先民们利用山谷中的河道，逐渐开发出了五条通道，自西向东分别为：祁山道、陈仓道、褒斜道、傥骆道、子午道。其中祁山道通陇右，其余四条通关中。

祁山道从祁山经成县、沮县到阳平关，祁山到沮县五百里，为大道，沮县到阳平关有沮水，通漕运，祁山道最长，但路途平坦，运输便利。魏明帝曹叡曾说"西固祁山，贼来辄破。"诸葛亮第一次北伐时走祁山道进入陇右大约用了1个月。

陈仓道也称故道，由山间谷道和栈道组成，从陈仓入散关经河池到阳平关，长约700里，韩信暗度陈仓走的就是这条路。曹操征张鲁时走陈仓道进入汉中用了1个多月。

褒斜道由山间谷道和栈道组成，北口为斜谷口，南口为褒谷口，长约470里。诸葛亮第五次北伐时走褒斜道进入关中大约用了2个月。

傥骆道由山间谷道和栈道组成，北口为骆谷口，南口为傥谷口，长约420里，

∧ 祁山堡遗址

盘山路曲折回旋 80 余里，一共有 84 盘。曹爽南征汉中时走傥骆道用了 1 个多月也没出谷。

　　子午道由山间谷道和栈道组成，北口为子谷口，南口为午谷口，长约 660 里。唐代，子午道成为荔枝道的一部分，"一骑绝尘妃子笑"的场面经常上演。魏延认为走子午道从汉中到关中用不了 10 天，但后来曹真由关中进入汉中 1 个月才走了一半。

　　陈仓道、褒斜道、傥骆道、子午道都有部分栈道，凶险曲折，曹操曾感叹："南郑直为天狱，中斜谷道为五百里石穴耳！"钟会伐蜀时，特命许褚的儿子许仪为开路先锋，专门负责修路，但即使这样，钟会通过时马蹄依然陷入栈道，钟会因此将许仪斩首。

曹操征张鲁

　　曹操战胜马超、韩遂后，占据关西地区，接下来，曹操准备南下进攻汉中张鲁。建安二十年（215 年）七月，曹操走陈仓道进抵阳平关。

∧ 阳平关遗址

　　张鲁见曹操势大，准备率众投降，但张鲁的弟弟张卫不同意，率兵众数万人在阳平关拒守，横山筑城十余里。此前，曹操听说汉中很容易攻破，阳平关南山与北山距离很远，不容易防守。曹操来到阳平关才发现阳平关如此险要，曹操感叹："他人商度，少如人意。"

　　曹军攻打阳平关，士卒死伤严重，军粮也即将用尽，曹操很沮丧，打算撤军，派夏侯惇、许褚喊回山上的战士。恰巧，曹军前部在夜间迷路，误入张卫营寨，张卫部队得知曹军将要退兵，守备松懈，见曹军突然来到，大吃一惊。当时又有数千只麋鹿闯入张卫营寨，把张卫部队冲击得七零八落。侍中辛毗、主簿刘晔等人跟在迷路士兵之后，见此情景，马上报告夏侯惇、许褚说："我军已经占据阳平关的重要据点，敌军已经溃散。"夏侯惇开始不信，亲眼见到后，才回去报告曹操。曹操立即变更部署，令部队连夜据险袭击，多用弓弩，箭射敌营。曹军在进攻中斩杀敌将杨任，继续进攻张卫，张卫不敌，乘夜逃走，曹军占领阳平关，汉中门户洞开。

　　张鲁听说阳平关失陷，想要投降，张鲁的功曹阎圃认为："现在我们是被击败了才投降的，曹操一定不会厚待我们，不如先逃跑，然后再投降，到时候得到的待遇会更好。"张鲁听从了阎圃的建议，从米仓山逃到巴中。张鲁部下要烧毁全部汉中国库，张鲁说："我准备归顺朝廷，但是现在不太适合。如今离开这里，只是为了躲避曹军的锋芒，并没有恶意，国库是国家的东西。"张鲁下令把国库封存好后才逃走。曹操进入南郑，对张鲁的做法非常赞赏。马超的旧部庞德也归降了曹操，曹操得到庞德后十分高兴，封他为立义将军，关门亭侯。

《三国演义》中，张鲁守卫汉中完全依仗庞德，庞德与张郃、夏侯渊、徐晃、许褚进行车轮战，丝毫不落下风。曹操用计擒住庞德后，很容易就攻下了汉中。其实，正史中曹操取得汉中有很大的运气成分，并不像小说中写得那么轻松。

曹操攻克汉中后，与刘备接壤。当时刘备因为荆州的归属问题与孙权在荆州对峙，司马懿、刘晔建议南下攻取巴蜀。司马懿指出："刘备用欺诈和武力俘虏了刘璋，蜀人尚未归附他，就远争江陵，这个机会不可失去。现在攻克汉中，巴蜀震动，进兵该地，势必瓦解。圣人不能违背时机，也不能丧失时机。"刘晔也说："刘备是人中豪杰，有度量，但行动迟缓，得到巴蜀的时间也短，巴蜀之人还不怕他。现在我军攻破汉中，巴蜀惶恐，处于崩溃的边缘。以您的智慧，配合巴蜀内部势力，一定会攻克巴蜀。如果稍缓一下，诸葛亮善于治国，关羽、张飞勇冠三军，巴蜀百姓安定以后，据守险要，就不可侵犯了。今日不取，必为后患。"

曹操说："人苦无足，既得陇右，复欲得蜀！"没有听从司马懿和刘晔的意见。曹操可能是考虑到汉中尚未巩固，张鲁在逃，刘备尽管得到巴蜀不久，但已经能够选贤任能，不会像张鲁那样束手就擒。如果刘备联合张鲁，凭险拒守，曹军孤军深入，有可能长期陷在西线拔不出来，造成东线有失。

曹操鉴于张鲁本有善意，企图招降张鲁，并乘势夺取三巴地区。三巴指巴蜀东部巴郡、巴东、巴西三郡。三巴既是刘备的占领区，也是张鲁固有的势力范围。曹操派人去巴西慰问张鲁并劝降。十一月，张鲁率部出降，曹操拜其为镇南将军，封张鲁 5 个儿子为列侯。

《三国演义》中，汉中被攻破后张鲁马上就投降了，实际上，从曹操占领汉中到张鲁投降之间大约有 5 个月。

诸葛亮北伐

驻军汉中

蜀汉建兴五年（227年），诸葛亮率军进驻汉中，准备开始北伐，出发前，诸葛亮向刘禅上书，写出著名的《出师表》。虽然我们对《出师表》已经很熟悉了，但是我还想与您再次欣赏一遍：

先帝创业未半而中道崩殂，今天下三分，益州疲弊，此诚危急存亡之秋也。然侍卫之臣不懈于内，忠志之士忘身于外者，盖追先帝之殊遇，欲报之于陛下也。诚宜开张圣听，以光先帝遗德，恢弘志士之气，不宜妄自菲薄，引喻失义，以塞忠谏之路也。

宫中府中，俱为一体，陟罚臧否，不宜异同。若有作奸犯科及为忠善者，宜付有司论其刑赏，以昭陛下平明之理，不宜偏私，使内外异法也。

侍中侍郎郭攸之、费祎、董允等，此皆良实，志虑忠纯，是以先帝简拔以遗陛下。愚以为宫中之事，事无大小，悉以咨之，然后施行，必能裨补阙漏，有所广益。

将军向宠，性行淑均，晓畅军事，试用于昔日，先帝称之曰能，是以众议举宠为督。愚以为营中之事，悉以咨之，必能使行阵和睦，优劣得所。

亲贤臣，远小人，此先汉所以兴隆也；亲小人，远贤臣，此后汉所以倾颓也。先帝在时，每与臣论此事，未尝不叹息痛恨于桓、灵也。侍中、尚书、长史、参军，此悉贞良死节之臣，愿陛下亲之信之，则汉室之隆，可计日而待也。

臣本布衣，躬耕于南阳，苟全性命于乱世，不求闻达于诸侯。先帝不以臣卑鄙，猥自枉屈，三顾臣于草庐之中，咨臣以当世之事，由是感激，遂许先帝以驱驰。后值倾覆，受任于败军之际，奉命于危难之间，尔来二十有一年矣。

先帝知臣谨慎，故临崩寄臣以大事也。受命以来，夙夜忧叹，恐托付不效，以伤先帝之明，故五月渡泸，深入不毛。今南方已定，兵甲已足，当奖率三军，北定中原，庶竭驽钝，攘除奸凶，兴复汉室，还于旧都。此臣所以报先帝而忠陛下之职分也。至于斟酌损益，进尽忠言，则攸之、祎、允之任也。

愿陛下托臣以讨贼兴复之效，不效则治臣之罪，以告先帝之灵。若无兴德之言，则责攸之、祎、允等之慢，以彰其咎；陛下亦宜自谋，以咨诹善道，察纳雅言，深追先帝遗诏。臣不胜受恩感激。

今当远离，临表涕零，不知所言。

诸葛亮到达汉中后，同群臣商议进攻策略，魏延认为："夏侯楙是夏侯渊的儿子，曹操的女婿，只是一个膏粱子弟，并没有什么才能。请给我精兵五千，背粮兵五千，直接从褒中出发，沿着秦岭向东，到子午道后折向北方，用不了10天，可以抵达长安。夏侯楙听说我来，一定会弃城逃跑。长安城中只剩下一群文官了，长安粮仓的存粮以及百姓逃散剩下的粮食，足以供给军粮。等到魏国在东方集结援军，还要20多天时间，此时您已经从褒斜道与我合兵一处了。这样，咸阳以西的地区可以一举而定。"诸葛亮认为此计太过凶险，不如走平坦的祁山道进军先攻取陇右地区有把握，因此没有采用魏延的计谋。魏延认为诸葛亮过于保守，常常感叹自己的才能得不到施展。

魏延的子午谷奇谋十分诱人，但必须具备如下条件方能如愿：魏延10天可以到达长安，夏侯楙弃城逃走，其粮食来不及烧毁，夏侯楙弃城后魏国援军20多天才能完成集结，诸葛亮大军从褒斜道可以如期会合。但是，上述条件很难全部达成，很可能有一二个环节发生意外。事实上，两年后，曹真率魏军走子午道，1个多月才走了一半，而不是10天。6年后，诸葛亮大军走褒斜道，2个月才出谷，而不是1个月。但是，魏延的计划机会成本极低，只需要1万人，即使魏延失败了，对蜀国的影响并不大。诸葛亮进驻汉中前，魏延一直是汉中的太守，就对汉中地理的理解，魏延是要好于诸葛亮的。诸葛亮北伐连续失败后，其实不妨尝试一下魏延的计划，至少应该给魏延一个单独带兵的机会。

第一次北伐

蜀汉建兴六年（228年）春，诸葛亮扬言走褒斜道进取关中，命令镇东将军赵云、扬武将军邓芝充当疑兵，据守箕谷。

　　《三国演义》中，赵云只是前锋，并未与诸葛亮分兵两处，但细心的读者会发现，在小说中，诸葛亮第一次北伐时，赵云和诸葛亮并未同时出场。这正是因为在正史中两人分兵两处的痕迹，赵子龙力斩五将更是小说家的虚构。

　　诸葛亮亲自统率大军走祁山道进攻陇右，军容整齐，号令严明。刘备死后，蜀汉一直没有军事行动，魏国对蜀军进攻防备不足，现在诸葛亮突然出兵，朝野上下十分恐惧，陇右地区天水、南安、安定三郡纷纷反叛响应诸葛亮，天水参军姜维投降。

　　《三国演义》中，诸葛亮用反间计收服姜维，但在正史中，姜维是在蜀军压力下主动投降的。

　　面对诸葛亮的进攻，魏国十分震惊，朝廷大臣不知如何应对，魏明帝曹叡说："诸葛亮本来可以凭借蜀国险要固守，现在非要亲自前来送死，我们一定能够打败诸葛亮。"曹叡派曹真总督关西诸军对抗箕谷的赵云，派张郃率领 5 万人马前往陇右迎战祁山的诸葛亮。

　　张郃率兵迅速走汧陇古道西进，企图从街亭要地进入陇右。当时诸将都以为诸葛亮会派魏延迎战张郃，但是诸葛亮违背众议，提拔马谡守卫街亭。马谡的哥哥马良与诸葛亮相交甚厚，诸葛亮对马谡一向器重，时常与他讨论军事。刘备临死之前对诸葛亮说："马谡言过其实，不可大用，君其察之！"但诸葛亮不以为然，仍任命马谡为参军。

　　马谡违背诸葛亮的指挥调度，军事行动混乱无章，放弃水源上山安营扎寨，偏将军王平一再劝谏，马谡不听。张郃切断马谡取水的道路，一举击败马谡，蜀军溃散。只有王平率领的 1000 人鸣鼓守卫，张郃怀疑王平有伏兵，不敢追击，王平于是缓缓撤退，保留了蜀军主力。街亭丢失之后，诸葛亮丧失了对陇右的控制，只能选择撤军。

　　《三国演义》中，诸葛亮面对司马懿的追击，采用了空城计。这个故事陈寿的《三国志》中并没有记载，最早提及此事的是南北朝时的郭冲，裴松之认为这个故事完全是虚构的。

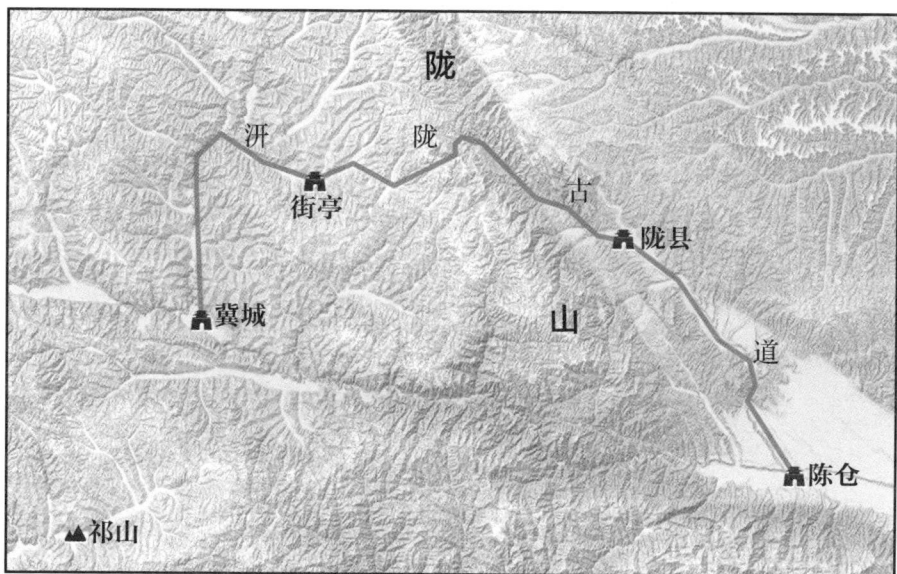

∧ 街亭是汧陇古道的必经之路

与此同时，赵云、邓芝也在箕谷被曹真击败，但是赵云率众固守，损失不大。退军后，诸葛亮问邓芝："街亭兵败，兵将崩溃，箕谷兵败，军容整齐，为什么呢？"邓芝说："赵云亲自断后，军需物资一点都没有遗弃，兵将也没有散乱。"诸葛亮大喜，准备将赵云的军需物资赏赐给赵云将士，赵云说："我们没有打胜仗，为什么要奖励呢？还是将奖励收入国库，作为冬季犒赏吧。"诸葛亮听后，对赵云大加赞赏。

回到汉中后，诸葛亮把马谡关进监狱，不久将其斩首。诸葛亮亲自为马谡吊丧，痛哭流涕，安抚他的子女，如平素一样恩待他们。王平据敌有功，进位讨寇将军，封亭侯。诸葛亮上书自贬三等，降为右将军，仍行丞相事。赵云也被贬为镇军将军。

战后，诸葛亮总结："大军在祁山、箕谷的时候，都多于敌军，但没有打败敌人，反而被敌人打败，问题不在于兵少，而在于将领。现在我打算减少兵将，显明责罚，反思过失，将来另想变通的办法。如果不能这样，即使兵多也没有什么用处！从今以后，凡是一心为国家分忧效忠的人，请多多批评我的过错，如此大事可定，敌人可灭，大功可成。"蜀国开始选拔人才，厉兵讲武，不久，全国上下从失败的阴影中走了出来。

第二次北伐

蜀汉建兴六年（228 年）冬，魏国扬州牧曹休在石亭被吴国大都督陆逊击败，诸葛亮听说魏军大举东进，关中兵力空虚，再次上表，即为《后出师表》：

先帝虑汉、贼不两立，王业不偏安，故托臣以讨贼也。以先帝之明，量臣之才，故知臣伐贼才弱敌强也；然不伐贼，王业亦亡，惟坐待亡，孰与伐之？是故托臣而弗疑也。

臣受命之日，寝不安席，食不甘味，思惟北征，宜先入南，故五月渡泸，深入不毛，并日而食。臣非不自惜也，顾王业不得偏安于蜀都，故冒危难，以奉先帝之遗意也，而议者谓为非计。今贼适疲于西，又务于东，兵法乘劳，此进趋之时也。谨陈其事如左：

高帝明并日月，谋臣渊深，然涉险被创，危然后安。今陛下未及高帝，谋臣不如良、平，而欲以长策取胜，坐定天下，此臣之未解一也。

刘繇、王朗各据州郡，论安言计，动引圣人，群疑满腹，众难塞胸，今岁不战，明年不征，使孙策坐大，遂并江东，此臣之未解二也。

曹操智计殊绝于人，其用兵也，仿佛孙、吴，然困于南阳，险于乌巢，危于祁连，逼于黎阳，几败北山，殆死潼关，然后伪定一时耳，况臣才弱，而欲以不危而定之，此臣之未解三也。

曹操五攻昌霸不下，四越巢湖不成，任用李服而李服图之，委夏侯而夏侯败亡，先帝每称操为能，犹有此失，况臣驽下，何能必胜？此臣之未解四也。

自臣到汉中，中间期年耳，然丧赵云、阳群、马玉、阎芝、丁立、白寿、刘郃、邓铜等及曲长屯将七十余人，突将、无前賨、叟、青羌、散骑、武骑一千余人，此皆数十年之内所纠合四方之精锐，非一州之所有；若复数年，则损三分之二也，当何以图敌？此臣之未解五也。

今民穷兵疲，而事不可息，事不可息；则住与行劳费正等，而不及今图之，欲以一州之地，与贼持久，此臣之未解六也。

夫难平者，事也。昔先帝败军于楚，当此时，曹操拊手，谓天下以定。然后先帝东连吴越，西取巴蜀，举兵北征，夏侯授首，此操之失计，而汉事将成也。然后吴更违盟，关羽毁败，秭归蹉跌，曹丕称帝。凡事如是，难可逆见。臣鞠躬尽瘁，死而后已。至于成败利钝，非臣之明所能逆睹也。

从后出师表可以看到，此时赵云已经逝世，刘备的老臣只剩下诸葛亮和魏延了，但二人又有矛盾。

诸葛亮吸取上次教训，这次选择从陈仓道出兵散关，包围陈仓，但发现陈仓早有防备。早在第一次北伐结束时，曹真就认为诸葛亮会以祁山之败为戒改从陈仓进兵，于是提早命将军郝昭等驻守陈仓，修建城池。

诸葛亮久攻不下，派郝昭同乡靳详于城外数次游说郝昭投降，郝昭在城楼上对靳详说："魏国的法律，您是熟悉的，我的为人，您是了解的。我深受国恩，

∧ 依山傍水的陈仓

只有以死报国，您不必多说。您回去告诉诸葛亮，现在就可以来进攻。"靳详把郝昭的话告诉了诸葛亮，诸葛亮又让靳详再次劝告郝昭，说："现在兵力悬殊，不投降只能是自取灭亡。"郝昭对靳详说："之前我已经说明白了，我认识你，箭可不认识你。"靳详只好返回。

此时诸葛亮有数万士卒，而郝昭才有 1000 多人，魏国援兵尚未到来，于是诸葛亮下令攻城。诸葛亮开始用云梯和冲车进攻，郝昭用火箭射云梯，云梯燃烧，上面的人都被烧死，郝昭又用投石车砸冲车，冲车也被砸毁。诸葛亮制作百尺高的井栏，向城中射箭，用土块填塞护城的壕沟，想直接攀登城墙，郝昭又在城内筑起一道城墙阻挡蜀军。诸葛亮挖地道，想从地道进入城里，郝昭也在城内挖横向地道进行拦截。诸葛亮围攻陈仓 20 多天，无法攻下。

魏明帝曹叡从淮南战场召回张郃，派张郃前往关中解围。曹叡在南阳方城为张郃置酒送行，问："将军到时，陈仓还保得住吗？"张郃知道诸葛亮粮草补给困难，掐指一算，说："我到陈仓，诸葛亮肯定早已退兵了。"张郃日夜兼程赶往陈仓，还没到时，诸葛亮果然已经退军了。魏将王双追杀诸葛亮，但被诸葛亮击杀。曹叡颁布诏书封郝昭关内侯的爵位。

《三国演义》中，王双是被魏延所杀，不知所本。

第三次北伐

蜀汉建兴七年（229 年）春，诸葛亮派遣陈式进攻武都、阴平。曹魏大将郭淮领兵来救，诸葛亮率军驻扎建威，牵制郭淮。魏军知道蜀军主力到来，紧急撤退，蜀军顺利占领武都、阴平。

《三国演义》中，攻取武都和阴平的是姜维和王平，与史有悖。

魏国大司马曹真认为："蜀汉多次入侵，请求派我走褒斜道进兵讨伐，数道并进，可以一举攻克汉中。"曹叡同意，计划曹真走褒斜道、司马懿走祁山道，其他将领走子午道。但司空陈群建议："太祖武皇帝昔日进攻张鲁，广泛囤积粮草，但是还未攻下阳平关，粮草已经不足了。褒斜道太过凶险，难以进退，

∧ 武都与阴平

转运粮草肯定会被劫夺，需要派重兵护送，一定要深思啊。"曹叡听从了陈群的建议，命曹真从子午道进军。

蜀汉丞相诸葛亮听说魏军将至，在成固、赤坂驻军抵御魏军。召李严率领2万人赶往汉中，表奏李严的儿子李丰为江州都督，接替李严。

当时正值天降大雨，30多日不停，栈道断绝。太尉华歆上书说："陛下应该留心治理国家，然后再去征讨他国。国家以百姓为基础，百姓以衣食为根本，倘若中原没有饥寒之患，百姓没有反叛之心，吴蜀两国迟早会投降的。"曹叡说："吴蜀两国凭借大河高山，太祖和世祖都没有平定，我怎敢自负认为我能消灭他们呢？将领们认为不试探一番，敌人不可能自行败亡，因此我们想进攻一下寻找敌人的破绽。如果天时还没有到来，周武王会师盟津而回军，就是前车之鉴，朕不会忘记历史的教训。"

少府杨阜上书说："从前周武王渡黄河伐纣，一条白鱼跃入舟中，君臣脸色大变，行军得到吉祥的瑞兆，还那么害怕，面对真正的灾异怎能不担心呢？现在吴蜀两国没有平定，而上天屡次发生灾变，各路大军刚刚进发，便天降大雨，积沙乱石阻塞山路，已经有不少日子。转运军需物资的劳累，肩挑背负的辛苦，耗费太多人力，如果粮草不能即时供给，就违背了我们最初的目的。白白地让大军在山谷之间受困，进不能进，退不能退，这不是帝王之师的做法。"

散骑常侍、王朗之子王肃上书说："书上说，从千里之外供给粮食，士兵就会面有饥色，即使就近拾柴做饭，也经常食不果腹。这说的还是平原行军的情况，又何况是深入峻岭，靠开凿山路前进，所费劳力与平原行军相比，一定相差百倍。现在又加上霖雨不断，山道崎岖，陡峭湿滑，兵众拥挤而不能展开，粮草遥远而难以接继，实在是行军的隐患。听说曹真发兵一个月才走了子午道的一半，士卒的精力都放在开路上了，而敌人以逸待劳，这是兵家大忌。拿古代来说，就是周武王伐纣，出了关而又退回；拿当今而论，就是武帝、文帝征伐孙权，到了长江而不渡，这些都是顺应天时的先例。百姓知道圣明的君主因为大雨休兵停战，以后再有战事就会因此拼死效力，这就是所谓的'悦以犯难，民忘其死'。"

迫于多方面的压力，九月，曹叡召曹真退回关中，南征宣告失败。

《三国演义》中，曹真南征失败，被诸葛亮写信气死，与史有悖，历史上曹真于 231 年病逝。

第四次北伐

蜀汉建兴九年（231 年）春，诸葛亮以木牛运粮，包围祁山。魏国大司马曹真病重，曹叡改派司马懿为统帅屯兵长安，率领张郃等人救援祁山。

关于木牛，《三国志》记载如下："木牛者，方腹曲头，一脚四足，头入领中，舌著于腹。载多而行少，宜可大用，不可小使；特行者数十里，群行者二十里也。曲者为牛头，双者为牛脚，横者为牛领，转者为牛足，覆者为牛背，方者为牛腹，垂者为牛舌，曲者为牛肋，刻者为牛齿，立者为牛角，细者为牛鞅，摄者为牛鞅轴。牛仰双辕，人行六尺，牛行四步。载一岁粮，日行二十里，而人不大劳。"一般认为木牛即为独轮车。

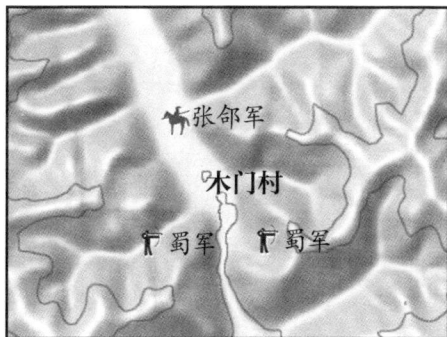

∧ 木门道

张郃认为应该派出一部分兵力驻守关中，防止诸葛亮两路进攻，司马懿拒绝了张郃的提议："如果前军能抵挡住诸葛亮，您说的是对的，如果不能抵抗还分为两部分，就是楚国被黥布击败的原因。"

诸葛亮留王平继续进攻祁山，自己率军迎战司马懿的先头部队，将其击败，司马懿据险而守，拒不与诸葛亮交战，诸葛亮无奈退回祁山。

司马懿尾随诸葛亮来到卤城，张郃说："诸葛亮领兵远来，我们拒不交战，诸葛亮会认为我们要打持久战。况且祁山方面知道大军已经靠近，人心自然稳定，可以在这里驻军，分出一支奇兵，出现在他们的后路，不应当只尾随而不追击，使百姓失望。现在诸葛亮孤军作战，粮草不足，很快就会退兵。"司马懿不听张郃的意见，上山扎营，拒绝同诸葛亮交战。魏军将领多次请战，甚至说："公畏蜀如虎，奈天下笑何！"司马懿十分不满，与诸葛亮正面交战，被魏延等人杀得大败，3000多士兵被俘，司马懿彻底闭门不出。

六月，诸葛亮粮尽退兵。司马懿命张郃追击，张郃说："兵法中，围城一定要留缺口，退兵千万不能穷追。"司马懿不听，张郃只好前去。诸葛亮在木门道高处设伏，射中张郃膝盖，张郃战死。曹叡听说，感叹道："蜀未平而郃死，将若之何？"

《三国演义》中，张郃执意要去追赶诸葛亮，司马懿劝阻无效，正好与史

实相反。

诸葛亮进攻祁山时，李严留守后方，掌管督运粮草。当时正值阴雨连绵，李严担心运粮供应不上，派遣人传喻后主旨意，命诸葛亮退军。李严听到退军的消息，假装惊讶，说："军粮充足，为什么回来了？"并要杀运粮官来解脱自己的责任。李严又向刘禅上表，说"军队假装退却，是想引诱敌人。"诸葛亮出示李严前后书信，矛盾重重，李严理屈词穷，低头认罪。诸葛亮表奏后主，细数李严罪行，罢黜李严官职，流放到梓潼郡。

第五次北伐

蜀汉建兴十二年（234年）二月，诸葛亮经过三年劝农讲武的准备，率领10万大军走褒斜道出斜谷口，并开始用流马运粮。

关于流马，《三国志》记载如下：

"流马尺寸之数，肋长三尺五寸，广三寸，厚二寸二分，左右同。前轴孔分墨去头四寸，径中二寸。前脚孔分墨二寸，去前轴孔四寸五分，广一寸。前杠孔去前脚孔分墨二寸七分，孔长二寸，广一寸。后轴孔去前杠分墨一尺五分，大小与前同。后脚孔分墨去后轴孔三寸五分，大小与前同。后杠孔去后脚孔分墨二寸七分，后载克去后杠孔分墨四寸五分。前杠长一尺八寸，广二寸，厚一

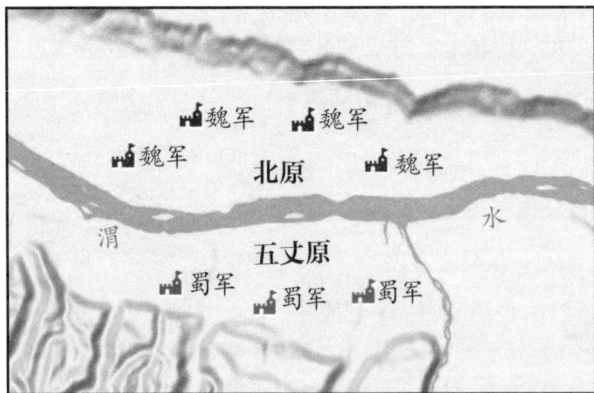

∧ 五丈原

寸五分。后杠与等版方囊二枚，厚八分，长二尺七寸，高一尺六寸五分，广一尺六寸，每枚受米二斛三斗。从上杠孔去肋下七寸，前后同。上杠孔去下杠孔分墨一尺三寸，孔长一寸五分，广七分，八孔同。前后四脚，广二寸，厚一寸五分。形制如象，靬长四寸，径面四寸三分。孔径中三脚杠，长二尺一寸，广一寸五分，厚一寸四分，同杠耳。"一般认为，流马是一种小船。

四月，诸葛亮在渭水南岸的五丈原安营扎寨，司马懿在渭水北岸的北原建营据守，司马懿对诸将说："诸葛亮如果从武功出兵，依山东进，将成为大患；如果向西前往五丈原，就不必担心了。"

诸葛亮前几次北伐都是因为粮草不足退兵，这次，诸葛亮决定就地屯田打持久战，诸葛亮的部队与当地百姓混杂在一起，相安无事。

诸葛亮与司马懿相持了100多天，诸葛亮数次挑战，司马懿坚守不出。诸葛亮派使者送女人的衣服给司马懿，司马懿大怒，上表请战。魏明帝曹叡派辛毗持节制止司马懿行动。护军姜维对诸葛亮说："辛毗持节来到，司马懿不会再出战了。"诸葛亮说："司马懿本来就无心作战，之所以一定要请求出战，只是向部下做个样子而已。将在外，君命有所不受，如果他要与我军交战，何必千里请战呢？"

司马懿向使者询问诸葛亮寝食情况，使者说："诸葛大人晚睡早起，凡是20杖以上的刑法，都要亲自过目，饭量不过数升。"司马懿对别人说："诸葛亮吃饭少，工作多，活不了多久了。"

之前，主簿杨颙就劝说诸葛亮："治理国家要讲方法，上级和下级的工作不能混淆。请允许我拿家庭比较，假设现在有一个人，他让奴仆耕田，婢女烧饭，公鸡报晓，狗防盗贼，用牛拉车，用马代步，井井有条，主人高枕无忧，吃饭喝酒即可。忽然有一天，所有事儿都要他亲自去做，陷入琐碎的家务中，身体疲惫，精神萎靡，一事无成。难道他的才能不及奴婢和鸡狗吗？不是，而是因为他忘记了作为一家之主的职责。如今您管理全国政务，却亲自校改公文，终日汗流浃背，太辛苦了！"诸葛亮非常感谢杨颙，但并没有按照他的话做。

诸葛亮病重，刘禅派尚书仆射李福前来慰问，并咨询国家大事。李福与诸葛亮谈话完毕，辞别而去，几天之后又返回。诸葛亮说："我知道您返回来的意图，这几日我们虽然整天谈话，但有些事情还没有交代，您又来听取意见了。我死后，蒋琬可以接替我。"李福道歉说："之前确实不曾询问您百年后谁可以担负重任，所以去而复返。再请问蒋琬之后，谁可承担重任？"诸葛亮说："费祎可以继任。"李福又问费祎之后，诸葛亮没有回答。

当月，诸葛亮在五丈原去世，长史杨仪整顿部队退兵。关中百姓报告司马懿，司马懿前来追赶。杨仪听从姜维建议调转战旗方向，擂响战鼓，仿佛即将对司马懿进攻。司马懿收军后退，不敢向前逼近。杨仪趁机整军离去，进入斜谷之后才发丧。百姓为此事编了一句谚语说："死诸葛走生仲达。"司马懿听到后笑着说："吾能料生，不能料死也。"司马懿到诸葛亮驻军营寨察看，感叹说："天下奇才也！"

魏延之死

诸葛亮死后，蜀军最高统帅是魏延和杨仪。魏延勇猛过人，善待士兵。每次跟随诸葛亮出兵，总是请求带兵一万人，和诸葛亮兵分两路，诸葛亮从未答应。魏延常说诸葛亮保守，叹息抱怨自己的才能没有得到充分发挥。杨仪为人干练机敏，诸葛亮每次出兵，杨仪都规划调遣部队，筹办粮草，不假思索，即刻便完，蜀军军事调度都依靠杨仪办理。魏延性格高傲，蜀中诸将都对他礼让三分，只有杨仪对他不屑一顾，魏延由此怨恨杨仪，两人势如水火，不能相容。

费祎出使东吴时，孙权喝醉后问费祎："杨仪与魏延都是小人，凭借鸡鸣狗盗的本事当上高官，一旦诸葛亮不在，必然发生叛乱，一定要严加防备，否则祸及子孙啊。"费祎说："杨仪、魏延的不和，是起因于私忿，而没有黥布、韩信的叛逆想法。如今正在扫除强敌，统一华夏，正是任用人才建功立业之时，如果因为担心他们造成后患而弃用他们，就如同担心风浪而放弃坐船一样，并不是长久之计。"

诸葛亮病危的时候，安排杨仪和费祎负责蜀兵退军的调度，命令魏延殿后阻击魏军，如果魏延不服从命令，军队便自行出发。诸葛亮去世，杨仪秘不发丧，派费祎去魏延处试探他的意图。魏延说："丞相虽然去世，还有我在。相府官员可以将遗体送还归葬，我亲自统率各路大军攻击魏军。怎么能因一人死去而废弃天下的大事呢？何况我魏延是何等人，就应当被杨仪约束，做断后的将军吗？"魏延私自与费祎商议暂缓退兵，把费祎和自己的手谕传给属下将士。费祎欺骗魏延说："我回去为您向杨仪解释，杨仪是个文官，缺乏实战经验，一定不敢违抗遵命。"费祎离开魏延大营，策马奔驰而去，魏延才意识到被骗了。

魏延打探到杨仪等人打算按照诸葛亮既定的计划撤军，魏延勃然大怒，抢在杨仪发兵之前率军南归，沿途烧毁栈道。魏延、杨仪各自上表说对方反叛，一天之内，书信先后送到成都。刘禅就此事询问董允、蒋琬，董允、蒋琬都相信杨仪而怀疑魏延。杨仪下令砍伐山林打通道路，日夜兼程，紧随在魏延之后。魏延占据南谷口派兵迎击杨仪等人，杨仪命将军王平抵御魏延。王平呵斥魏延士卒说："诸葛大人刚死，尸骨未寒，你们怎么敢这样！"魏延的部众知道魏延理亏，不愿为他卖命，都四散逃走，魏延和他的几个儿子逃往汉中。杨仪派遣马岱前去追杀，将魏延父子斩首，夷灭三族。当时，魏延只想杀死杨仪，希望舆论支持自己代替诸葛亮统军，并没有叛逆之心。

《三国演义》中，诸葛亮早早就看出来魏延有"反骨"，称"我死，魏延必反"，并在死前留下锦囊使马岱斩杀魏延。这些情节不符合史实，根据《三国志》的记载，魏延在诸葛亮死后与杨仪不和，互相攻击，但并没有反心，只是一场蜀国的内讧。

诸葛身后

各路大军返回成都，大赦天下，赐诸葛亮谥号为忠武侯。当初，诸葛亮曾上表后主说："我在成都有桑树 800 株，薄田 15 顷，家中子弟衣食，自有盈余，我没有别的收入增加家产。臣死去之日，不会让家内有多余的绢帛，家外有多余的钱财，以免辜负陛下。"诸葛亮死后果然如此。

蜀人请求为诸葛亮建立祭庙，刘禅不准，百姓只能在路上私自祭祀。步兵校尉习隆等人向刘禅建议在诸葛亮墓附近建立一个祭庙，断绝私人祭祀，刘禅同意。

丞相长史张裔评价诸葛亮："公赏不遗远，罚不阿近，爵不可以无功取，刑不可以贵势免，此贤愚所以忘其身者也！"

长水校尉廖立恃才放旷，常常因职位不高抱怨诽谤，怏怏不已。诸葛亮把廖立废为平民，放逐到汶山。听说诸葛亮去世，廖立流着泪说："吾终为左衽矣！"被流放到梓潼的李严一直希望诸葛亮再任用自己，听说诸葛亮去世，也发病而死。

陈寿评价诸葛亮：诸葛亮当丞相，安抚百姓，明确制度，限制权力，遵照法令，开诚布公，坦白无私。对忠于国家的人，即使是仇人也必加奖赏，对违法怠慢的人，即使是亲近者也必定处罚；对真心诚意认罪悔改的人，即使罪行较重也必定释放，对花言巧语掩饰的人，即使罪行较轻也必定诛杀；再小的善行也予以赞扬，再小的恶行也予以贬责。诸葛亮精熟各种事物，能从根本上治理国家，要求名义与实际相符，对虚伪的人和事十分不齿。蜀国上下都对他怀有敬仰爱戴之情，虽然刑罚严苛，但没有怨恨，这是因为他用心公正，而且劝诫分明。可以说，他是懂得治国之道的卓越人才，能与管仲和萧何并列。但是他兴师动众，连年北伐，未能成功，可能是因为带兵打仗并不是他的强项吧！

诸葛亮五次北伐均告失败，除了"应变将略非其所长"，地理环境也是重要原因。汉中只是一个南北通道，资源相对关西要少得多，汉中进攻关西是以小资源对抗大资源。拿粮草来说，汉中的粮草根本无法支持诸葛亮近10万的部队，北伐的所需粮草大部分是成都提供的。而由于蜀道艰难，从成都运来的粮食只有十分之一能抵达前线，诸葛亮第二次、第四次、第五次北伐都出现了粮草问题，即使发明木牛流马也解决不了。历史上只有一个人曾从汉中打下关西，他就是韩信。

杜甫有诗《蜀相》称赞诸葛亮：

丞相祠堂何处寻？锦官城外柏森森。

映阶碧草自春色，隔叶黄鹂空好音。

三顾频烦天下计，两朝开济老臣心。

出师未捷身先死，长使英雄泪满襟。

姜维北伐

姜维字伯约，天水冀城人，其父姜冏为郡功曹，在沙场战死，姜维因此受赐官中郎，参天水郡军事，与母亲居住。诸葛亮第一次北伐时，姜维被怀疑有异心，不得已投降蜀汉，被诸葛亮重用。诸葛亮评价姜维："姜伯约忠勤时事，思虑精密，考其所有，永南、季常诸人不如也。其人，凉州上士也。" 诸葛亮去世后姜维在蜀汉开始崭露头角，逐渐独掌军权，先后九次北伐曹魏。

第一次北伐：洮西之战

247年，陇右地区的羌胡叛魏降蜀，姜维兵出陇右接应，与雍州刺史郭淮、讨蜀护军夏侯霸在洮西展开战斗。胡人首领白虎文、治无戴等人率领部落投降姜维，姜维把他们迁徙到蜀国境内。郭淮向羌胡余党进攻，叛乱平息。

第二次北伐：麹山之战

249年，姜维进犯雍州，依靠麹山修筑两座城池，派牙门将句安、李歆驻守，并召集羌胡进攻魏国郡县。征西将军郭淮和雍州刺史陈泰率兵抵御。陈泰说："这两座城池虽然坚固，但距离蜀国道路险远，十分依赖后勤补给。羌人厌恶姜维劳役繁重，必然不肯依附他。我们只要围城，可兵不血刃获得胜利，他们虽有救兵，但山道险阻，不会前来。"于是郭淮派陈泰进兵包围二城，切断粮道和水源。

句安、李歆出城挑战，陈泰按兵不动。城内将士饥渴不堪，仅靠残余的一点粮食和融化的雪水度日。姜维率兵前来救援，与陈泰相遇。陈泰说："用兵之道贵在不战而使人屈服。如今扼守牛头山，姜维没有了退路，就会成为我们的笼中之鸟。"陈泰命令诸军各自坚守营寨，不与姜维交战，并派人向郭淮报告，让郭淮快速向牛头山进军，截断姜维退路。郭淮采纳了这个意见，进军洮水。姜维害怕，迅速撤兵。句安、李歆孤立无援，终于投降。

南安太守邓艾说："敌人撤军不远，或许会再来，应该把各部军队分开驻守，以备不测。"于是魏军留下邓艾的部队，驻扎在白水以北。过了3天，姜维派遣将领廖化在白水南岸面向邓艾的部队逼近。邓艾对将领们说："姜维如今突然返回，而我军人少，按照兵法他应该渡河来战，但是他们却不筑桥，这是姜维让廖化牵制住我们，使我们不能返回，姜维必定从东面袭取洮城。"洮城在白水之北，离邓艾驻地60里，邓艾当天夜里就秘密出兵直奔洮城，姜维果然渡河而来，但邓艾率先占据了洮城，因此得以守住。姜维无奈，只能退军。

第三次北伐：西平之战

250年，姜维再次出兵西平，无功而返。

第四次北伐：南安之战

姜维是陇右人，对陇右地形十分熟悉，在羌胡等少数民族中也有一定影响力，但是每次姜维准备北伐时，蜀汉丞相费祎给他的兵力不超过一万人，费祎说："我们这些人比诸葛丞相差得远了。丞相尚且不能平定中原，更何况我们呢？所以我们不如先保国治民，谨守住自己的国土，至于建功立业扩大疆土，那就要等待有才能的人去干了。我们不要寄希望于侥幸，把成败系于一举，如果不能如愿以偿，后悔就来不及了。"等到费祎死后，姜维有了更大的自主权。

253年，姜维率兵将数万越过石营，围攻南安狄道县。司马昭令郭淮、陈泰率领关中全部军队，去解救狄道的围困，陈泰行军至洛门，姜维粮尽撤军。

第五次北伐：陇西之战

254年，姜维进攻陇西郡，魏国讨蜀护军徐质与之交战，斩杀蜀国荡寇将军张嶷。蜀军进围襄武，与徐质交战，徐质兵败被杀。

第六次北伐：狄道之战

255年，姜维又准备北伐，征西大将军张翼在朝廷上劝谏他："现在我们国家弱小人民劳苦，不该穷兵黩武。"姜维不听，率领车骑将军夏侯霸以及张翼共同进军。八月，姜维到达罕县，并向狄道进军。

征西将军陈泰命令雍州刺史王经进驻狄道，等待陈泰军队到达，再把东西兵力合在一起进军。陈泰军队驻扎在陈仓，听说王经遭到蜀军阻击，被迫渡过洮水。陈泰认为王经不坚守狄道，必然是有其他变故，就率领各军去接应他。此时王经正与姜维在洮西交战，结果大败，又率领万余人返回保卫狄道城，其余的兵士全都四散奔逃，被杀者以万计。张翼对姜维说："我们可以适可而止，不必继续进军了，如果再向前进军，也许就会毁掉这次大胜，变得画蛇添足了。"姜维大怒，不听张翼的意见，进军包围狄道。

陈泰进军至陇西，诸将都对陈泰说："王经刚刚打了败仗，蜀国将士士气正旺盛，而将军您率领的是临时杂凑起来的军队，一旦失败，陇右就会丢失。您不如先占据险要之地以求自保，等待敌人出现漏洞，然后再进军救援。"陈泰说："姜维带领轻装军队深入我境，正是想与我们交锋，希望可以一战而胜。王经应该坚守不出，挫败敌人的锐气，但现在竟与敌人交战，使敌人的计策得以实现。赶走王经，姜维应该步步为营，但姜维却围攻狄道，使兵力受挫于坚固的城池之下，锐气耗尽仍竭力拼命攻城。兵书上说，制作大盾牌和攻城的战车，3个月才能完成，堆积土山攻城，也要3个月。围攻城池对于轻装远来的军队是十分不利的。如今姜维孤军深入，粮草接济不上，这正是我军迅速前进消灭敌人的时机，所谓迅雷不及掩耳，就是这个道理。敌军不可纵容，围城不可持久。你们怎么能说这样的话！"

陈泰随即秘密进军，夜里到达狄道东南的高山之上，突然举起众多火把，同时击鼓吹号。狄道城中的将士们见救兵来到，士气大振。姜维没想到救兵突然到达，陈泰居高临下与姜维交战，姜维败退。陈泰又领兵扬言要截断姜维退路，姜维十分惊恐，率兵逃走。狄道城中的将士得救出城，王经感叹地说："我们的粮食已不足 10 天所用，如果不是救兵迅速赶到，全城之人就要遭到屠杀，我们也要丧失一州之地了！"

第七次北伐：段谷之战

256 年，姜维再次率兵出祁山，听说邓艾已有防备，撤兵返回，与邓艾争夺险要之地未能成功。当天夜里，蜀军渡过渭水向东而行，邓艾又与姜维在段谷交战，将姜维击败，蜀军士兵四散奔逃，伤亡惨重。蜀人因此而埋怨姜维，姜维上书谢罪，自求贬职，刘禅命他改任卫将军代行大将军的职权。

第八次北伐：骆谷之战

257 年，诸葛诞起兵淮南，姜维听说魏国分出关中的兵力去支援淮南，想乘虚攻向关中地区。姜维率军数万出骆谷，与司马望、邓艾相持，姜维多次挑战，司马望、邓艾坚守不出。第二年，姜维获悉诸葛诞失败，退兵成都，重新担任大将军。

第九次北伐：洮阳之战

262 年，姜维再次准备出兵北伐，右车骑将军廖化说："兵不止，必自焚，说的就是姜维。智谋超不过敌人，力量也小于敌人，而用兵没有满足的时候，将何以自存？"姜维入侵洮阳，邓艾与之交战，击败姜维，姜维撤兵驻扎沓中。

姜维身受重任，连年兴兵，但没有建立什么功绩。黄皓在朝内当政，与右大将军阎宇交情深厚，暗地里想废掉姜维而树立阎宇。姜维知道后，就对刘禅说："黄皓奸诈巧伪专权任意，将会败坏国家，请杀了他！"刘禅说："黄皓不过是跑腿的小臣，以前董允也对他恨得咬牙切齿，我常常为此遗憾，你何必介意他！"姜维见黄皓广结党羽，害怕自己言语有失，说了几句谦恭话后离开。

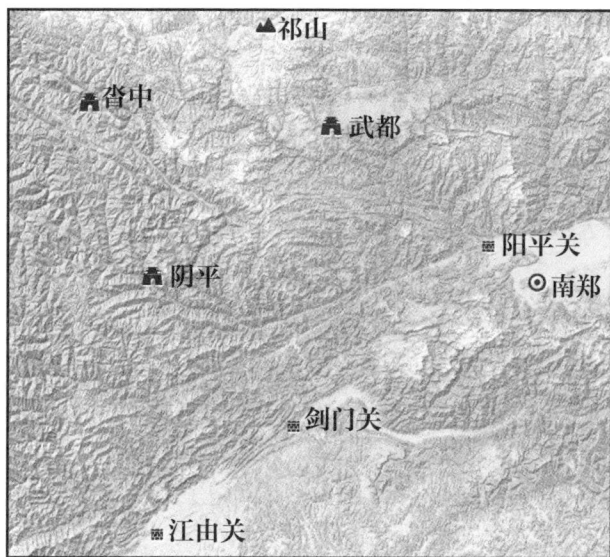

∧ 沓中的地理位置

刘禅命黄皓到姜维那里谢罪，姜维更加疑虑恐惧，请求到沓中屯田，不敢再返回成都。

姜维北伐，从247年开始，到262年结束，前后9次，历时16年。历次战绩，大胜1次，小胜2次，大败1次，小败2次，打平3次，没有占到任何便宜。与魏国相比蜀国弱小，与强国拼消耗对弱国十分不利，因此，总体上说，姜维九次北伐是失败的。

《三国演义》称姜维九伐中原，九伐是有依据的，但是他伐的不是中原，而是关西地区，小说中对姜维北伐的描写也多有虚构之处。

钟会夺汉中

景元三年（262年），司马昭想要大举讨伐蜀汉，朝臣们大都认为不可行，只有司隶校尉钟会赞成。司马昭告谕众人说："平定寿春以来6年无战事，我们可以考虑征讨吴蜀两国了。吴国幅员辽阔水路众多，攻打吴国运兵困难，不如先攻取巴蜀，3年之后，顺流而下，水陆并进，效仿春秋时晋献公先灭虢国再乘势攻取虞国的方法。蜀军共有9万人，居守成都等地的兵力不下4万人，剩下的不过5万人。我们可以把姜维牵制在沓中，使他无法顾及汉中，然后发兵骆谷，乘虚而入，袭击汉中。刘禅昏庸，内忧外患，蜀国很快就会灭亡。"司马昭同意，任命钟会为镇西将军，都督关中。征西将军邓艾认为蜀国没有可乘之机，屡次陈述不同意见，司马昭命主簿师纂为邓艾讲明道理，邓艾不久也被说通。

魏国的计划被姜维察觉，姜维向后主上表说："听说钟会在关中整治魏军，想图谋汉中，应该派遣左右车骑将军张翼、廖化率领诸军分别守护阳平关和阴平，以防患于未然。"刘禅宠爱的宦官黄皓相信巫术，黄皓告诉刘禅魏军不会前来，建议刘禅不必去管，因此朝中群臣没人知道这件事。

《三国演义》中，刘禅听信黄皓蛊惑没有派兵，与史实不符，刘禅最终还是派兵救援了，只是贻误了战机。

景元四年（263年）五月，司马昭征调四方兵力18万，下诏大举伐蜀。八月，魏军从洛阳出发，犒赏士卒，陈兵誓师。将军邓敦认为不应该进攻蜀国，被斩首示众。

魏军兵分三路，征西将军邓艾率3万余人从狄道向甘松、沓中进军，牵制姜维。雍州刺史诸葛绪率3万余人，从祁山向武街、桥头进军，切断姜维回汉中的退路。钟会率10余万主力部队分别从褒斜道、傥骆道、子午道同时向汉中进军。钟会命牙门将许仪为在前修路，自己率领大军跟随其后。过桥时，钟会战马马蹄陷入栈道中，钟会不顾及许仪先父许褚立下过汗马功劳，将许仪斩首，全军震惊，无人再敢怠慢。

刘禅获悉魏军将到，令右车骑将军廖化前往沓中增援姜维，左车骑将军张翼、辅国大将军董厥等赶赴阳平关增援诸军，又令汉中诸将不得交战，退守汉、乐二城，企图诱魏军深入，待机歼灭其有生力量。

此时战局形成东西两线，东线汉中，西线阴平。

东线汉中，钟会兵力10万有余，蜀军不足3万，相差悬殊。九月，钟会围攻汉、乐二城，城中5000名士卒拼死抵抗，钟会无法攻克。钟会于是率主力西进，令护军胡烈为前锋，攻取阳平关。阳平关的主将为傅金，副将为蒋舒。蒋舒曾被降职，心生怨恨，对傅金说："现在敌人来了，我们闭门不出，不是好办法。"傅金说："我们奉命守城，能守住就是功劳，违令出战，如果兵败城破，死了都无法赎罪。"蒋舒说："你靠守城立功，我靠出战立功，各按自己意见办吧。"蒋舒于是率兵佯称出战，出城后立即投降胡烈。胡烈乘势袭击阳平关，傅金兵力不足，拼死搏斗，最终战死。钟会长驱直入，缴获获蜀军大量存粮。

《三国演义》中，傅金出城迎敌战死，而蒋舒守城投降，人物的忠奸与史实相符，但是做法正好相反。

西线阴平，邓艾兵力6万有余，姜维不足5万。邓艾兵分三路，分别在沓中东部、西部、北部三面攻击钳制姜维部队，以确保钟会主力攻入汉中。姜维获悉钟会众军进犯汉中，唯恐阳平关有失，立即向汉中移兵。魏军追上姜维，与姜维激战，姜维败走，退兵阴平。姜维由阴平再前去阳平关救援，但在半路上获悉阳平关已经沦陷。此时，刘禅派来增援的廖化、张翼、董厥才到，姜维决定放弃汉中，退守剑阁，汉中彻底丢失，巴蜀门户大开。

南阳与中原之间的战争

南阳与中原之间的军事通道

南阳与中原被伏牛山阻隔，伏牛山长200多公里，宽约40~70公里，形如卧牛，故称伏牛山。伏牛山呈西北—东南走向，西北方向为崇山峻岭，无法通行，但东南方向是一片地势起伏的低山丘陵，这片丘陵中存在着一些缺口，形成了中原与南阳的两条著名通道，一条是宛洛大道，一条是方城夏道。

宛洛大道由宛城出发，经鲁阳，过汝州，即到洛阳。群雄讨董时，孙坚攻

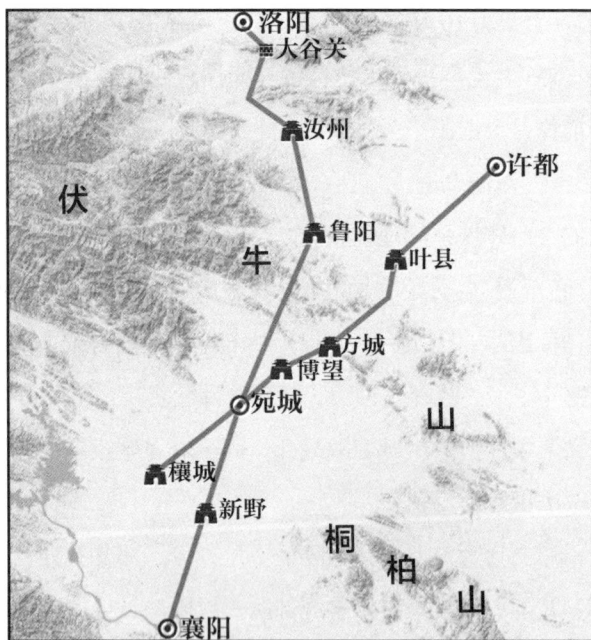
∧ 南阳与中原之间的军事通道

取洛阳走的就是宛洛大道。诸葛亮在隆中对中说过"天下有变，则命一上将将
荆州之军以向宛洛"，宛洛即宛洛大道。宛洛大道中宛城至鲁阳一段为三鸦道，
此道由鸭河河谷形成，分为三段，故称三鸦。自南而北，第一鸦由宛城到百重山，
第二鸦由百重山到伏牛山分水岭北麓，第三鸦由伏牛山分水岭北麓到鲁阳。

　　黄巾起义后，何进为了防止黄巾贼进犯洛阳，在洛阳周围设置八处关隘，
号称洛阳八关，分别为：函谷关、广成关、伊阙关、大谷关、轘辕关、旋门关、
小平津关、孟津关。其中，伊阙关和大谷关是洛阳的南大门。伊阙关和大谷关
都修建在谷口。伊阙关在香山和龙门山之间的谷口，伊河从两山缺口穿过，因
此叫伊阙关，著名的龙门石窟即在此处。大谷关在万安山和双龙山之间，两山
高耸，形成巨大峡谷，因此叫大谷关，也叫太谷关，曹植《赠白马王彪》中有句：
"太谷何寥廓，山树郁苍苍。"著名的冰泉石窟即在此处。征讨董卓时，孙坚
进入洛阳走的是大谷关。

∧ 伊阙关和大谷关

方城夏道由宛城出发，经方城，过叶县，即到许都。曹操征张绣，刘备骚扰曹操，走的都是这个线路。方城夏道走方城缺口过伏牛山，方城缺口位于宛城的东北方，长约30公里，宽约8~15公里，是一条山间堆积平原地带。战国时，南阳属于楚国，楚国称中原地区为夏，故此道称作方城夏道，《史记·越王勾践世家》曰："楚适诸夏，路出方城。"由于方城缺口的存在，楚国担心中原从这里进攻南阳，所以在这里修筑了楚长城，楚人叫方城。《汉书·地理志》曰："南阳郡，叶，楚叶公邑，有长城，号曰方城。"方城是南阳的锁钥，《淮南子》曰："天下九塞，方城其一。"历代都派重兵把守。后来，这里形成了一个县，就叫方城县，也叫堵阳县，堵阳即堵住南阳之意。

孙坚讨董卓

初平元年（190年）正月，关东州郡兴义兵讨伐董卓，孙坚也举兵参加义军，前到鲁阳，与袁术相见，袁术表奏孙坚为破虏将军，兼领豫州刺史。孙坚在鲁阳休整部队，准备进军讨伐董卓。

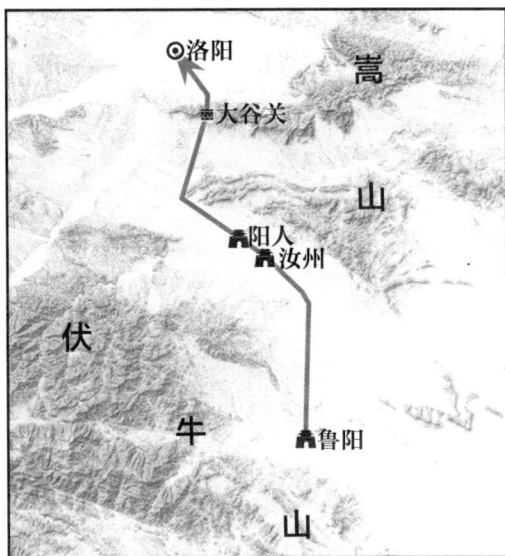
孙坚进军洛阳的路线

英雄的棋局

董卓得知孙坚要进攻他，派遣兵卒数万阻击孙坚。当时孙坚正在城外置酒为催粮官送行，见董卓部队前来，继续饮酒，谈笑自若，命令城外的部队整顿阵型，不得轻举妄动。这时，董卓的骑兵越来越多，孙坚这才慢慢起身离开席位，引导将士们有条不紊地进入城内。孙坚对部将说："当时我之所以没有立即离开酒席，是怕大家慌张，互相践踏，不能入城。"董卓的部队见孙坚兵马整齐，纪律严明，不敢攻城，撤兵离去。

初平二年（191年）二月，孙坚走宛洛道向洛阳进发，到达汝州时，与董卓部队遭遇。孙坚和十几个骑兵突围逃出。孙坚常戴一顶红头巾，目标很醒目，孙坚的部将祖茂见状把孙坚的红头巾抢过来戴在自己头上，孙坚从小道逃出重围。董卓骑兵以为戴红头巾的是孙坚，纷纷前来追逐祖茂。祖茂被追兵困住，形势紧迫，下马把红头巾戴在荒外坟墓前的一根烧柱上，自己则伏在草丛中不动。董卓的骑兵远远见到红头巾，以为孙坚在此，便将这里层层包围起来，走到近前才发现只是个烧柱而已，于是撤兵离去，祖茂这才逃走。

《三国演义》中，祖茂被华雄斩杀，与史有悖。

孙坚战败后重整旗鼓，进占阳人城，阳人城是军事要地，洛阳八关之一广成关即在此处。董卓得知消息，派陈郡太守胡轸为大都护、吕布为骑兵都督，华雄为步军都督，带五千人马，前往迎击。胡轸性格急躁，出兵时预先扬言："这次出征，我要斩一名将军，这样部队才会听话。"吕布听他这样说话，心中颇为不快。

快到阳人城时，天色已晚，兵马疲惫，应该驻军休整，但吕布谎称："阳人城中敌兵已经逃跑，应该追击，否则就没有机会了。"胡轸信以为真，便连夜进军。

到了阳人城下，胡轸发现城中守备严密，偷袭不可能成功。这时，将士饥渴，人马疲惫，全部脱掉盔甲就地休息。吕布又说："阳人城中的敌人出来进攻了！"士兵听说，来不及穿上盔甲，急忙逃走。孙坚乘势出城追击，胡轸全军溃败，华雄也被斩杀。

《三国演义》中，罗贯中虚构了"温酒斩华雄"的故事，把斩杀华雄的人由孙坚变成了关羽。

战退胡轸，孙坚下一步准备进攻洛阳。这时，有人嫉妒孙坚，便对袁术说："坚若得洛，不可复制，此为除狼而得虎也！"袁术听了这话，觉得有道理，不再给孙坚提供粮草。孙坚连夜从阳人骑马赶到鲁阳，气愤地对袁术说："所以出身不顾，上为国家讨贼，下慰将军家门之私仇。坚与卓非有骨肉之怨也，而将军受谮润之言，还相嫌疑！"袁术心中愧疚，当即为孙坚调拨军粮。

董卓忌惮孙坚的勇猛，派部将李傕前往劝说，想与孙坚结为婚姻之好，并且让孙坚开列子弟中能任刺史、郡守的名单，答应保举任用他们。孙坚说："卓逆天无道，荡覆王室，今不夷汝三族，县示四海，则吾死不瞑目，岂将与乃和亲邪？"当即下令向通往洛阳的大谷关进军。董卓亲自引兵与孙坚交战，战败逃走。吕布在洛阳城门抵挡孙坚，也不敌孙坚，战败逃走。

《三国演义》中，"三英战吕布"妇孺皆知，但历史上刘关张三人是否参

加过讨董之战都有争议，更别提与吕布单挑了，真正战败吕布的人是孙坚。

孙坚进入洛阳，此时的洛阳空旷荒芜，数百里内没有人烟，孙坚无限伤感，潸然泪下。董卓从洛阳逃走前，偷掘先皇陵寝，抢走其中的珍宝。孙坚把皇陵一一填平，清扫汉室宗庙，并用太牢之礼祭祀。

孙坚当时驻军洛阳城南，有人发现附近的甄官井上早晨有五彩云气浮动，全军都很奇怪，没人敢去汲水。孙坚命人下到井内，打捞出了传国玉玺，上面的文字写着"受命于天，既寿永昌"，玉玺方圆四寸，盘桓五条金龙，缺一角。后查明，这是当年宦官张让劫持天子出宫时，掌玺人投到井中的。

孙坚回到鲁阳后，发现关东联军已经分崩离析，都想吃掉别人做大自己。当袁术派孙坚去攻打董卓未归之时，袁绍却命人攻打孙坚的豫州。孙坚气愤地说："同举义兵，将救社稷。逆贼垂破而各若此，吾当谁与戮力乎！"说罢，痛哭流涕。

曹操征张绣

宛城之战

建安元年（196 年），骠骑将军张济屯兵弘农，士卒饥饿，南攻南阳穰县，被流矢射死。荆州官员都来祝贺刘表，刘表说："张济无路可走才来，我这个主人，待客无礼，发生交战，这不是我的本意，我接受吊唁，不接受祝贺。"刘表派人去收容张济的部队。此时，张济的侄子张绣接管了张济的部队，张绣的谋士贾诩劝说张绣依附刘表，张绣同意，命贾诩去见刘表，刘表用宾客的礼节招待贾诩。贾诩回来后说："刘表在天下太平时，可以担任三公的要职。但他看不清形势的变化，为人多疑无谋，不会有所作为！"

刘表命张绣驻守宛城，宛城距离中原许都很近，介于曹操和刘表之间，张绣成了曹操肘腋之患。

曹操得知张济战死，企图乘张绣新到南阳，打其立足未稳，于建安二年（197年）正月，率军南征，在宛城附近的淯水驻军。

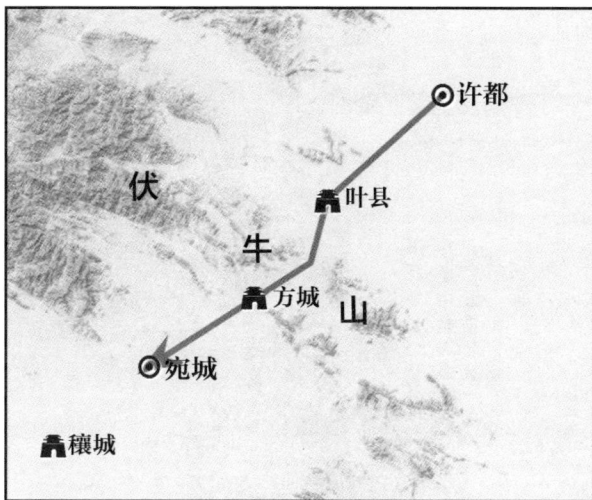

∧ 曹操进攻宛城

　　贾诩建议张绣投降曹操，张绣同意。曹操非常高兴，举办酒宴，邀请张绣及其将帅参加。曹操敬酒时，曹操护卫典韦手持大斧站在曹操身后，斧刃径有尺余。曹操每次敬酒前，典韦都举起斧子看对方。酒宴始终，张绣及其将帅没有敢仰视典韦的。典韦好持大双戟与长刀，军中将士称："帐下壮士有典君，提一双戟八十斤。"

　　在宛城期间，曹操做了两件错事。一是赏赐胡车儿，二是纳张绣的寡婶。张绣有一员武将叫胡车儿，勇冠三军，曹操非常喜欢他，亲自赐予胡车儿黄金。张绣听说后怀疑曹操想利用胡车儿杀死自己。张绣的叔父张济死后，留有一遗孀，有国色，曹操将她纳为妾。张绣觉得受到了侮辱，怀恨在心。

　　张绣在贾诩的建议下，突然反叛，奇袭曹操大营，曹操措手不及，狼狈逃走。典韦在辕门死战，张绣部队不能进入。当时典韦带着10多个虎卫军，全都殊死恶战，无不以一当十。张绣的部队越聚越多，典韦就用长戟攻击，一戟下去，张绣部队10余支矛折断。典韦左右死伤者略尽，典韦本身也有几十处伤，双方短兵相接，张绣士卒上前与典韦搏斗，典韦用双臂挟住两个敌兵将他们杀

铁戟双提八十斤汉阳城
外建功勋典韦敬主佐天
下勇猛当先第一人
披六生 [印]

〈 《三国演义》中的典韦

死，其余的张绣士卒不敢近前。典韦又冲上前去突击张绣军，杀死数人，伤势加重，典韦瞪眼大骂而死。张绣部队这才上前去看，割下典韦的头，互相传看，全军又都来看他的躯体。

到了《三国演义》中，为了突出典韦的勇猛，虚构了胡车儿盗戟的故事。典韦临死前"双挟两贼击杀之"也变成了"双手提着两个军人迎敌，击死者八九人"，十分夸张。

曹操逃走时，长子曹昂把自己的大宛马绝影给了曹操，曹昂和曹操侄子曹安民都被杀死。曹操幸免于难，但也被流矢射中右臂，绝影的脸和蹄子也被射伤。

曹操听说典韦战死，痛哭流涕，从淯水取回典韦尸体，把典韦安葬在襄邑，封其子典满为郎中。曹操的车驾每次经过襄邑，常用中牢的礼仪来祭奠典韦。后曹操追思典韦，封典满为司马，引为近侍。

曹军战败后，十分混乱，只有于禁率领数百人且战且退，虽有死伤互不相离。敌人退去后，于禁整理部队，鸣鼓而还。快回到曹军大本营时，于禁在路上见到十多个衣衫不整的伤兵，一问才知道，他们是被青州兵所劫。青州兵是曹操收降黄巾军组成的部队，曹操对他们很宽容，所以经常违反军纪。于禁听后大怒，说："青州兵现在归顺曹公了，怎么还像强盗一样！"于是追讨青州兵，斩杀了一些违法士卒。青州兵到曹操处告状。于禁回到曹操大本营，并没有马上去见曹操，而是先修筑防御工事。有人对于禁说："青州兵已经向曹操告状了，快去申辩吧！"于禁说："现在敌人就在后面，很快就可能追来，不做准备，怎能御敌？曹公明智，不会听青州兵乱说。"等于禁修筑好防御工事，才来到曹操面前说明。曹操很高兴，对于禁说："清水之战，我军非常混乱，将军您却能在乱中整顿部队，追讨暴徒，修筑防御，有不可动之节，虽古名将，何以加之！"

曹操正妻丁夫人得知曹操因贪恋美色致使曹昂战死，痛哭流涕，大骂曹操："你害死了我的儿子，我没什么可留恋的！"曹操生气，命人把丁夫人送回家。曹操又后悔，亲自去找丁夫人，见丁夫人正在织布，曹操抚摸丁夫人的背说："我们一起坐车回家吧？"丁夫人不看曹操也不说话。曹操准备离开，走到外面，又问："真的不行吗？"还是没回应。曹操说："我们可能真的要永别了。"不久，曹操和丁夫人正式离婚。曹操临死时，叹息道："我一生做事，没有什么后悔的。假如死后还有灵魂的话，曹昂如果问我他母亲在哪里，我将怎么回答啊！"

战后曹操总结："我接受张绣的投降，但错在没有向张绣索要人质，才弄到这个地步。我已经知道战败的原因了，诸位请看，我以后不会再败给张绣了。"

穰城之战

张绣希望与刘表离得更近一些，于是放弃宛城，移兵穰城。建安三年（198年）三月，曹操率军进攻穰城。

曹军路过麦田，曹操下令："士卒有践踏麦田者，斩首。"骑兵都下马，用手扶着麦子慢走，未想曹操的马竟然跑进麦地，踩坏了一大块麦田。曹操招来手下的主簿论罪，主簿认为按照春秋之义，自古刑法是不加于尊者的。曹操说："制定法律自己却触犯，如何能成为部下的榜样呢？然而我身为一军主帅，

∧ 曹操进军穰城

不能自杀，就对我施与髡刑吧。"于是拿起剑来割断头发扔在地上。

《三国演义》对割发代首这件事有一首诗论："十万貔貅十万心，一人号令众难禁。拔刀割发权为首，方见曹瞒诈术深。"这首诗论对曹操的做法颇有微词，认为曹操在使用诈术。这种看法有失偏颇，当时的情况，曹操不可能自杀，能对自己施与髡刑，已经非常难得了。

行进到博望坡以南的梅林铺时，曹军缺少水源，全军非常口渴，曹操说："前方有大片梅林，很多梅子，酸甜可口，可以解渴。"士卒听说，流下口水，暂时缓解了口渴，曹操趁着这个机会前进找到水源，梅林铺因此而得名，望梅止渴的成语也源于这个故事。

到了穰城，曹操命许褚为先锋，许褚大胜，斩首敌军数以万计。

五月，刘表派兵救援张绣，试图切断粮道，曹操决定撤军。为防止部队被割裂，曹操将军营相连一团，缓缓撤兵。曹操给荀彧写信说："我虽然走得很慢，但张绣如果追击，我一定可以击败他。"曹操趁夜晚，在险要处凿开一条地下通道，运走全部辎重，并埋伏奇兵。拂晓，张绣以为曹军逃走，全军来追。

曹操出奇兵，以步骑兵夹攻，大破张绣，然后撤军。

张绣想去追赶曹操，贾诩说："不可追也，追必败。"张绣不听，进军交战，大败而还。贾诩对张绣说："赶快去追赶曹操，一定会获胜。"张绣说："不听你的建议才落到这种地步，现在已经败了，为何要再追？"贾诩说："形势已经发生了变化，赶快去追一定能获胜。"张绣听从贾诩建议，收集散兵追赶曹操，果然获胜。

张绣回来后问贾诩："我以精锐部队追曹操的败军，而你说我必败，我用败军进攻曹操的胜利之师，而你说一定能成功，你说的都应验了，为什么呢？"

贾诩说："这个道理很容易明白。将军虽然擅长用兵，但绝非曹操敌手。曹军新败，曹操必然亲自断后，您的追兵虽然是精锐部队，但曹操的士兵也不差，所以我说必败。曹操这次进攻您并没有犯错误，没使出全力却退兵了，应该是内部出了问题，现在曹操已经击败您了，必然会先行回许都，即使留下将领断后，也不如您，所以我说用败兵也一定能获胜。"

七月，曹操回到许都，荀彧问曹操："之前您给我写信，说一定能击破张绣，为什么呢？"曹操说："张绣切断了我的归路，使我陷入绝境，将士必然死战，所以我说我一定会获胜。"曹操写《孙子略解》时，称这种情况为"必殊死战，在亡地无败者"。

建安四年（199 年），袁绍遣人招降张绣，张绣准备同意，贾诩却当着张绣的面对袁绍的来使说："归谢袁本初，兄弟不能相容，而能容天下国士乎？"张绣大惊，说："袁绍强大，曹操弱小，我们又与曹操有仇，怎么能投降曹操呢？"贾诩说："这正是我们应该投降曹操的原因。第一，曹操挟天子以令诸侯，名正言顺；第二，我们兵少，袁绍强大，必然不能看重我们，曹操弱小，能得到我们肯定高兴；第三，曹操有志于天下，接纳我们，正好可以向天下展示他的胸襟。"张绣听从贾诩的建议，率众归顺曹操。

曹操见到贾诩，非常开心，拉着贾诩的手说："使我信重于天下者，子也。"曹操封贾诩为执金吾，封都亭侯，迁冀州牧。由于当时冀州为袁绍所占，贾诩便留参司空军事。同时拜张绣为扬武将军，并让其子曹均娶张绣之女为妻。

博望坡之战

官渡之战后，曹操南攻刘备，刘备投奔刘表。刘表为刘备增兵，派刘备镇守南阳郡新野县抵御曹操。

一次，刘备会见刘表，席间，刘备上厕所，发现自己双腿内侧都是赘肉，刘备伤心落泪。回到座位上，刘表问刘备因何落泪，刘备说："我之前不离鞍马，不长赘肉。现在我很久没骑马了，所以赘肉出现了。日月穿梭，我马上就老了，但功业未成，所以悲伤。"

在新野期间，荆州的很多豪杰都归附刘备，这让刘表产生了疑心，想找机会除掉刘备。

《世说新语》中，讲了一个的卢救主的故事：刘表请刘备赴宴，蒯越和蔡

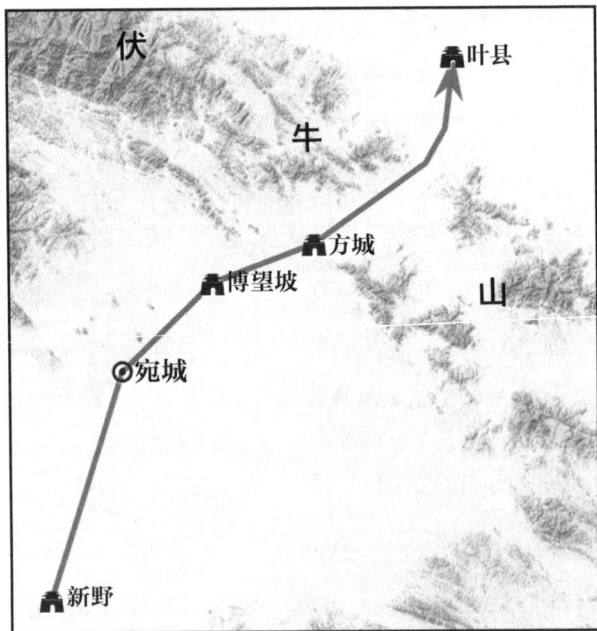

∧ 博望坡之战刘备的进军路线

瑁想趁机杀掉刘备，刘备察觉，假装上厕所，偷偷逃跑。刘备走得慌张，连人带马坠入襄阳城西檀溪水中，刘备骑的马叫的卢，刘备急叫："的卢，今日厄矣，可努力！"的卢一跃三丈，跳出檀溪，渡水而去。这个故事被《三国演义》采用了，但是《魏氏春秋》的作者孙盛认为这个故事是虚构的。的确，这哪里是的卢马，简直是白龙马。

建安七年（202年），曹操北上攻击袁尚，刘表派刘备进攻镇守许都的夏侯惇，在刘表看来，无论是夏侯惇或刘备被杀，对他都是好事儿。

刘备从新野一直打到叶县，在叶县遇到夏侯惇的阻击，退至博望坡，两军在此对峙。刘备设置伏兵，假装烧营撤兵，夏侯惇准备率兵追击，李典说："敌人无故退兵，必有埋伏。博望坡以南的道路狭窄，草木茂盛，不应追击。"夏侯惇不听，与于禁追击刘备，留李典守卫。果然，夏侯惇中了刘备的埋伏，赵云生擒曹将夏侯兰，李典前去救援，夏侯惇才得以逃脱。

《三国演义》中，这次战斗被放在了三顾茅庐之后，回目为"博望坡军师初用兵"，把博望坡之战的指挥者由刘备换成了诸葛亮。其实，博望坡之战发生202年，诸葛亮是207年才加入刘备阵营的，那时的诸葛亮新婚不久，正在隆中享受二人世界呢。

屯兵新野期间，刘备在徐庶和司马徽的推荐下三顾茅庐，见到号称卧龙的诸葛亮。诸葛亮字孔明，琅琊阳都人，幼年丧父，由叔父诸葛玄抚养成人。诸葛玄是豫章太守，与刘表交好，因此来到荆州。诸葛亮家族利用姻亲在荆州获得了很高的地位，诸葛亮的两个姐姐分别嫁入荆州大族庞氏和蒯氏，诸葛亮也娶了黄承彦的女儿为妻，黄承彦的妻子与刘表的妻子是姐妹。诸葛亮身长八尺，常常自比管仲、乐毅，当时人们都认为诸葛亮在说大话，只有徐庶等人认可。

《三国演义》中，三顾茅庐的故事写了整整一回，但在诸葛亮的传记上，只有一句："由是先主遂诣亮，凡三往，乃见。"

刘备向诸葛亮问计："现在汉室衰微，奸臣当道，皇帝蒙难。我自不量力，希望伸张正义，但是智谋浅薄，屡战屡败，直到今天，壮志未酬，您有什么建议呢？"诸葛亮提出了著名的隆中对：

"自董卓以来，豪杰并起，跨州连郡者不可胜数。曹操比于袁绍，则名微而众寡，然操遂能克绍，以弱为强者，非惟天时，抑亦人谋也。今操已拥百万之众，挟天子而令诸侯，此诚不可与争锋。孙权据有江东，已历三世，国险而民附，贤能为之用，此可以为援而不可图也。荆州北据汉沔，利尽南海，东连吴会，西通巴蜀，此用武之国，而其主不能守，此殆天所以资将军，将军岂有意乎？益州险塞，沃野千里，天府之土，高祖因之以成帝业。刘璋暗弱，张鲁在北，民殷国富而不知存恤，智能之士思得明君。将军既帝室之胄，信义著于四海，总揽英雄，思贤如渴，若跨有荆益，保其岩阻，西和诸戎，南抚夷越，外结好孙权，内修政理；天下有变，则命一上将将荆州之军以向宛洛，将军身率益州之众出于秦川，百姓孰敢不箪食壶浆以迎将军者乎？诚如是，则霸业可成，汉室可兴矣。"

诸葛亮提出隆中对时，尚存的割据势力还有曹操、孙权、马腾、韩遂、张鲁、刘璋、刘表、士燮。诸葛亮认为，最终只有挟天子令诸侯的曹操和国险民附的孙权可以生存下来，其他势力都会被兼并。刘备如果想与曹操孙权三分天下，就应该占据用武之国荆州和天府之土益州，然后与孙权结盟，等待机会，从荆州和益州两路北伐。

刘备听完茅塞顿开，此后十多年的行动完全按照诸葛亮的战略计划执行。建安十三年（208年），刘备联合孙权击败曹操，占据荆州大部分地区。建安十九年（214年）和建安二十四年（219年），刘备先后取得巴蜀和汉中，占据益州。但是，建安二十四年（219年）末，孙权趁关羽北伐襄阳之机袭取荆州，擒杀关羽，两路北伐再无可能，隆中对的计划彻底破产。

由于隆中对最后没能实现，历代都有学者认为隆中对存在缺陷，比如北宋苏洵认为蜀地险远不适宜北伐："诸葛孔明弃荆州而就西蜀，吾知其无能为也。且彼未尝见大险也，彼以为剑门者可以不亡也。吾尝观蜀之险，其守不可出，其出不可继，兢兢而自完犹且不给，而何足以制中原哉。"

明末王夫之认为分兵的侧重有误："以形势言，出宛洛者，正兵也，出秦川者，奇兵也，欲昭烈自率大众出秦川，而命将向宛洛，失轻重矣。"

毛泽东则认为不应该分兵："其始误于隆中对，千里之遥而二分兵力。其终则关羽、刘备、诸葛亮三分兵力，安得不败。"

现代学者有人认为"跨有荆益"与"结好孙权"之间存在不可调和的矛盾，占据荆州必然得罪孙权，结好孙权必然放弃荆州，孙权不会坐视刘备两路北伐。

更多学者认为隆中对高屋建瓴，远见卓识，刘备认识诸葛亮后短短 12 年间从寄人篱下到跨有荆益即是最好的证明。隆中对没能实现是因为是关羽北伐襄阳时不满足"天下有变"这个条件，是关羽的急躁葬送了隆中对的计划，如果关羽再等一年，待曹丕篡汉后再与刘备两路北伐，隆中对是完全可以实现的。

是非曲直，莫衷一是，古今多少事，都付笑谈中！

淮南与徐州之间的战争

淮南与徐州之间的军事通道

淮南和徐州被淮河阻隔，淮河古称淮水，发源于桐柏山主峰太白顶西北侧河谷，在三国时有自己的入海口，《禹贡》记载："导淮自桐柏，东会于泗、沂，东入于海。"淮河是我国南北的自然分界线，在一月份气温为零度，三国属于小冰河时期，气候较冷，淮河也常常结冰。

从徐州的治所下邳到淮河北岸一片坦途，无险可守，吕蒙称之"地势陆通，骁骑所骋"。因此，淮河是淮南的唯一屏障，建安二年（197 年），徐州的吕布击溃袁术从淮南发来的七路大军，但始终无法渡过淮河。

淮南以淮河为屏障，因此沿淮河而建的寿春、钟离、盱眙、淮阴等城市是北方进攻的焦点，特别是淮南的治所寿春，承受的压力最大，三国末年，司马氏曾三次进攻寿春。

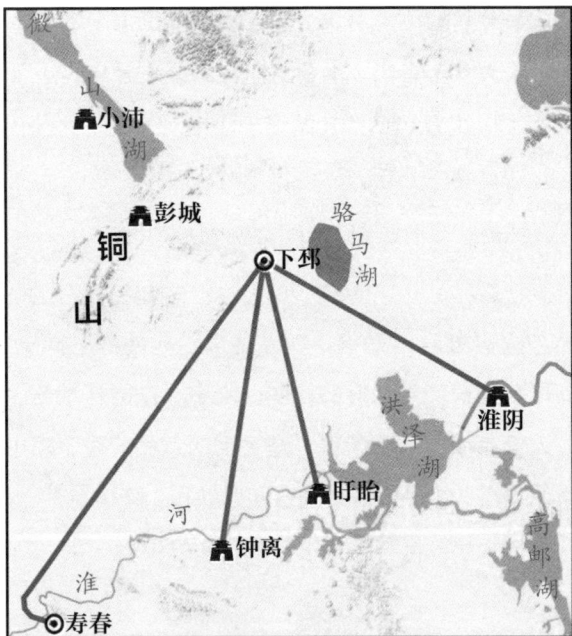

∧ 淮南和徐州之间的军事通道

徐州争夺战

初平四年（193 年）秋，曹操以为父报仇为名兴兵讨伐徐州牧陶谦，陶谦在刘备的帮助下保住徐州。陶谦表奏刘备为豫州刺史，屯兵小沛。

兴平元年（194 年）十二月，徐州牧陶谦病重，对徐州别驾糜竺说："除了刘备，没有人能保护徐州。"陶谦去世后，糜竺率领徐州官民迎接刘备。刘备不敢担当此任，典农校尉陈登对刘备说："现在汉室衰微，天下大乱，建功立业，就在今日，徐州富足，户口百万，您就不要推辞了。"刘备说："袁术在淮南寿春，离我们不远，他四世三公，天下皆知，可以把徐州交给他。"陈登说："袁术骄奢淫逸，残暴不仁，不是能治理乱世的君主。如今，我们打算为您集结 10 万大军，上可以辅佐君王，拯救百姓，下可以割据一方，保护徐州，您的功劳将流传千古。如果您不答应我们的请求，我也不敢听从您的建议了。"

北海国相孔融也对刘备说："袁术岂是忧国忘家的人！不过是依仗祖上遗留下的威望，根本不值得在意。请您担任徐州牧，是百姓的选择，上天的赐予，如果拒绝，恐怕以后后悔不及啊。"刘备最终答应，就任徐州牧，完成了从县令到州牧的跳级跨越。

《三国演义》中陶谦三让徐州，但历史上陶谦只是在病重时对麋竺说："非刘备不能安此州也。"并没有三让。

淮南的袁术见刘备新入徐州，立足未稳，率军从盱眙和淮阴进攻刘备，试图夺取徐州。刘备派张飞守下邳，自己率军抵抗袁术。两军相持一个多月，各有胜负。

期间，张飞与陶谦旧部曹豹产生矛盾，张飞将其杀死，下邳城中大乱。曹豹是吕布的岳父，袁术写信给吕布，劝他袭击下邳，并许诺提供军粮。吕布大喜，率军进攻下邳，张飞败走，吕布俘虏了刘备的妻小。

《三国演义》中，张飞逼曹豹喝酒，曹豹不喝，张飞鞭打曹豹，曹豹写密信给吕布，吕布这才进攻徐州，这些细节都是作者虚构的。

刘备得知，率军回救，到达下邳后，全军溃散。刘备收拾残部，攻取广陵，又被袁术击败。刘备军中将士饥饿不堪，只好自相残杀，以人肉充饥。刘备走投无路，向吕布投降。吕布这时也怨恨袁术不继续供应粮草，接受了刘备的投降，封他为豫州刺史，驻军小沛，吕布则自称徐州牧。

袁术为了安抚吕布，提出与吕布结成儿女亲家，吕布答应。袁术派遣部将纪灵率兵 3 万进攻刘备，刘备向吕布求救。众将对吕布说："将军一直想杀刘备，这次可以借袁术的手来实现。"吕布说："不对，袁术如果击败刘备，就会北连泰山贼寇，我就将陷入袁术的包围之中，不能不救刘备。"吕布于是率兵 1000 余人急速赶赴刘备处。

纪灵听说吕布前来，不敢得罪吕布，停止进攻，派人宴请吕布，吕布邀请刘备一起赴宴。吕布对纪灵说："刘玄德是我的弟弟，被你们围困，所以我来救他。我生性不喜欢与别人争斗，只喜欢化解别人的争斗。"吕布命令士卒把长戟竖立在营门，弯弓搭箭，对周围的人说："你们看我用箭射长戟的小支，如果射中，你们就各自罢兵，如果不中，你们就留下厮杀。"吕布随即射了一箭，正中戟支。纪灵与刘备大吃一惊，说："将军天威也！"双方化干戈为玉帛，欢饮达旦，然后各自退兵。

《三国演义》中很多武将的箭法都神乎其神，但大部分都是虚构的，但吕布辕门射戟是真实发生的，只是没有小说中"一百五十步"那么远。

建安二年（197 年）正月，袁术在寿春称帝。袁术派遣使者韩胤把自己称帝的事告诉吕布，希望吕布支持，并要求吕布把女儿送来与自己儿子成亲。吕布答应，让女儿跟随韩胤前往寿春。

陈登的父亲陈珪希望能归顺曹操，便劝吕布："曹操迎奉天子，辅佐朝政，将军应该与他同心协力，共商大计。如今若是与袁术缔结婚姻，必然招来不义的名声，将会有累卵之危啊。"吕布也怨恨袁术当初不肯接纳自己，便追上韩胤，要回女儿，把韩胤押回下邳，斩首示众。

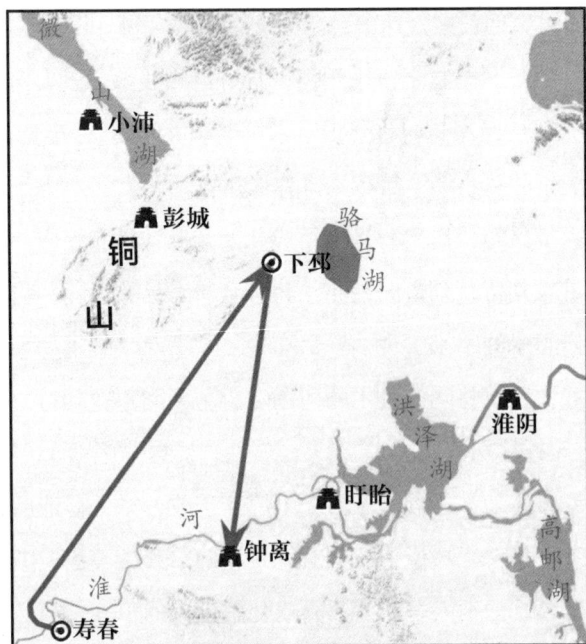

∧ 袁术进攻徐州与溃败路线

袁术听说吕布回绝了婚事还杀了韩胤，非常生气，派手下大将张勋、桥蕤与韩暹、杨奉合兵，率领数万士卒，分七路进攻徐州。

当时吕布只有 3000 名士卒，400 匹马，担心抵挡不住袁术七路大军，对陈珪说："得罪袁术，是你造成的，你看该怎么办？"陈珪说："韩暹、杨奉与袁术并没有太深的交情，现在只是临时联合起来，不可能长久。我儿子陈登认为他们是乌合之众，离间他们就可以。"

吕布采纳陈珪的计策，写信给韩暹、杨奉说："二位将军有救驾之功，而我亲手杀死董卓，我们都将会留名青史。现在袁术称帝篡逆，你们怎么能和他同流合污呢？不如和我联手消灭袁术，为国除害吧！"吕布许诺击败袁术后，将袁术的粮草全部送给他们。韩暹、杨奉大喜，改变主意，与吕布联合。

吕布进军，距离张勋、桥蕤营寨百步时，韩暹、杨奉同时倒戈，冲向张勋、桥蕤营中，张勋逃走，桥蕤被擒。吕布乘胜追击，斩杀袁术多名将领，士卒受伤的、坠水的不计其数。吕布水陆并进，一直杀到钟离县，一路上烧杀抢掠，留下一封书信羞辱袁术，率军回到淮河北岸，在岸边大声嘲笑袁术。

淮南三叛

一叛

曹操加封魏王后，以司马懿为太子中庶子佐助曹丕。曹丕临终时，令司马懿与曹真等为辅政大臣，辅佐魏明帝曹叡，司马懿屡迁抚军大将军、大将军、太尉等重职。明帝驾崩前把年仅 8 岁的曹芳托孤给司马懿和曹爽。曹芳继位后，司马懿遭到曹爽排挤，迁官为无实权的太傅。司马懿感到危机，决定先下手为强。

正始十年（249 年）正月，曹芳离开洛阳去祭扫魏明帝的坟墓高平陵，司马懿趁机上奏永宁太后，请求废黜曹爽兄弟，并率兵控制洛阳。曹爽投降，请求辞官回乡，但不久被司马懿定罪，夷灭三族，史称高平陵事件。从此，曹魏的军政大权落入司马家族之手。

司马懿企图进一步夺取外军，但遭到对吴前线淮南外军都督的抵制。当时，扬州都督为王允的侄子王凌，兖州刺史为王凌的外甥令狐愚，甥舅二人同时担任要职，掌管对吴前线淮南地区的重兵。王凌与令狐愚拥兵自重，认为曹芳年幼无知，受制于司马懿，暗地里图谋另立曹操之子楚王曹彪为帝，迎奉他到许昌与司马懿对抗。

九月，令狐愚派亲信以监察亲王为名赴曹彪家拜访，对曹彪说："令狐使君向大王致意，天下的事未可知，愿大王珍重！"十一月，令狐愚又派亲信去见曹彪，商讨起兵细节，但令狐愚当月病死。黄华接替令狐愚为兖州刺史。

王凌派遣将军杨弘把废立之事告诉兖州刺史黄华，但黄华、杨弘却联名上报给司马懿，司马懿率军乘船从水路去讨伐王凌。司马懿先下达命令赦免王凌之罪，然后又写信告诉王凌。王凌自知大势已去，乘船出去迎接司马懿，派人前去谢罪，并把官印上交司马懿。司马懿的部队到达淮水时，王凌把双手绑在背后，面向司马懿，跪在水边，司马懿按诏书旨意赦免王凌，命人为王凌松绑。

王凌已经得到赦免，再加上仗着与司马懿有旧交，不再担心，径直乘小船想要靠近司马懿。司马懿派人拦住他，把船停在淮河中间，与司马懿的船相隔10余丈。王凌见司马懿不念旧情，就远远地对司马懿说："我有错，你可以写封信召回我，我岂敢不去，为什么要如此兴师动众呢？"司马懿说："送信人怎么能请得动你？"王凌说："卿负我！"司马懿说："我宁负卿，不负国家！"

司马懿派600人押送王凌前往洛阳。王凌向司马懿索要棺材以试探司马懿的想法，司马懿果然派人为王凌送去棺材，王凌见到棺材后服毒自杀。

司马懿到达寿春后，采取了非常极端的做法，把与叛乱有关的人员全部夷灭三族，并下令挖开王凌、令狐愚的坟墓，劈开棺材，暴尸三日，烧毁官印。

同年六月，司马懿病重，梦见王凌作祟，不久去世，时年73岁。司马懿死后，其长子司马师继之掌权。

淮南三叛的第一叛是用政治方式解决的，因此《三国演义》中并没有详细描述。

二叛

正元元年（254 年），太常夏侯玄与中书令李丰等人意图推翻司马师，但计划败露，夏侯玄、李丰皆被杀死。曹芳对此愤愤不平，引起司马师不满，在数月后强行废黜曹芳而改立高贵乡公曹髦为帝。

扬州刺史文钦骁勇善战，又是曹爽的老乡，曹爽掌权时对文钦十分器重。曹爽被杀后，司马氏处处压制文钦，文钦非常怨恨。扬州督军毌丘俭与夏侯玄、李丰交往甚密，两人被杀后，毌丘俭也感到不安，毌丘俭的儿子治书侍御史毌丘甸对他父亲说："父亲大人担当要职，如果国家覆没灭亡而您却安然无恙自守一方，那将受到天下人的谴责。"毌丘俭同意儿子的看法。文钦与毌丘俭都是拥曹派，又都在淮南，两人一拍即合，决定起事反对司马师。

正元二年（255 年）正月，文钦与毌丘俭联合，伪造太后诏书，在寿春起兵，公开讨伐司马师。两人上表说："相国司马懿忠心正直，对社稷有功，应该宽待他的后代，请求只废掉司马师的官职，使他以侯爵的身份退居家中，让其弟司马昭代替。"毌丘俭又派使者邀请镇南将军诸葛诞共讨司马师，但诸葛诞斩杀了使者。毌丘俭、文钦率五六万大军渡过淮河，毌丘俭驻守，文钦在外打游击战。

司马师向河南尹王肃问计，王肃说："从前关羽水淹七军，威震华夏，但孙权俘虏了蜀军家属，结果关羽的部队一下子就溃散了。现在淮南众将士的妻儿老小都留在内地州县，只要迅速派兵控制他们的家属毌丘俭、文钦的部队也会像关羽那样土崩瓦解。"当时司马师刚刚割掉眼部肿瘤，创口很大，很多人都认为他此时不应亲自率兵前往，可以派太尉司马孚去抵抗叛军。只有王肃与尚书傅嘏、中书侍郎钟会等人劝司马师亲自去，司马师犹豫不决。傅嘏说："淮南地区兵强马壮，而且毌丘俭等凭借勇力前来进攻，其锋锐之势不易抵挡。如果将士一旦出现闪失，大势将去，会坏了您的大事。"司马师愤然而起，说："快给我派车前去。"于是，司马师亲率大军前去讨伐毌丘俭、文钦，让其弟司马昭兼任中领军，留守洛阳。

吴国看到魏国内斗，想趁机获取渔人之利，丞相孙峻率军进攻寿春。司马师命令各部队坚守不出，各位将领请求趁机进攻淮南叛贼，司马师说："诸位只知其一，不知其二。淮南的将士们本来没有反叛之心，毌丘俭、文钦威逼利诱，以为会群起响应，但他们起事之后，不仅淮北地区没有动静，淮南地区的史据、李续也都先后投降。毌丘俭、文钦众叛亲离，自己也知道必败无疑。困兽犹斗，他们更渴望速战速决。现在与他们决斗，我们也能获胜，但伤亡一定会很惨重。只要我们继续与他们相持，可以不战而胜。"

毌丘俭、文钦进不能战胜司马师，退又怕在寿春被袭击，无计可施，不知所措。淮南将士们的家都在北方，士气低落，投降者接连不断。

毌丘俭与文钦决定放手一搏，领兵去袭击乐嘉城。司马师得知后率兵防守，文钦见到司马师的军队，大吃一惊。文钦之子文鸯，当时才18岁，勇猛过人，对文钦说："我们趁其阵型不稳发动突袭。"文钦同意。当晚，文鸯趁夜率领精兵前往，敲锣打鼓发动突袭，乐嘉城内军士十分震惊。司马师也被吓到，生病的眼球从眼眶中喷出，司马师担心被人知道扰乱军心，咬住被子强忍疼痛，结果把被子都咬破了。

等到天明，文鸯见敌人兵力强大，撤兵而回。司马师对诸将说："叛贼跑了，现在可以去追击他们！"诸将说："文钦父子骁勇异常，士气也没有损失，为什么要逃跑呢？"司马师说："一鼓作气，再而衰。文鸯敲了一夜的鼓，士气已然受挫，不逃走还等什么？"文钦准备率军东撤，但文鸯说："如果不先挫其锐气，我们是走不了的。"文鸯率领十几个骑兵杀入敌兵冲锋陷阵，所向披靡，大挫魏军锐气，然后才领兵而去。司马师派骑兵8000人从两翼追击，文鸯单枪匹马闯入数千骑兵之中，杀伤百余人，突出重围，来回六七次，惊得魏军骑兵不敢相逼。

《三国演义》中，赵云在长坂坡的表现很可能是参考文鸯创作的。

司马师军中的官员尹大目从小就是曹氏家奴，经常侍奉天子左右，尹大目知道司马师的一只眼睛进出，病情严重，对他说："文钦本是您的心腹之人，只是被人所蒙蔽而已，他又是天子的同乡，平时与我互相信任，我请求帮您劝降他，让他与您恢复旧交。"司马师同意。尹大目单枪匹马，披上铠甲，追赶文钦，远远地与他对话，尹大目内心实际上是为曹氏着想，但不便直言，只好旁敲侧击地说："君侯何不再坚持几天呢？"但文钦没有理解他的意思，厉声大骂尹大目说："你是先帝的家人，却不想着报恩，反而与司马师一起作逆，你不顾忌上天，上天也不会保佑你！"说完就张弓搭箭要射尹大目，尹大目流着眼泪说："大势已去，您好自为之吧！"

文钦父子孤立无援，无法自保，向吴国投降，孙峻任命文钦为镇北大将军、幽州牧。毌丘俭听说文钦败退，十分恐惧，连夜逃走，身边的士兵逐渐弃他而去，毌丘俭藏身于水边的草丛中，当地百姓发现后将他杀死。毌丘俭的三族被司马师夷灭，同党700余人全部牵连入狱。

诸葛诞到达寿春，寿春城中10余万人害怕被杀，有的人逃到山林中，有的人投奔吴国。孙峻听说诸葛诞已经占据了寿春，领兵返回。司马师任命诸葛诞为镇东大将军，淮南督军。

司马师眼睛迸出后病情加重，回到许昌不久即去世，司马师的弟弟司马昭继之掌权。

三叛

淮南督军诸葛诞见前任王凌、毌丘俭皆相继被诛杀，十分不安，一方面救济灾民收买人心，一方面蓄养死士为己所用。诸葛诞又以防御吴国进攻为由，请求增兵10万、加筑城墙。司马昭感到异样，派贾充试探诸葛诞，希望可以把诸葛诞召回洛阳解除兵权。

贾充见到诸葛诞，一起讨论天下之事，贾充说："洛阳群臣都希望曹氏禅让给司马氏，您认为如何？"诸葛诞严厉地说："你不是三世功臣贾逵的儿子吗？你家世代受到魏国的恩惠，怎么要把社稷交给别人呢？如果洛阳出现祸乱，我愿意为国捐躯！"贾充无言以对。

回到洛阳，贾充对司马昭说："诸葛诞在淮南深得民心，如今召他回洛阳，他会反叛;不召他回洛阳,他也要反叛。早反叛祸患小,晚反叛祸患大,所以还是马上召他回来吧。"司马昭采纳了这个意见,下令任命诸葛诞为司空,并召他往赴京师。

诸葛诞得到诏书,更加恐惧,召集淮南新老士卒十四五万人,预备了一年的粮草,打算长期在淮南坚守。诸葛诞又将小儿子诸葛靓送到吴国作为人质,向吴王称臣请求救援。吴人见诸葛诞质子东吴,非常高兴,任命诸葛诞为大司徒、骠骑将军、青州牧,并封为寿春侯,派降将文钦前去救援诸葛诞。

甘露二年(257年)六月,司马昭率军26万包围寿春,许多将领都认为应该立即攻城,但司马昭说:"寿春城墙坚固,兵力众多,攻城必然损失兵力,如果再有外部敌人来犯,就要内外受敌,这么做太危险了。现在文钦、诸葛诞都在寿春孤城之中,这是天意让他们同时被杀。只要守住西、北、东三个方向,吴军就只能从陆路而来,这样粮草运输困难,我们用轻骑兵切断他们的供给,可以不战而胜。吴军退败,擒获文钦、诸葛诞易如反掌。"

司马昭围困寿春半年之久,文钦和诸葛诞粮草不足,决定突围。他们用攻城器械连续五六个昼夜进攻南面的包围圈。魏国诸军站在高处发射火箭烧毁淮南部队的攻城器械,又用投石车抛巨石砸敌军,死伤遍地,血流成河,诸葛诞与文钦又被迫返回城中。

寿春城内的粮食越来越少,出城投降者有数万人之多。文钦想让北方人都出城投降以节省粮食,留下他与吴国人一起坚守,但诸葛诞不同意,两人由此心生怨恨。文钦平时就与诸葛诞有矛盾,只是为了自保才勉强联合,事态紧急了自然就开始产生猜忌。诸葛诞趁文钦前来商量事情时,将文钦杀死。文钦之子文鸯、文虎听到文钦的死讯,想带兵去为父报仇,但众人不愿为他们效命,二人跳城逃走,向司马昭投降。

司马昭的将士请求杀了文鸯和文虎,但司马昭说:"文钦罪不容诛,他的儿子本来也应该杀掉。但文鸯、文虎因走投无路向我们投降,而且现在寿春城还没攻破,杀了他们就更坚定了城内敌兵的死守之心。"于是司马昭赦免了文鸯、文虎，命他们率领数百骑兵巡城高呼："文钦之子尚且不被杀，你们害怕投降被杀吗？"司马昭又表奏文鸯、文虎都为将军，并赐爵关内侯。城内之人闻讯都很高兴。

《三国演义》中，**想杀文鸯兄弟的变成了司马昭，而司马昭的话被移植到了钟会身上。**

司马昭亲自来到包围圈，见城上持弓者不发箭，就说："可以进攻了。"下令四面进军，擂响战鼓，大声呼喊，攀登城墙。吴将于诠率兵前来救援，但被击败，于诠说："大丈夫受命其主，以兵救人，既不能克，又束手于敌，吾弗取也。"脱掉甲胄，冲阵而死。二月，司马昭攻克寿春城。诸葛诞单枪匹马想要逃跑，但被杀死。诸葛诞麾下的数百人，拱手排成队列，魏军问他们是否投降，说不投降就杀头，每杀一人，再问其他人是否投降。诸葛诞的士卒无一投降，以至于最后被全部杀光。文鸯兄弟收敛其父文钦的尸首，将其安葬。

寿春一战，魏军俘虏的吴国士兵一万多人，缴获的兵器堆得像山一样高。有人建议："吴国俘虏的家小都在江南，不可以放他们回去，应该把他们全活埋。"司马昭说："古之用兵，以保全对方的国家为上策，只杀其首恶而已。吴兵得以逃回去，正好可以显示我国的宽宏大度。"结果全数放回，一个俘虏都没杀。

汉中与巴蜀之间的战争

汉中与巴蜀之间的军事通道

汉中与巴蜀被大巴山阻隔，大巴山东西绵延500多公里，南北宽达150公里，平均海拔2000米左右，大巴山简称巴山，李商隐有诗曰："君问归期未有期，巴山夜雨涨秋池。何当共剪西窗烛，却话巴山夜雨时。"大巴山虽然艰险，但挡不住汉中与巴蜀的交流，先民们利用山谷中的河道，逐渐开发出了3条通道，就重要程度来说分别为：金牛道、米仓道、阴平道。

金牛道是秦惠王伐蜀时开凿的道路。传说秦惠王欲南下灭蜀，苦于道路险阻，秦惠王命人打造了5头石牛，谎称石牛能日粪千金，要送给蜀王。蜀王信以为真，命五丁力士开路，迎接石牛。道路修通之后，秦惠王借此道灭蜀，此道因而得名金牛道，也叫石牛道。金牛道全长1000余里，从阳平关经七盘岭、剑阁、涪城到成都。金牛道是汉中与巴蜀之间的捷径，建安二十二年（217年），刘备沿此道北上与曹操争夺汉中；三国末期，钟会夺取汉中后沿此道南下攻蜀。

由金牛道南下巴蜀，必过剑阁。剑阁设有关口，即剑门关。李白在《蜀道难》中形容剑阁"剑阁峥嵘而崔嵬，一夫当关万夫莫开"。《读史方舆纪要》认为"剑阁危，则蜀之大势十去其九矣"。西晋末年，成汉政权奠基人李特逃荒来到巴蜀，被剑门关的险要震撼，感叹："刘禅有如此地，而面缚于人，岂非庸才耶！"蜀国后期，姜维镇守剑门关，魏国大将钟会军不得进。

由金牛道北上汉中，必过阳平关。建安二十四年（219年），刘备从巴蜀

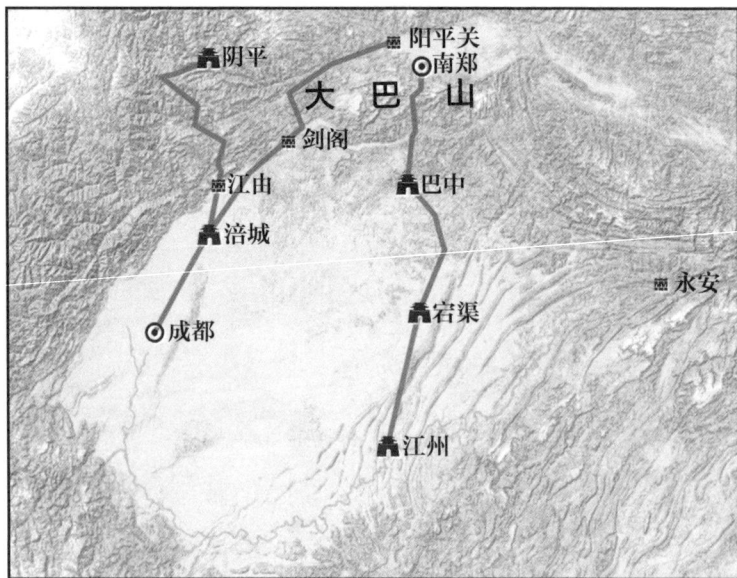

∧ 汉中与巴蜀之间的军事通道

∧ 剑门关

进攻汉中，与阳平关曹军守将夏侯渊对峙近一年，无法攻破，只得绕道汉水驻军定军山。

米仓道起于汉中南郑米仓山，因而叫米仓道。米仓道沿着宕渠水，由南郑，经巴中、宕渠，到江州。米仓道为山间孔道，道路崎岖，从南郑到巴中500多里。建安二十年（215年），张郃沿此道由汉中南下巴中。

阴平道位于岷山之东摩天岭之北（阴），因而得名。阴平道道路狭窄，右侧即是山崖，南下者只能用左肩扛物，不能换肩，因此又叫左担道。阴平道全长700余里，由阴平经平武、江由关、涪城到成都。诸葛亮曾说："全蜀之防，当在阴平。"三国末年，魏国大将邓艾偷渡阴平，奇袭江由关，直抵成都，刘禅投降，蜀国灭亡。

走金牛道和阴平道入蜀后，要进攻成都，必过涪城。蜀国的蒋琬请求从汉中移兵涪城，说："涪水陆四通，惟亟是应，若东北有虞，赴之不难，请徙屯涪。"三国末年，邓艾偷渡阴平成功后，诸葛亮之子诸葛瞻在涪城抵抗邓艾。

就道路的通畅程度来说，金牛道最平坦，米仓道次之，阴平道最凶险。但是，即使是金牛道，也非常难走。李白当年由巴蜀前往关中，感叹道路艰险，写下著名的《蜀道难》。与其看我苍白的描述，莫不如让我们重温一下中国最伟大的诗人对于蜀道的描写：

噫吁嚱，危乎高哉！蜀道之难，难于上青天！蚕丛及鱼凫，开国何茫然！尔来四万八千岁，不与秦塞通人烟。西当太白有鸟道，可以横绝峨眉巅。地崩山摧壮士死，然后天梯石栈相钩连。上有六龙回日之高标，下有冲波逆折之回川。黄鹤之飞尚不得过，猿猱欲度愁攀援。青泥何盘盘，百步九折萦岩峦。扪参历井仰胁息，以手抚膺坐长叹。

问君西游何时还？畏途巉岩不可攀。但见悲鸟号古木，雄飞雌从绕林间。又闻子规啼夜月，愁空山。蜀道之难，难于上青天，使人听此凋朱颜！连峰去天不盈尺，枯松倒挂倚绝壁。飞湍瀑流争喧豗，砯崖转石万壑雷。其险也如此，嗟尔远道之人胡为乎来哉！

剑阁峥嵘而崔嵬，一夫当关，万夫莫开。所守或匪亲，化为狼与豺。朝避猛虎，夕避长蛇；磨牙吮血，杀人如麻。锦城虽云乐，不如早还家。蜀道之难，难于上青天，侧身西望长咨嗟！

张飞战张郃

建安二十年（215年），曹操攻克汉中后，与刘备接壤。当时刘备因为荆州的归属问题与孙权在荆州对峙，司马懿、刘晔建议南下攻取巴蜀。司马懿指出："刘备用欺诈和武力俘虏了刘璋，蜀人尚未归附他，就远争江陵，这个机会不可失去。现在攻克汉中，巴蜀震动，进兵该地，势必瓦解。圣人不能违背时机，也不能丧失时机。"刘晔也说："刘备是人中豪杰，有度量，但行动迟缓，得到巴蜀的时间也短，巴蜀之人还不怕他。现在我军攻破汉中，巴蜀惶恐，处于崩溃的边缘。以您的智慧，配合巴蜀内部势力，一定会攻克巴蜀。如果稍缓一下，诸葛亮善于治国，关羽、张飞勇冠三军，巴蜀百姓安定以后，据守险要，就不可侵犯了。今日不取，必为后患。"

曹操说："人苦无足，既得陇右，复欲得蜀！"没有听从司马懿和刘晔的意见。曹操可能是考虑到汉中尚未巩固，张鲁在逃，刘备尽管得到巴蜀不久，但已经能够选贤任能，不会像张鲁那样束手就擒。如果刘备联合张鲁，凭险拒守，曹军孤军深入，有可能长期陷在西线拔不出来，造成东线有失。

曹操鉴于张鲁本有善意，企图招降张鲁，并乘势夺取三巴地区。三巴指巴蜀东部巴郡、巴东、巴西三郡。三巴既是刘备的占领区，也是张鲁固有的势力范围。曹操派人去巴西慰问张鲁并劝降。十一月，张鲁率部出降，曹操拜其为镇南将军，封张鲁5个儿子为列侯。

刘备获悉曹操进攻汉中，立即同东吴讲和，从荆州返回巴蜀，偏将军黄权对刘备说："如果汉中失陷，则三巴不振，等于割掉巴蜀的股臂。"刘备决心联合张鲁共同抗曹，保卫巴蜀，率众将迎接张鲁，但张鲁已经北降曹操。

曹操命张郃率军进攻巴西郡，企图把巴西郡的百姓迁往汉中。张郃由米仓道进入巴中，刘备令张飞迎战，双方在宕渠相持50余天。张飞率领精兵万余人，在小道截击张郃。山道狭窄，曹军救兵无法前来，张飞大破张郃。张郃弃马登山，与麾下10余人从小道逃脱，率军退回南郑。

《三国演义》中，虚构了张飞佯醉夺取瓦口关的情节，并把瓦口关设定为汉中的重要关口。其实，张飞、张郃之战发生在巴蜀腹地，距离汉中十分遥远，汉中也没有瓦口关这个地名。

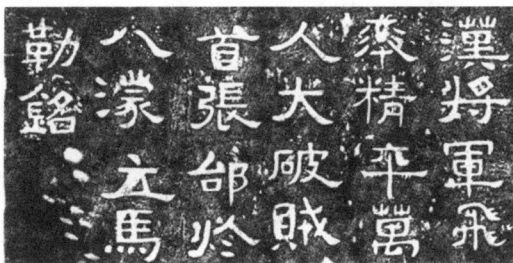

∧ 张飞大破张郃后留下的立马铭

刘备夺汉中

斩杀夏侯

建安二十二年（217年），刘备在巴蜀立足已稳，法正建议夺取汉中，对刘备说："曹操一举击败张鲁，取得汉中，但不进一步进攻巴蜀，而留夏侯渊、张郃守卫，自己北还，这不是才智不足，是实力不够，曹军内部一定有隐患。夏侯渊的才能比不上我军将领，如果率军前往，一定能攻克汉中。占据汉中，广开农田，积蓄粮草，等待机会，上可以击败曹操兴复汉室；中可以蚕食关西，开疆拓土；下可以固守要害，长期对峙。这是上天给我们的机会，千万不能错过。"刘备接受了法正的意见，率军走金牛道进攻汉中。

刘备进军阳平关，与夏侯渊、张郃、徐晃在关前对峙，久攻不下。刘备向留守成都的诸葛亮请求支援，诸葛亮有些犹豫，从事杨洪对诸葛亮说："汉中，蜀之咽喉，存亡之机，若无汉中，则无蜀矣。此家门之祸，男子当战，女子当运，发兵何疑？"诸葛亮这才决定征兵增援刘备。

刘备与夏侯渊对峙一年有余，曹操唯恐夏侯渊有失，率军前往汉中迎战刘备。刘备改变策略，从阳平关南渡沔水，顺着山势缓缓前行，在定军山扎下营寨。夏侯渊率兵争夺定军山，法正说："可以发动攻击。"黄忠率兵居高临下，擂鼓呐喊，神兵天降，将夏侯渊斩杀。之前，夏侯渊虽然多次打胜仗，曹操却经常告诫他说："作为将领，应有胆怯的时候，不能只凭勇猛。将领应当以勇敢为根本，但在行动时也要依靠智慧和计谋，只凭血性，是匹夫之勇。"

《三国演义》中，夏侯渊是黄忠亲自斩杀的，但是在历史上，并没有写明究竟是谁斩杀的，夏侯渊更像是死于乱军之中。值得一提的是，张飞的妻子夏侯氏是夏侯渊的侄女，也是夏侯渊的养女，夏侯渊死后，在张飞妻子的要求下，刘备厚葬了夏侯渊。

夏侯渊死后，张郃率军退守阳平关。当时，曹军群龙无首，人心惶惶。督军杜袭和司马郭淮召集散乱的兵卒，对诸军将士讲话："张将军是国家的名将，刘备都很忌惮他，如今军情紧迫，只有在张将军的指挥下才能转危为安。"于是临

∧ 定军山

时推举张郃为军中主帅。张郃巡视营地,众将都接受张郃的指挥,军心才安定下来。

第二天,刘备打算渡过汉水发动攻击,曹军将领们认为寡不敌众,准备依靠汉水列阵抵抗。郭淮说:"这是向敌人示弱,没有什么作用,不是好计策。不如远离汉水列阵,把敌人吸引过来,半渡而击之,可以将刘备击败。"曹军列好阵势,刘备心疑,不敢渡河。郭淮坚守阵地,表明曹军没有撤退之心。曹操听说郭淮的做法,对郭淮大加赞赏。

宿命对决

建安二十四年(219 年)三月,曹操由长安走褒斜道抵达汉中。刘备见曹操前来,临阵喊话:"曹公虽来,无能为也,我必有汉川矣。"并派义子刘封挑战,曹操大怒,骂刘备:"卖履舍儿,长使假子拒汝公乎!待呼我黄须来,令击之。"曹操的儿子曹彰胡子是黄色的,所以外号叫黄须儿。

曹操从北山运粮,黄忠与赵云前去劫粮,但黄忠在约定时间内没有回来,赵云率领数十骑兵出营接应黄忠,恰巧遇到曹操出兵,赵云遭到曹军先头部队攻击，刚与敌人交手，曹操的大军前来，形势不利。赵云上前突破曹军包围，且战且退。曹军再次聚合，追击赵云，赵云退入蜀军营寨，发现副将张著受伤，赵云又一次出营救回张著。此时曹军已追至蜀军营寨，蜀将张翼见曹操大军杀来，准备闭门拒守。赵云却下令打开营门，偃旗息鼓。曹军见此情况，怀疑赵云设有伏兵，便向后撤军。赵云下令擂鼓助阵，命士卒以戎弩齐射曹军，曹军恐慌，自相践踏，很多士卒坠入汉水淹死。天亮时，刘备亲自来到赵云营寨视察，看到昨日战斗之处，赞叹说："子龙一身是胆也！"设宴欢庆直到黄昏，军中称呼赵云为"虎威将军"。

《三国演义》不是武侠小说，虽然经常出现武将单挑，但几乎没有对武艺进行文学性的描写，只有一次例外，就是赵云这次汉水之战。赵云的枪法被形容成"浑身上下，若舞梨花；遍体纷纷，如飘瑞雪"，已经达到艺术的境界。

在三国时代，由于人口锐减，很多时候人口比城池更重要。曹操击败张鲁后，立即将汉中百姓迁徙到关中。等到刘备进攻时，汉中已经完全是一个军事基地了。曹操觉得汉中的肉（百姓）已经吃完了，只剩下了骨头（城池），就把汉中比作鸡肋，认为汉中"弃之如可惜，食之无所得"。曹操与刘备相持一个月，兵士逃亡日益增多。五月，曹操从汉中撤军，回到长安，刘备占据汉中。

《三国演义》中，曹操以鸡肋为口令，杨修说破鸡肋之意，"食之无味，弃之可惜"，曹操大怒，斩杀杨修。但根据史料，杨修死于这一年的秋天，当时曹操已经离开汉中几个月了。

七月，刘备自称汉中王，立长子刘禅为太子，提拔魏延为汉中太守，任命许靖为太傅，法正为尚书令，关羽为前将军，张飞为右将军，马超为左将军，黄忠为后将军。

《三国演义》中，刘备进位汉中王后，封关、张、赵、马、黄为五虎上将，但历史上，只有关、张、马、黄为前后左右四将军，赵云只是杂号将军。陈寿将赵云与关张马黄合为一传，即关、张、马、黄、赵传，后世由此演绎成五虎上将。

邓艾灭蜀

偷渡阴平

景元四年（263 年）九月，钟会三路大军由关中攻克汉中，继而南下，沿金牛道进攻巴蜀，但在剑阁遭到姜维顽强抵抗。钟会合兵 10 余万，与姜维剑阁相持一个多月，数次发起进攻，但不能攻克。由于长安到剑阁路途险远，粮草不能及时供应，钟会考虑退兵。

邓艾上书司马昭说："蜀军受到重创，我军应该乘胜追击。我们可以沿着阴平小道经江由关进攻涪城，派精兵直插敌人腹地，出其不意。如果姜维派剑阁守兵前去救援，那钟会正好乘虚而入，如果姜维不派兵救援，那我们可以攻破涪城。"

十月，邓艾的建议被批准，他率兵自从阴平出发，沿途 700 里荒无人烟，

∧ 邓艾灭蜀路线图

山高谷深，道路艰险，粮草也将吃尽，形势非常危急。邓艾凿山开路，架桥建阁，来到摩天岭。近 70 岁高龄的邓艾用毡毯包裹身体滚下山去，将士们抓着树木藤条依次下山，突袭江由关，蜀国守将马邈望风投降。

《三国演义》中，马邈妻子曾劝说马邈加强守备，马邈投降后，其妻子羞愧自杀，这个故事流传很广，但缺乏史料依据。

诸葛亮之子诸葛瞻奉命抵御邓艾，到达涪城后，停军不前。黄权之子黄崇屡次劝说诸葛瞻应该迅速前进据险而守，避免敌人进入平原地区，诸葛瞻犹豫不决没有采纳。黄崇再三劝说，甚至流下热泪，但诸葛瞻仍然不听。

邓艾长驱直入，击败诸葛瞻的先锋部队，诸葛瞻退兵绵竹。邓艾写信诱降诸葛瞻说："你如果投降，我会表奏你为琅琊王。"诸葛瞻大怒，杀掉邓艾来使，列阵等待邓艾进攻。邓艾命儿子邓忠攻其右翼，师纂攻其左翼。邓忠与师纂无功而返，对邓艾说："蜀军不可能攻破啊！"邓艾大怒，呵斥邓忠、师纂："生死存亡在此一举，没有什么不可能的！"要将他们斩首。邓忠、师纂回军再战，大破诸葛瞻，斩杀诸葛瞻和黄崇。诸葛瞻之子诸葛尚叹息说："我们父子蒙受国恩，可惜没有早点杀了黄皓，致使国破家亡，活着还有什么用！"说罢，骑马冲入敌阵战死。

刘禅投降

蜀军没料到魏兵突然而至，并没做守城的准备。听说邓艾已经进入成都平原，百姓惊恐万状，都向荒山野岭逃跑，屡禁不止。刘禅召集群臣商讨对策，有人认为吴国是蜀国的盟友，可以投奔吴国，也有人认为南中七郡地势险要，易守难攻，应该投奔南中。

光禄大夫谯周却认为："自古以来，没有寄居别国的天子，如果投奔吴国，也要向吴国称臣。大国吞并小国是历史发展的必然规律，从这点上看，很明显魏国能吞并吴国，而吴国不能吞并魏国。同样是投降，投降小国不如投降大国，与其两次受辱不如一次受辱。如果想要奔赴南中，就应该早做打算，如今大敌当前，南中是怎么想的我们无法预料，恐怕我们还没出发，他们就反叛了，怎么能往南中跑呢？"有人说："如今邓艾兵临城下，他不接受我们投降，怎么办呢？"谯周说："如今吴国还没有被魏国征服，所以魏国一定会接受我们的投降，借此希望吴国效法，魏国不但会接受我们的投降，还会对我们以礼相待。如果陛下投降魏国后，魏国不给陛下分封疆土，我会前往洛阳同他们讲道理。"众人都觉得谯周的建议正确，但刘禅仍然不甘心，想去南中避祸，犹豫不决。谯周又说："南中是偏远蛮夷之地，平时就不听调度，还曾多次叛乱，丞相诸葛亮用武力制服他们，他们走投无路才归顺我们。如今前往南中，外要抵抗魏国，内要供养军队，费用浩大，无处收取，只能向当地少数民族索要，到时他们必然反叛。"

刘禅无奈，派张飞次子侍中张绍捧着御玺向邓艾投降。刘禅之子北地王刘谌大怒："如果我们实在没有办法了，就应该父子君臣背城一战，为国捐躯，否则有何面目去见先帝，怎么能投降呢！"刘禅不听，刘谌跑到昭烈帝庙对着刘备塑像大哭，杀死妻子儿女后自杀。

张绍在雒县拜见邓艾，邓艾大喜，上报司马昭。刘禅派太仆蒋显前去命令姜维向钟会投降，又派尚书郎李虎把户口簿交给邓艾，共计有28万户，94万人，10.2万士兵，4万官吏。邓艾到成都北门进行受降仪式，刘禅把自己绑起来，带着棺材出城。邓艾为刘禅解开绳索，焚烧棺木，按照司马昭命令授予刘禅骠骑将军。至此，蜀国灭亡，从221年刘备称帝，到263年刘禅投降，共历时43年。

邓艾听说黄皓为人奸诈阴险，把他收押起来，准备杀掉，后来黄皓贿赂邓艾左右亲近之人，最终免于一死。

姜维获悉诸葛瞻兵败，但不知道刘禅已经投降，率军前往成都救援，钟会命胡烈追击姜维。姜维在途中接到刘禅的投降命令，下令让士兵放下武器，将士们又怒又气，用战刀砍石头发泄。姜维将印信交给胡烈，自己与廖化、张翼、董厥到钟会处投降。

魏军灭蜀后，邓艾居功自傲，钟会也有反叛之心，姜维察觉，想借钟会之手杀死邓艾，再除掉钟会，重新拥立刘禅。于是，姜维与钟会交好，设法从中离间二人。钟会密告邓艾谋反，司马昭下令将邓艾押回洛阳。没有了邓艾，钟会在巴蜀独揽大权，自以为功名盖世，不应久居人下，于是联合姜维密谋反叛，计划与姜维率领魏蜀联军北出斜谷，攻占长安，进取洛阳，争夺天下。但是消息泄露，钟会和姜维都被胡烈之子胡渊杀死，邓艾在回洛阳的途中也被害。

《三国演义》中，姜维在与魏军交战时心疼而自刎，与史有悖，根据《三国志》记载，姜维是被乱军杀死的。

刘禅来到洛阳拜见司马昭，被封为安乐公。司马昭设宴款待刘禅，与刘禅一起观看蜀国歌舞，刘禅的随从人员伤感不已，但刘禅谈笑自若。司马昭对太尉贾充说："人之无情，竟然到这种程度，即使诸葛亮还在，也不能辅佐他，何况姜维呢！"贾充说："要不是这样，您怎么能吞并巴蜀呢。"有一天，司马昭问刘禅说："颇思蜀否？"刘禅说："此间乐，不思蜀。"刘禅的秘书令郤正听到后，对刘禅说："如果晋王以后再问，您应该哭着回答说：'祖先的坟墓都远在巴蜀，我的心向西悲伤，没一天不思念的。'然后闭上眼睛。"后来司马昭又问他，刘禅就像郤正说的那样回答，司马昭说："你说得怎么像郤正的话。"刘禅惊讶地看着司马昭说："确实像您所说的那样。"周围的人听完哈哈大笑。

咸熙二年（265年）八月九日，司马昭去世，其子司马炎继任晋王。十一月十二日，魏元帝曹奂禅位于司马炎，被封为陈留王。至此，魏国灭亡，从220年曹丕称帝，到266年曹奂禅让，共历时47年。

南阳与荆州之间的战争

南阳与荆州之间的军事通道

南阳与荆州之间西有荆山，东有大洪山，两山都是南北走向，在两山之间有一条狭长的通道，即为荆襄古道，荆指荆州的江陵，襄指南阳的襄阳。

江陵是荆州的治所，也是荆州的重心，因"地临江，近州无高山，所有皆陵阜"而得名，甘宁曾对孙权说："江陵之得失，南北之分合判焉，东西之强弱系焉。"《读史方舆纪要》称："刘表收之，坐谈西伯；刘备假之，三分天下；关羽用之，威震中华；孙权有之，抗衡曹魏。"

襄阳因地处襄水之阳而得名，汉水穿城而过，分处南北两岸的襄阳、樊城隔水相望。相比于樊城，襄阳城高池深，易守难攻，民间有"铁打的襄阳，纸糊的樊城"一说。关羽北伐襄阳，得其天时，汉水暴涨，但也无法攻破襄阳。司马懿曾说："襄阳，水陆之冲，御寇要地，不可失也。"

荆襄古道在春秋时期业已存在，秦汉时期成为官道，是汉代东西二京洛阳长安通往南方的快捷通道，因此荆襄古道也叫南北大道。荆襄古道开发较早，使用频繁，地位重要，故而修缮及时，道路通畅，适合行军。赤壁之战前，曹操沿荆襄古道追赶刘备，阻止刘备占据江陵，虎豹骑一日一夜进军300里，在

∧ 南阳与荆州之间的通道

当阳击溃刘备。

当阳在襄阳与江陵之间偏江陵一些。著名的长坂坡和麦城都在当阳，长坂坡在当阳之北，麦城在当阳西南。

赤壁之战

刘琮投降

建安十三年（208年）正月，曹操平定河北，统一中国北方。回到邺城后，曹操立即开始为南征做准备。

一月，曹操于邺城开凿玄武池训练水军。

六月，曹操撤销三公的职位，恢复丞相，由自己担任，独揽大权。曹操担心自己南征时马超、韩遂在关西为患，便把马超的父亲马腾及其家属迁到邺城为官，实际上成了曹操的人质。

七月，曹操杀死多次嘲讽自己的孔融，控制了当时的舆论。解除后顾之忧后，曹操南征荆州刘表。

八月，曹操未到荆州，刘表病死。刘表有两个儿子，长子刘琦与次子刘琮。刘琮的妻子是刘表后妻蔡氏的侄女，因此蔡氏就喜爱刘琮而厌恶刘琦。蔡氏的弟弟蔡瑁与刘表的外甥张允都是刘表的亲信，他们也经常称赞刘琮，诋毁刘琦。刘琦担心被害，听从诸葛亮的建议到江夏担任太守。刘表病重，刘琦从江夏回襄阳来探视。蔡瑁、张允担心刘琦与刘表相见触动父子感情，刘表可能会立刘琦为继承人，于是就对刘琦说："将军委派你镇守江夏，责任十分重大。如今你擅离职守，父亲见到你一定会生气。伤害亲人的感情，增重他的病势，不是孝顺之道。"他们把刘琦关到门外，不许他与刘表见面，刘琦只好流着眼泪离开。刘表去世后，蔡瑁、张允拥立刘琮继任荆州牧。刘琦大怒，把印信扔到地上，准备借奔丧的名义起兵讨伐刘琮。

章陵郡太守蒯越及东曹掾傅巽等劝刘琮投降曹操，刘琮说："现在我与诸位凭借荆州之地，守卫先父之业，观天下成败，为什么不可以呢？"傅巽说："顺逆要符合大体，强弱要符合大势。以臣下对抗君主，违背道义；以荆州防御全国，必然危险；以刘备迎战曹操，注定失败。三个方面我们都不占优势，这是在自取灭亡啊！而且将军您自己考虑一下，您能比得上刘备吗？"刘琮说："比不上。"傅巽说："如果刘备不能抵挡曹操，则即使是投入荆州的全部力量，也不足以自保；如果刘备能够抵挡曹操，那他就不会再居于将军之下了。请您不要犹豫了，投降吧。"刘琮接受了蒯越和傅巽的建议，决定向曹操投降。

《三国演义》中，傅巽的劝降词也写在了蒯越的名下。

曹刘追逐

九月，曹操到达新野县，刘琮向曹操投降，曹操接受。当时，刘备驻军樊城，刘琮不敢把投降的事告诉刘备。刘备过了很久才察觉情况不对，派遣亲信向刘琮询问，刘琮命令属官宋忠去向刘备传达旨意。当时，曹操已在宛城，刘备大惊失色，对宋忠说："你们这些人怎么能这样办事，不早些告诉我，如今大祸临头才讲，太过分了吧！"刘备拔出刀指着宋忠说："如今即使砍下你的头，也不足以解我心中的愤恨，而且我也耻于身为大丈夫临别时还杀你们这些人！"刘备放宋忠回去，召集部属，共商对策。有人劝刘备进攻刘琮夺取荆州，刘备说："刘表临死时，把孤儿刘琮托付给我，请我代为照顾。违背信义，只图私利的事情，我不能做。否则，死后有什么脸去见刘表呢！"

按照诸葛亮隆中对的计划，刘备兴复汉室的第一步就是夺取荆州："荆州北据汉沔，利尽南海，东连吴会，西通巴蜀，此用武之国，而其主不能守，此殆天所以资将军，将军岂有意乎？"因此，刘备南撤经过襄阳时，诸葛亮再次劝说刘备进攻刘琮，刘备说："我不忍心啊！"刘备在襄阳城门停下马来呼喊刘琮，刘琮害怕，不敢露面。刘琮的亲信和荆州的人士有许多都跟随刘备离去。刘备到刘表的墓前祭奠，流着泪辞别而去。

《三国演义》中，罗贯中增加了魏延和文聘在襄阳大战的情节，但并没有史料依据。

刘备和关羽分别从陆路和水路前往江陵。到达当阳时，跟随刘备的已有10余万百姓，还有几千辆辎重车，每天只能走10余里。有人对刘备说："您应当加快行军占据江陵。现在百姓多，士兵少，如果曹军来到，怎样抵挡？"刘备说："夫济大事必以人为本，今人归吾，吾何忍弃去！"

曹操知道江陵军资充足，担心刘备率先占据江陵，留下辎重轻装前去追赶。曹军到达襄阳后，听说刘备已经离去，曹操亲自率领5000名虎豹骑急速追赶，一天一夜跑了300余里，在当阳县的长坂坡追上刘备。刘备抛下妻小，与诸葛亮、张飞、赵云等数十人骑马逃走，曹操俘获了刘备的两个女儿。

徐庶的母亲被曹军俘获，徐庶向刘备告辞，指着自己的心说："我本来打算与将军共同建立大业，靠的就是我的心，现在我失去老母，方寸已乱，帮不上忙了，请在此与将军分别。"说罢，徐庶去见曹操。

∧ 曹操追逐刘备

《三国演义》把徐庶投降曹操放在了诸葛亮出山前，而且，徐庶母亲中计自杀，徐庶进曹营一言不发的故事都是虚构的。

张飞率领 20 名骑兵断后，他据守河岸，拆去桥梁，横握长矛，怒目而视，对曹军大喊道："身是张益德也，可来共决死！"曹军不敢逼近，刘备得以顺利逃亡。

张飞据水断桥是史实，但并没有像《三国演义》那样一声吓死夏侯杰。有意思的是，在罗贯中《三国志通俗演义》中，张飞吓死的是夏侯霸。毛宗岗认为前后两个夏侯霸会造成不必要的麻烦，把夏侯霸改成了夏侯杰。

有人对刘备说："赵云已向北逃走。"刘备大怒，将手戟朝那人扔过去，说："子龙不会丢下我逃跑。"过了一会儿，赵云果然抱着刘备的儿子刘禅来到。

可能觉得刘备用手戟掷人不符合其仁君形象，在《三国演义》中，罗贯中删除了这个设定。受《三国演义》的影响，赵云单骑救主的故事妇孺皆知，小

∧ 如今的长坂坡

说中，"赵云怀抱后主，直透重围，砍倒大旗两面，夺槊三条；前后枪刺剑砍，杀死曹营名将50余员。"但是，很遗憾，《三国志》中并没有赵云与曹军交锋的证据。不过，历史上赵云更出色地完成了任务，不光救出了刘禅，还救出了甘夫人。

刘备等与关羽的船队会合，得以渡过沔水，镇守夏口的刘表长子刘琦率领一万余人前来接应刘备，刘备与刘琦一起前往夏口。

曹操进军江陵，任命刘琮为青州刺史，封为列侯。包括蒯越在内的15人被曹操封为侯爵。

《三国演义》中，刘琮投降后被于禁杀死，这是完全不符合历史的，想想就可以知道，如果曹操杀死投降的人，以后谁还会投降呢？之所以安排于禁杀死刘琮，可能因为于禁晚节不保，人生有了污点，所以把这种不光彩的事儿安在了他身上。

荆州大将文聘在外驻军，刘琮投降时，曾叫文聘一起投降，文聘说："我不能保全荆州，只是个代罪之人。"曹操渡过汉水，文聘才来拜见曹操。曹操说："你为什么来得这么晚呢？"文聘说："从前，我不能辅佐刘荆州尊奉朝廷；刘荆州死后，我经常想据守汉水，保全荆州的疆域。这样，我活着不辜负孤弱的刘琮，死去也无愧于地下的故主刘表。但是，我身不由己，为大势所趋，到了今天的地步，心中实在羞愧，没有脸早来相见！"说罢，文聘流泪不止，使得曹操也感到伤感，喊着文聘的表字说："仲业，你是真正的忠臣！"曹操对文聘厚礼相待，让他统率原来部队，任命他为江夏郡太守。

《三国演义》中，曹操停留在江陵这段时间，曾经横槊赋诗，创作了著名的《短歌行》：

对酒当歌，人生几何！

譬如朝露，去日苦多。

慨当以慷，忧思难忘。

何以解忧？惟有杜康。

青青子衿，悠悠我心。

但为君故，沉吟至今。

呦呦鹿鸣，食野之苹。

我有嘉宾，鼓瑟吹笙。

明明如月，何时可掇？

忧从中来，不可断绝。

越陌度阡，枉用相存。

契阔谈宴，心念旧恩。

月明星稀，乌鹊南飞。

绕树三匝，何枝可依？

山不厌高，海不厌深。

周公吐哺，天下归心。

但目前，并没有确凿的史料可以证明《短歌行》创作于这段时间。

孙刘结盟

鲁肃听到刘表去世的消息，对孙权建议说："荆州与我们相邻，江山险固，沃野万里，百姓富足，如果能占领荆州，就奠定了帝王的基业。现在刘表刚死，他的两个儿子不和睦，军中将领也分为两派。刘备是天下的枭雄，与曹操矛盾很深，寄居在刘表那里，刘表畏惧他的才能而不肯重用。如果刘备与刘表的儿子齐心协力，上下团结，我们就应当与他们和平相处，共结盟好。如果刘备与刘表的儿子产生矛盾，我们就该另做打算，成就大业。我请求您派我去向刘表的两个儿子吊唁，并慰劳他们军中的主要将领。同时劝说刘备，让他安抚刘表的部众，与我们同心协力共抗曹操，刘备一定会接受。如果能达到目的，就能平定天下。现在不赶快前去，就恐怕会让曹操占先。"孙权同意，派鲁肃去荆州以吊唁为名打探虚实。

鲁肃到达夏口，听说曹操大军已向荆州进发，便日夜兼程前往，等他到达南郡时，刘琮已经投降曹操，刘备南撤。鲁肃便直接去见刘备，在当阳的长坂与刘备相会。鲁肃传达了孙权的意图，与刘备讨论天下大势，对刘备表示诚恳的关心。鲁肃问刘备说："刘豫州，如今您打算到什么地方去？"刘备说："苍梧郡太守吴巨是我的老朋友，打算去投奔他。"鲁肃说："孙将军聪明仁惠，礼贤下士，江东的英雄豪杰都归附于他。现在已占有六郡的土地，兵精粮多，足以成就一番事业。如今为您打算，最好是派遣心腹之人到江东去与孙权将军结盟，共建大业。而您却想投奔吴巨，吴巨不过是个凡夫俗子，又在偏远的岭南，即将被别人吞并，怎么可以托身于他呢？"刘备听后大为高兴。鲁肃又对诸葛亮说："我是您哥哥诸葛瑾的朋友。"诸葛亮与鲁肃沟通得十分顺利。最终，刘备采纳鲁肃的计策，进驻鄂县的樊口。

曹操从江陵出发，将要顺长江东下。诸葛亮对刘备说："形势危急，我请求奉命去向孙将军求救。"刘备同意，诸葛亮和鲁肃一起去见孙权。

诸葛亮在柴桑见到孙权，对孙权说："天下大乱，将军您在江东起兵，刘备在汉水以南召集部众，与曹操共同争夺天下。现在，曹操基本已经消灭北方的主要强敌，接着南下攻破荆州，威震四海。刘备英雄无用武之地，所以刘备逃到这里。希望孙将军量力而行，如果将军能以江东的人马与中原的曹操相抗衡，不如及早与操决裂；如果不能，为什么不解除武装，向他称臣？现在，将军表面上服从朝廷，而心中犹豫不决，再不马上决断，就要大祸临头了。"

孙权说："假如像你说的那样，刘备为什么不投降曹操呢？"

诸葛亮说："田横，不过是齐国的壮士，还坚守节义，不肯屈辱投降。何况刘备是皇室后裔，英才盖世，士大夫们对他的仰慕，如同水归大海。如果大事不成，这是天意，怎么能再屈尊曹操之下呢？"

孙权勃然大怒，说："我不能把全部吴国故地和 10 万精兵拱手奉送，去受曹操的控制。我的主意已定！除刘备以外，没有能抵挡曹操的人，但刘备新近战败之后，怎么能担当这项重任呢？"

诸葛亮说："刘备的军队虽然在长坂大败，但现在陆续回来的战士和关羽的水军加起来有一万精兵，刘琦集结江夏郡的战士也不下万人。曹操的大军远道而来，已经疲惫。听说在追赶刘备时，轻骑兵一天一夜奔驰300余里，这正是所谓的强弩之末势不能穿鲁缟，所以《兵法》以此为禁忌，说这么做会使上将军受挫。而且，北方人不善于水战。另外，荆州民众之所以归附曹操，只是害怕他的大军，并不是心悦诚服。如今，将军若能命令猛将统领数万大军，与刘备齐心协力，一定能打败曹军。曹操失败后，必然退回北方，这样荆州与东吴的势力就强大起来，可以形成鼎足三分的局势。成败的关键，就在今天了！"孙权听后非常高兴，去与他的部属们商议。

决计破曹

这时，孙权正好收到了曹操的来信，信上说："近者奉辞伐罪，旌麾南指，刘琮束手。今治水军80万众，方与将军会猎于吴。"孙权把这封书信给部属们看，张昭等人大惊失色。张昭说："曹操是豺狼虎豹，挟天子以令诸侯，动不动就用朝廷的名义来发布命令。今天我们如果进行抗拒，就更显得名不正言不顺。况且将军抵抗曹操凭借的是长江天险。现在，曹操占据荆州，刘表所训练的水军拥有数千艘艨艟斗舰，曹操全部投入战场，加之步兵，水陆并进。这样，长江天险已由曹操与我们共有，而双方兵力相差悬殊。因此，根据我的愚见，最好是投降曹操。"

鲁肃一言不发，等孙权起身上厕所时，鲁肃追到房檐下，孙权知道鲁肃的意思，握着鲁肃的手说："爱卿想说什么？"鲁肃说："刚才我观察众人的议论，只是想贻误将军，不足以与他们商议大事。现在，像我鲁肃这样的人可以迎降曹操，但将军却不可以。为什么这样说呢？现在我投降曹操，曹操一定会让我回到老家当官，官位也不会很低，仍然能乘坐牛车，有吏卒跟随，与士大夫们结交，步步升官，也能当上州牧或郡守。可是将军您投降曹操，打算到哪里去安身呢？希望将军您能早定大计，不要听那些人的意见。"孙权叹息说："这些人的说法，太让我失望了。如今，你的观点正与我想的一样。"

《三国演义》中，为了突出诸葛亮的作用，罗贯中浓墨重彩地写了舌战群儒的故事，故事很精彩，但并没有历史根据。

当时，周瑜在鄱阳湖操练水军，鲁肃劝孙权把他召回。周瑜回来后，对孙权说："曹操虽然名义上是汉朝的丞相，但实际上是汉朝的贼臣。将军以神武英雄的才略，又凭借父兄的基业，割据江东，统治的区域有几千里，精兵足够使用，英雄乐于效力，应当横扫天下，为汉朝清除邪恶的贼臣。何况曹操自己前来送死，怎么可以投降？请允许我为将军分析：如今北方尚未完全平定，马超、韩遂还驻兵关西，是曹操的后患。而曹操舍弃鞍马，改用船舰，与生长在水乡的江东人来决一胜负。现在正是严寒，战马缺乏草料。而且，驱使中原地区的士兵远道跋涉来到江南水乡，不服水土，必然会发生疾疫。这几方面是用兵大忌，而曹操贸然行事，将军抓住曹操，正在今天了！我请求率领精兵数万人，进驻夏口，保证能为将军击破曹操。"

《三国演义》中，为了激怒周瑜，诸葛亮当着周瑜的面背诵了曹植的《铜雀台赋》，诗中有两句"揽二乔于东南兮，乐朝夕之与共"。诸葛亮告诉周瑜曹操南征的目的就是为了夺取大乔小乔，而大乔是孙策的妻子，小乔是周瑜的妻子，周瑜于是决计破曹。这种说法影响很大，可能来自杜牧的名诗《赤壁》："折戟沉沙铁未销，自将磨洗认前朝。东风不与周郎便，铜雀春深锁二乔。"事实上，曹植的《铜雀台赋》中并没有"揽二乔于东南兮，乐朝夕之与共"一句，而且，这首赋是曹植在赤壁之战后两年的建安十五年（210年）为铜雀台落成而做。

孙权说："曹操老贼早就想要废掉汉朝皇帝，自己篡位了，只是顾忌袁绍、袁术、吕布、刘表与我。现在，那几个英雄都已被消灭，只剩下我还存在。我与老贼势不两立。你主张迎战曹军，正合我意，是上天把你授给了我！"孙权拔出佩刀，砍向面前的奏案，说："各位，有胆敢再说投降曹操的，就与这个奏案一样！"说罢散会。

当天夜里，周瑜又去见孙权，对孙权说："众人只看到曹操信中说有水陆军80万而各自惊恐，不去分析其中的虚实就开始议论，没有什么意义。现在我们估计一下，曹操所率领的中原人不过十五六万，而且非常疲惫；新接收的刘表部队最多七八万，而且心存猜忌。一部分疲惫，一部分猜忌，数量虽然多，但不足为惧。我只要五万精兵，足以击败曹操，将军不要担心。"

孙权摸着周瑜的背说："公瑾，你说的话非常符合我的心意。张昭等人，考虑自己的妻子儿女，怀有私心，让我非常失望。只有你与鲁肃和我的看法相同，这是上天派你们两个人来辅佐我的。5万人一时难以集结，我已经挑选了3万精兵，战船、粮草及武器都已备齐，你和鲁肃、程普率兵先行，我继续调集人马，多运辎重、粮草，作为你的后援。你能战胜曹军，就当机立断，如果失利，就退到我这里来，我与曹操一决胜负。"孙权任命周瑜、程普为左、右都督，各自带领万余人与刘备合力迎战曹操。又任命鲁肃为赞军校尉，协助筹划战略。

程普是三世老臣，经常不听周瑜指挥，周瑜不与程普计较。后来，程普渐渐发现周瑜雄才大略，开始敬重周瑜。程普对别人说："与周公瑾交，若饮醇醪，不觉自醉。"

火烧赤壁

刘备驻军樊口，每天派巡逻的士兵在江边眺望孙权的军队。士兵看到周瑜船队前来，就立即乘马回营报告刘备。刘备派人前去尉劳周瑜，周瑜对来人说："我有军任在身，不能委派别人代理，如果刘备能屈尊前来会面，实在符合我的愿望。"刘备就乘一艘船去周瑜战船，见到周瑜后问："现在抵抗曹操，实在是很明智的决定，不知您有多少士卒？"周瑜说："3万人。"刘备说："可惜太少了。"周瑜说："这已足够用，将军且看我击败曹操。"刘备想要召呼鲁肃等来共同谈话，周瑜说："接受军令，不得随意委托人代理，如果您要见鲁肃，可以另去拜访他。"刘备既惭愧又高兴。

周瑜继续前进，与曹操在赤壁相遇，当时曹操的部队中已发生疾疫。两军初次交战，曹军失利，退到长江北岸乌林驻军。

曹操秘密派遣蒋干去游说周瑜，蒋干以辩论之才闻名于江淮之间，没有人

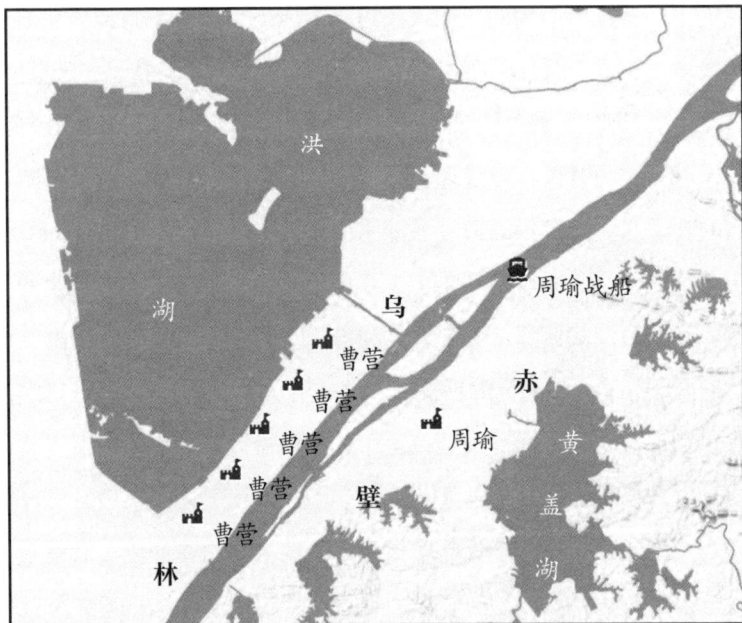

∧ 赤壁之战

能胜过他。蒋干换上平民穿的布衣，戴上葛布制成的头巾，自称因私人友谊来看望周瑜。周瑜出来迎接他，站着对他说："子翼，你真是很辛苦，涉水远道而来，是为曹操做说客吗？"然后邀请蒋干进来，与他一同参观军营，巡视仓库、军用物资与武器装备。周瑜设宴款待蒋干，酒席间让蒋干看自己的侍女、服装、饰物及各种珍贵的宝物，并对他说："丈夫处世，遇知己之主，外托君臣之义，内结骨肉之恩，言行计从，祸福共之，假使苏张更生，郦叟复出，犹抚其背而折其辞，岂足下幼生所能移乎？"蒋干只是笑，一直不谈私人关系之外的话。他回来向曹操汇报，称颂周瑜胸襟宽广，志向远大，不是言语所能离间的。

《三国演义》中周瑜设计佯醉，引诱蒋干盗书，借刀杀死曹操水军都督蔡瑁、张允之事完全是虚构的。

周瑜等驻军在长江南岸，周瑜部将黄盖说："如今敌众我寡，难以长期相持。曹军正把战船连在一起，首尾相接，可以用火攻烧走曹军。"周瑜同意了这个计划，派人送信给曹操，谎称黄盖打算投降。

《三国演义》中，在黄盖之前，诸葛亮和周瑜就对火攻之计达成共识，而**正史中，火攻计的提出者和执行者都是黄盖。为黄盖下诈降书的英雄在《三国志》中并没有留下姓名，《三国演义》说这个人是阚泽，缺乏依据，《三国志》中也没有黄盖受苦肉计的记载。另外，曹操把战船连环是当时在江面作战时的通行做法，目的是防止战船顺江漂走，而非庞统所献连环计使然。**

黄盖准备了几十艘艨艟斗舰，满载薪草，浇满膏油，外用赤幔伪装，上插牙旗，在船后系上走舸。当时东南风正急，黄盖将 10 艘战船排在最前面，到江心时升起船帆，其余的船在后依次前进。黄盖举火为号，命士卒大叫："投降来了！"曹军皆出营观看。离曹军还有 2 里多远，那 10 艘船同时点火，火烈风猛，船像箭一样向前飞驶，把曹军战船全部烧光，火势还蔓延到曹军设在陆地上的营寨。顷刻间，浓烟烈火，遮天蔽日，曹军人马烧死和淹死的不计其数。周瑜率领精兵紧追，鼓声震天，奋勇向前，曹军伤亡惨重。

《三国演义》中，赤壁的东南风是诸葛亮借来的。**事实上，三国时赤壁西北有云梦大泽，由于湖水和陆地比热不同，赤壁地区在夜晚经常会形成东南向的湖陆风，这是一个十分正常的气候现象，并不需要诸葛亮借风。**

黄盖身先士卒，在前冲锋，被流矢射中，落入水中，东吴士卒救起黄盖，但不知道是他，把他放在厕所里的小凳子上。黄盖看见韩当，用尽力气呼唤韩当，韩当听见，说："这是黄公覆的声音。"韩当见黄盖中箭，流下眼泪，给黄盖解开衣服，黄盖这才得以活命。

曹操率军从华容道步行撤退，遇到泥泞，道路不通，天又刮起大风。曹操命所有老弱残兵背草铺在路上，骑兵才勉强通过。老弱残兵被人马所践踏，陷在泥中，死了很多。刘备、周瑜水陆并进，追赶曹操直到南郡。这时，曹军又饿又病，死了一大半。曹操逃走后，非常高兴，诸将都问为什么，曹操说："刘备，吾俦也。但得计少晚，向使早放火，吾徒无类矣。"

《三国演义》中，**华容道的故事十分精彩，体现了诸葛亮的智绝，关羽的**

义绝，曹操的奸绝，但是很遗憾，这个故事是虚构的。想想也可以知道，诸葛亮能耐再大，也不能先后派 3 支部队进入敌人后方。

曹操留下曹仁镇守江陵，自己率军回到北方，想起一年前去世的郭嘉，曹操感叹道："哀哉奉孝！痛哉奉孝！惜哉奉孝！"

瓜分荆州

周瑜、程普率领几万人马，与曹仁隔长江对峙。尚未开战，甘宁请求先去夺取夷陵，周瑜同意。甘宁率部前往，迅速就占领了夷陵，进城防守。曹仁派兵包围甘宁，甘宁被困，形势危急，向周瑜求救。吴军将领们认为兵力单薄，不能再分出援军去救甘宁。吕蒙对周瑜、程普说："留凌统驻守江陵，我与您前去解围，也不会需要太长的时间，我保证凌统能守住 10 天。"周瑜同意他的建议，在夷陵大破曹仁军队，缴获战马 300 匹。全军上下士气倍增，周瑜渡过长江，驻兵北岸，与曹仁相持。

曹仁登城远望，募得 300 名敢死队员，令部曲将牛金迎战。但吴兵太多，牛金被团团围住。长史陈矫等人在城上，望见牛金等 300 人危在旦夕，吓得大惊失色。只有曹仁意气风发，呼左右取马来，陈矫等人知道曹仁欲下城救牛金，一起拉着曹仁说："敌人太多了，势不可当，何不放弃这数百众人，免得将军有去无回！"曹仁不同意，披甲上马，带领其麾下壮士数十骑出城。曹仁距离吴军百余步，靠近护城河，陈矫以为曹仁会在护城河附近停住，声援牛金。但曹仁越过护城河，冲入敌阵，救出牛金。还有一些曹军还未被救出，曹仁再次突入重围，救出牛金的部队，杀死吴军数人，将吴军击退。陈矫等人看到曹仁冲出去，非常担心，等到见到曹仁回来，都感叹说："将军真天人也！"三军上下无不佩服曹仁。

周瑜亲自来攻江陵，为流矢所伤，伤势严重，引军回营。曹仁闻知周瑜伤得不能起床，亲自督军到周瑜阵前，周瑜起身走到军营前激励士气，曹仁见状撤退。周瑜率军围攻曹仁一年有余，杀伤曹军甚多，曹仁弃城撤走。孙权任命周瑜兼任南郡太守，屯驻江陵。刘备向朝廷上表，推荐孙权代理车骑将军，兼任徐州牧。

《三国演义》中，周瑜诈死引诱曹仁来攻，击败曹仁，是完全虚构的。

与此同时，刘琦去世，孙权奏请刘备兼任荆州牧，刘备向孙权借荆州，鲁肃劝说孙权答应，与刘备共拒曹操。孙权将江陵南岸油江口分给刘备，刘备在油江口屯兵，并把这里改名为公安。有人将这消息报告给曹操，当时曹操正在写信，吓得笔掉在地上。

《三国演义》中，诸葛亮趁周瑜与曹仁交战之机，派赵云占据南郡，张飞占据荆州，关羽占据襄阳。这些情节完全是虚构的，地理方面的硬伤也很多。南郡和荆州的治所都是江陵，罗贯中理解成了两个地方，而襄阳一直在曹操手里，关羽从来未曾获得。

刘备以江陵为基础，进攻荆州南部四郡。武陵太守金旋、长沙太守韩玄、桂阳太守赵范、零陵太守刘度相继投降。刘备以左将军领荆州牧，任命诸葛亮为军师中郎将。

《三国演义》中，诸葛亮派赵云取桂阳，张飞取武陵、关羽取长沙。其中，张飞喝退金旋，关羽义释黄忠的情节都是虚构的，只有赵云拒娶樊氏有历史依据。

周瑜见刘备日益强大，恐难制约，上书孙权说："刘备有枭雄之资，关羽、张飞皆为熊虎之将，不会久居人下。我建议应该把刘备召到东吴，修筑宫殿，多置美女珍玩，消磨刘备意志，让他与关羽、张飞分开。到时候，我们胁迫刘备为人质进攻关羽张飞，大事可定。如今，我们把荆州借给刘备，刘、关、张三人聚集一处，正所谓蛟龙得云雨，终非池中物。"孙权认为曹操在北方，应该广揽英雄，没有采纳周瑜的建议。

当时刘璋在巴蜀，经常受到汉中张鲁的侵扰，周瑜对孙权说："现在曹操刚刚被我们击败，担心内部出现变故，无暇与我们作战。请让我与奋威将军孙瑜一起攻取巴蜀，然后吞并张鲁，把奋威将军留在汉中固守，与马超结援。我回来与孙将军您占据襄阳，对抗曹操，图谋北方。"孙权同意，周瑜回江陵准备，途经巴丘时病卒，时年 36 岁。

苏东坡有词《念奴娇·赤壁怀古》纪念周瑜：

大江东去，浪淘尽，千古风流人物。故垒西边，人道是，三国周郎赤壁。乱石穿空，惊涛拍岸，卷起千堆雪。江山如画，一时多少豪杰。

遥想公瑾当年，小乔初嫁了，雄姿英发。羽扇纶巾，谈笑间，樯橹灰飞烟灭。故国神游，多情应笑我，早生华发。人生如梦，一尊还酹江月。

襄樊之战
水淹七军

建安二十四年（219 年）春，刘备率军斩杀夏侯渊，击退曹操，占领汉中。七月，刘备自称汉中王，封关羽为前将军，张飞为右将军，马超为左将军，黄忠为后将军。

由于关羽远在荆州，刘备派益州前部司马费诗前去授予关羽印绶，关羽听说自己与黄忠并列，大怒："大丈夫终不与老兵同列！"不肯接受。

费诗说："创立帝王基业，应该不拘一格选用人才。刘邦建立汉朝时，萧何、曹参都是刘邦的发小，而陈平、韩信都是后来的。但封侯拜相时，韩信地位最高，从没听说萧何、曹参有什么怨言。现在汉中王因为一时的功劳尊崇黄忠，但在他心中，黄忠怎么能和君侯你比呢！汉中王就是您，您就是汉中王，您和汉中王休戚相关，福祸与共。我认为君侯不应该在意封号的大小与俸禄的多少。我仅仅是个使臣，奉命前来，君侯如果不接受封号，我可以马上回去，但我为您感到惋惜，怕您后悔啊。"关羽听后，恍然大悟，马上接受了封号。

《三国演义》中，关羽拒绝接受五虎将时，罗贯中还为关羽虚构了一句台词："翼德吾弟也，孟起世代名家，子龙久随吾兄，即吾弟也，位与吾相并，可也。黄忠何等人，敢与吾同列？"其实，赵云与关羽的年龄谁大谁小很难说。

同月，关羽进攻襄樊。关羽北伐是否得到了刘备的命令历史上并无明文记载。但可以肯定的一点是，刘备在汉中的胜利对关羽是很大的鼓舞，即使关羽选择此时北伐也是可以理解的。我们都知道，曹操在关羽北伐半年后就去世了，如果关羽再等等，等到曹操死后曹丕篡汉再兴兵北伐，可能是最优的选择，也许诸葛亮隆中对中"天下有变"指的就是这一时刻。

《三国演义》中，明确说"费诗方出王旨，令云长领兵取樊城，云长领命"，把关羽北伐写成是刘备的命令，这是与史无本的。

出发前，关羽做了一个梦，梦见一只猪啮他的脚，关羽对儿子关平说："我今年倒霉，可能回不来了。"

获悉关羽进攻襄樊，曹操派于禁与庞德率领7支部队前来救援。因为庞德的旧主马超和庞德的哥哥庞柔都在刘备手下，所以很多人质疑庞德。庞德说："我深受国恩，理当拼死效力。我要和关羽亲自交战，今年不是我杀关羽，就是关羽杀我。"庞德来到樊城，与关羽交战，射中关羽额头。庞德常骑白马，关羽

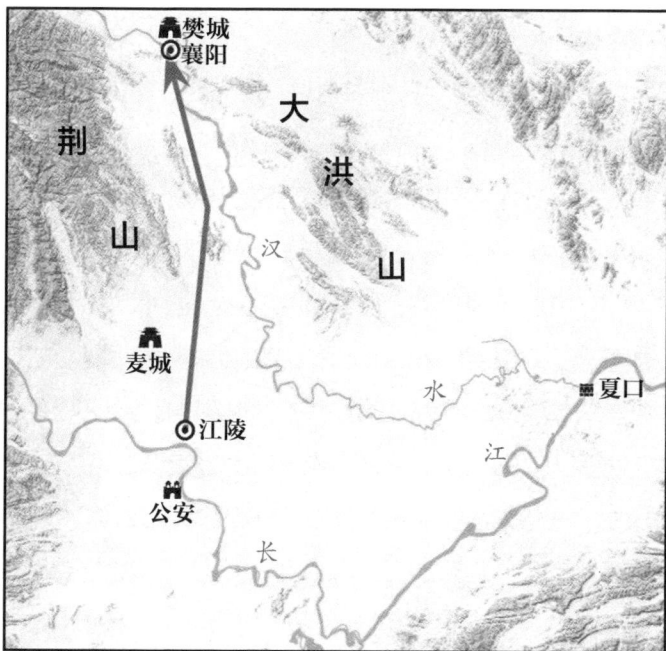

∧ 关羽北伐路线

士卒称庞德为"白马将军"，都很怕他。

《三国演义》中，罗贯中把庞德说的"今年我不杀羽，羽当杀我"一句话演绎成"庞令明抬榇决死战"一段故事，非常形象生动，给读者留下深刻印象。为了维护关羽形象，庞德射中关羽头颅变成了庞德与关羽大战后诈败射中关羽手臂。

八月，大雨连绵，汉水暴涨，平地水高五六丈，于禁所率领的七军全被汉水所淹。于禁与庞德登上堤岸避水，关羽乘大船进攻，四面射箭，于禁无处可逃，投降关羽。庞德站在堤岸上，身穿铠甲，手持硬弓，箭无虚发，庞德部下董衡、董超想要投降，庞德将他们斩首。庞德从早晨一直抵抗到下午，关羽的进攻越来越猛烈，箭射光后，与庞德短兵相接。庞德对部下何成说："吾闻良将不怯死以苟免，烈士不毁节以求生，今日，我死日也。"说罢，庞德越战越勇，但水势越来越大，庞德乘坐小船想逃回曹仁营寨，但所乘之船被水冲翻，庞德的弓箭落入水中，庞德抱住小船，被关羽部下擒获。

《三国演义》中，擒住庞德的人是周仓，而历史上并无记载，《三国志》中甚至没有周仓这个人。

见到关羽，庞德立而不跪，关羽对他说："你的哥哥在汉中，我希望你能成为我的将领，早早投降吧！"庞德大骂关羽："竖子，何谓降也！魏王带甲百万，威震天下；汝刘备庸才耳，岂能敌邪！我宁为国家鬼，不为贼将也！"关羽无奈，将庞德杀死。曹操听说于禁投降，庞德被斩，痛哭流涕，说："我和于禁相识30年，为何在危难处，反不如庞德呢？"

关羽将曹军3万俘虏押往自己的大本营江陵后向樊城发起猛攻，城中进水，处处崩塌，众人都惊恐不安。有人对曹仁说："现在的危难，不是我们的力量所能应付的，应该趁关羽的包围尚未完成，乘轻便船只连夜退走。"汝南太守满宠说："山洪来得快，去得也快，希望不会滞留很久。据说关羽已经派别的部队至郏下，许都以南百姓混乱不安。关羽之所以不敢再向前推进，是顾虑我们截断他的后路。现在如果我军退走，黄河以南地区，就不再为国家所有了。您应该在这里坚守以待。"曹仁说："你说得对！"于是将所骑白马沉入河中，与将士们盟誓，齐心合力，坚守樊城。城中军队只有数千人，未被水淹没的城墙也仅有几尺高。关羽乘船至城下，将樊城重重包围，内外断绝，襄阳也被关羽包围。

《三国演义》中，关羽进攻樊城时中了曹仁的毒箭，并引出了刮骨疗毒的故事。根据《三国志》，刮骨疗毒发生在水淹七军之前，刮骨之人也不是华佗，而且刮骨时关羽并没有与人对弈，而是在吃肉喝酒。

关羽水淹七军，威震华夏，曹操考虑迁都以避其锋芒，与群臣商议，司马懿和蒋济说："于禁等人被汉水所淹，是天灾，并非战败，对国家没有构成大损失。刘备与孙权表面上很亲近，实际上存在隔阂，关羽如果得志，孙权可不愿意看到。可派人劝孙权偷袭关羽后方，答应孙权如果打下来荆州归他所有，这样樊城之围自然就化解了。"曹操听从了司马懿的建议，马上派人联合孙权。

白衣渡江

当初，鲁肃曾劝说孙权，因为曹操尚在，应该暂时与关羽结好，共同对抗曹操。鲁肃死后，吕蒙接任。吕蒙认为关羽骁勇善战，有吞灭江东的野心，而且荆州位于江东上游，如若不除，必为后患。

吕蒙秘密对孙权说："如果我们取得荆州，根本不用害怕曹操，更不必依靠关羽。刘备和关羽，一个靠狡猾，一个靠蛮力，反复无常，不可以与他们推心置腹。现在关羽不敢进攻江东，一是因为您圣明，二是因为我吕蒙等人尚在。如果现在不趁着江东强大时图谋荆州，一旦我们这拨将领离世，再去进攻，基本是不可能的。"孙权说："如果我先攻取徐州，然后再去进攻关羽，怎么样？"吕蒙说："现在曹操远在河北，安抚冀州和幽州的降将，没有时间考虑我们江东。听说徐州守备弱小，很容易进攻下来。但是，徐州处于平原地区，道路畅通，适合骑兵纵横驰骋。如果现在我们攻取徐州，曹操日后必然会来争夺，即使七八万人也不一定能守得住。我们不如进攻关羽夺取荆州，然后以整个长江都作为天然屏障，足以抵御曹操。"

孙权曾经为自己的儿子向关羽的女儿求婚，关羽辱骂来使，没有答应这门婚事。关羽俘虏于禁的 3 万人后，无粮供养，擅自动用了东吴的粮仓。新账旧账一起算，听到吕蒙进攻关羽夺取荆州的计划，孙权非常赞同。

《三国演义》中，关羽拒绝前来和亲的诸葛瑾时，还为关羽增加了一句台词："吾虎女安肯嫁犬子乎！"

关羽进攻樊城时，吕蒙上书孙权："关羽征讨樊城，留下很多兵力防御江陵，是担心我偷袭他。我经常患病，请求您允许我以治病为名，率一部分士卒返回建业，关羽知道后，一定会撤走防守的军队，全部调往襄阳。然后，我率领一支部队迅速沿长江进军，攻其不备，夺取江陵，擒拿关羽。"孙权同意。

《三国演义》中，设计袭取江陵的是陆逊，但正史上是吕蒙。

于是吕蒙诈病，孙权发布命令调吕蒙返回建业。吕蒙走到芜湖时，定威校尉陆逊特意来见吕蒙，对吕蒙说："现在关羽就在我们西边，您为什么要离开呢，不担心被关羽袭击吗？"吕蒙说："的确像你说的这样，但是我病的太重了。"陆逊说："关羽向来自负，盛气凌人，加之水淹七军，威震华夏，更是骄傲大意，只想着北上进攻，不会怀疑我们。现在关羽听说你生病，防备必然松懈，如果奇袭荆州，一战可擒。您见到主公，一定要好好谋划啊。"吕蒙说："关羽速来勇猛善战，无人能敌，而且他现在占据江陵，收买人心，初战告捷，士气正旺，不可以轻易考虑进攻荆州。"我们可以看到，奇袭江陵是当时江东的顶级机密，连陆逊这种级别的将领都未告知。

等到吕蒙来到建业，见到孙权，孙权问："谁能接替你镇守陆口呢？"吕蒙说："陆逊思考问题非常深远，他的才能可以担当重任。根据我的观察，此人必成大器。而且陆逊目前名气不大，关羽会放松警惕，没有人比他更合适了。如果用他，可以命他表面上对关羽韬光养晦，暗中仔细观察动静，寻找机会，一定可以攻取江陵，占据荆州。"

孙权听从吕蒙意见，任命陆逊为偏将军，镇守陆口。陆逊上任，马上给关羽写了一封信："之前您抓住机会，依法用兵，以少胜多，多么伟大啊！敌国溃败，对作为盟国的我们东吴也是个鼓舞，我们都非常高兴。希望您能乘胜追击，席卷中原，兴复汉室。陆逊不才，接替吕蒙镇守陆口，非常仰慕您的风采，希望您能多多照顾。水淹七军，威震华夏，您的事迹将被后人永远称颂。即使当年晋文公城濮之战，韩信破赵之战，都不及您的功绩。听说徐晃前来救援樊城，伺机图谋不轨。曹操狡猾，走投无路可能会暗中增兵，妄图解救樊城之围。将士获胜后容易轻敌，所以兵法认为打了胜仗更要警惕。祝愿将军考虑周全，早日把敌人一举歼灭。我陆逊只是一个书呆子，才疏学浅，本来无法胜任现在的职位，幸运的是能与您做邻居。我刚才说的只是我粗浅的想法，未必能符合您的谋略，能为您分忧，以表达我的敬仰之情。"关羽看完信，对江东不再存有疑虑，逐渐把镇守江陵的部队调往前线。陆逊把这个情况汇报给孙权，并建议孙权夺取江陵。

孙权接到陆逊的消息，发兵袭取江陵。孙权计划命堂弟孙皎与吕蒙为左右都督，但吕蒙说："如果主公您认为孙皎适合，就用孙皎；如果您认为我吕蒙适合，就用吕蒙。当年赤壁之战，周瑜和程普为左右都督，虽然决策取决于周瑜，但程普倚老卖老，不听调度，双方产生很多矛盾，几乎坏了大事，我们应该引以为戒啊。"孙权醒悟，向吕蒙道谢说："还是您当统帅，孙皎作为您的后援。"

吕蒙到达柴桑，选取精兵，脱掉军装，穿上商人的衣服，扮作客商，昼夜兼程，前往江陵。江陵北岸的守将是糜芳，江陵南岸公安的守将是士仁。关羽北伐临出发时，江陵失火，烧毁了大量军用物资，关羽对糜芳和士仁十分不满。关羽在前线作战时，糜芳、士仁的后勤保障也供应不及，关羽曾对糜芳和士仁说："我回来要收拾你们！"糜芳和士仁感到非常恐惧。于是吕蒙命令原骑都尉虞翻写信游说士仁，为其指明得失，士仁看完虞翻来信出城投降。占领公安后，吕蒙又派士仁到江陵会见糜芳，糜芳在士仁的劝说下也投降吕蒙。

在《三国演义》中，士仁的名字为傅士仁，有观点认为傅士仁谐音"不是人"，傅士仁投降吕蒙导致关羽被杀，罗贯中故意借此羞辱他。

吕蒙进入江陵，把被囚禁的于禁释放，俘虏了关羽及其将士们的家属，耐心安抚他们。对全部士卒下令："不得骚扰百姓和向百姓索取财物。"吕蒙帐下有一亲兵，与吕蒙是同郡人，从百姓家中拿了一个斗笠遮盖官府的铠甲。铠甲虽然是公物，吕蒙仍认为他是违反了军令，不能因为是同乡的缘故而破坏军法，便流着眼泪将这个亲兵斩首。这件事警示了全军，江陵因此道不拾遗。吕蒙早晨和晚间派亲信去慰问和抚恤老人，询问他们生活有什么困难，给病人送去医药，对饥寒的人赐予衣服和粮食。关羽库存的财物、珍宝，全都被封闭起来，等候孙权前来处理。

败走麦城

在吕蒙白衣渡江的同时，曹操也派出徐晃迎战关羽解樊城之围。关羽派兵驻扎偃城，徐晃军队到达后，通过一条小路包围偃城，挖战壕截断关羽部队的后路，关羽部队无奈只能逃走。徐晃占据偃城后，步步为营，缓缓推进。关羽在围头和四冢都有驻军。徐晃扬言将进攻围头，却秘密攻打四冢。关羽见四冢危急，便亲自率领步骑兵 5000 人出战。关羽和徐晃是同乡而且关系很好，两人远远对话，只说平生，不及军事。不久徐晃下马宣布军令："得关云长头，赏金千斤。"关羽惊怖，说："大兄，是何言邪？"徐晃回答："此国之事耳！"随后两军交战，关羽被徐晃击败，退回营寨，徐晃率军穷追不舍。当时关羽营寨，外围深壕及鹿角十重，障碍设施极为严密，若从营外强攻极为困难。徐晃趁敌军陷于混乱之机，由内突袭，斩杀多名关羽的手下将领。

《三国演义》，关羽与徐晃的交战也是用单挑的方式分出胜负的，关羽在右臂少力的情况下 80 回合不敌徐晃。

孙权写信给曹操，请求允许他消灭关羽，为朝廷效力，并希望不要把他占据江陵消息泄漏出去，使关羽有所防范。曹操问群臣，群臣都说应当保密，但谋士董昭却说："军事行动，注重权变，要求合乎时宜。我们应当答应孙权为他保密，但暗中将消息泄露出去。关羽知道孙权来信的内容以后，若要回兵保护自己，樊城的包围就迅速解除，我们便可获利。同时，还可以使孙权、关羽鹬蚌相争，我们坐收渔利。如果保守秘密不泄露，使孙权如意，这不是上策。

再者，被围的将士不知道有救兵，以为城中粮食早晚不够，心中会惶恐不安。倘若再有其他的想法，危害不会小，还是告诉关羽比较好。况且关羽为人强悍，自恃江陵、公安两城防守坚固，一定不会很快退兵。"曹操说同意董昭的建议，立即下命徐晃将孙权的书信用箭射入樊城和关羽营中。樊城将士得到书信后，士气倍增。关羽得到书信果然犹豫不决，不愿撤兵离去。

关羽派人去江陵打听虚实回来，这才确信江陵失守，决定撤军返回江陵与孙权决战。樊城的曹仁召集将领们商议对策，众人都说："现在关羽如同丧家之犬，可派兵追击，将他擒获。"但议郎赵俨说："孙权趁关羽与我军交战，想要偷偷切断他的后路，又顾虑关羽回兵救援，怕他们鹬蚌相争我军渔翁得利。孙权表面上对我们毕恭毕敬，而实际上是想趁机占据荆州。如今关羽已成为孤军，应该放虎归山，让关羽与孙权死斗。如果穷追不舍，孙权会担心关羽被击败后我军将进攻东吴，对我军不利。我想魏王也会这么想。"曹仁听从赵俨的建议，放弃追赶关羽。曹操听说关羽败走，唯恐众将追赶，果然急忙派人传令给曹仁，与赵俨的计策一样。

樊城之围解开后，徐晃来见曹操复命。曹操迎出去 7 里，大宴群臣，为徐晃敬酒，说："敌人围堑鹿角十重，将军攻陷敌营，斩杀将领。我用兵 30 余年，从来没有听说过有能够这样长驱直入敌围的。樊城、襄阳得以保全，都是将军你的功劳啊！"当时诸军听说曹操将要视察，不少士兵出营围观，唯有徐晃部队军营整齐，将士坚守阵地，曹操见后说："徐将军可谓有周亚夫之风矣。"

关羽多次派人与吕蒙联系，吕蒙每次都厚待关羽的使者，带使者在江陵城中视察，以示东吴军队秋毫无犯。前线战士的家属都向使者询问战况，还有人写信托使者带给前线战士。使者返回，关羽战士私下向他询问家中情况，知道了家中平安，甚至受到的待遇超过以前，都无心再战了。

关羽向刘封、孟达求援，但是刘封、孟达刚刚攻下上庸，以立足未稳的理由拒绝派兵接应关羽。关羽自知孤立无援，便向西退守麦城。孙权派人诱降，关羽伪装投降，把幡旗做成人像立在城墙上，然后逃走。

《三国演义》中，刘封本想去救关羽，但孟达提起刘备立太子时关羽以刘封是义子为由反对之事，刘封于是不救关羽，这段故事缺乏史料依据。

逃跑过程中，关羽部队溃败，跟随他的只有10余名骑兵。孙权已事先命令朱然、潘璋切断了关羽的去路。十二月，潘璋司马马忠在章乡擒获关羽及其儿子关平，并将他们父子二人斩首。

在嘉靖本《三国志通俗演义》中，关羽被围时，"忽闻空中有人叫曰：'云长久住下方也，兹玉帝有诏，勿与凡夫较胜负矣。'关公闻言顿悟，遂不恋战，弃却刀马，父子归神。"这么写，明显是为了维护关羽的形象。到了毛宗岗的《三国演义》中，故事变成了："正走之间，一声喊起，两下伏兵尽出，长钩套索，一齐并举，先把关公坐下马绊倒。关公翻身落马，被潘璋部将马忠所获。"另外，《三国演义》中，关羽被擒后，孙权曾劝降关羽，但关羽大骂孙权，孙权将其斩首。正史中，关羽并没有机会见到孙权，马忠抓住关羽后即将他杀死。

夺取荆州，擒杀关羽后，孙权封赏功臣。孙权封吕蒙为南郡太守，赐钱1亿，黄金500斤。吕蒙还未来得及受封疾病发作，孙权把他接来，安顿在行馆的侧房，千方百计为他治疗和护理。医生为吕蒙针灸时，孙权为吕蒙担心。孙权想多去看望吕蒙几次，又怕惊动吕蒙，只好在墙壁上挖个小洞经常偷看。孙权见吕蒙可以吃下去饭了，便高兴地和身边人说笑，若吕蒙吃不下饭，孙权则唉声叹气，夜不成眠。吕蒙的病好了一半，孙权下令赦免罪犯，以示庆贺，文武官员都来道喜。不久，吕蒙还是去世了，年仅42岁。孙权异常悲痛，命令300户人家守护他的坟墓。

在《三国演义》中，吕蒙的死因是关羽附体，这么写也是出于维护关羽形象的考虑。

曹操上表给皇帝，推荐孙权为骠骑将军，兼任荆州牧。孙权将关羽的首级送给曹操，并上书向曹操称臣，劝曹操顺应天命，登基称帝。曹操把孙权的信给群臣看，说："是儿欲踞吾著炉火上邪！"侍中陈群等人说："汉朝的统治已经结束，并非只是今日。殿下您的功德，如同高山一样巍峨，天下人都寄希望于您，所以孙权在远方向您称臣。这是上天的安排，百姓的心愿，殿下应该正式登基称帝，还有什么可犹豫的啊。"曹操说："若天命在吾，吾为周文王矣。"

一个月后，曹操病逝于洛阳，时年66岁，谥曰武王，曹丕继位。同年十一月，汉献帝禅位于曹丕，曹丕称帝，国号为魏，定都洛阳，追尊曹操为武皇帝，庙号太祖。

东汉王朝正式灭亡，三国时代开启。

淮南与江东之间的战争

淮南与江东之间的军事通道

淮南与江东之间有长江天险阻隔，淮南属魏，江东属吴，双方多次在长江沿岸发生10万人以上的大战。三国时期，高邮湖以东江面过宽，渡江困难，而且陆地面积较小，像今天的南通市、上海市区等地在三国时代尚在海里，直到10世纪才由长江冲积形成平原。因此，魏吴两国的战争主要在大别山以东高邮湖以西的区域展开。

由于长江的存在，魏国想要进攻吴国必然要使用战船进行水战，因此，长江沿岸的三个渡口——皖口、濡须口、京口成为战争多发地。

合肥皖口一线为西线。由长江入皖口经皖水即到皖县，建安十九年（214年），吕蒙沿此路攻下皖县。皖县春秋时为皖国，是皖公的封地，古时为安徽地区的治所，因此安徽简称为皖。皖县南有水，名皖水，北有山，名皖山。皖山又名天柱山、潜山，皖县现在的名字即为潜山县。由合肥出发，走陆路，经夹石山道，过石亭，即到皖县。228年，曹休受周鲂引诱，由此路进攻皖县，被陆逊击败。虽然皖口可以入江，但皖县本身并无水路与合肥或寿春相连，因此魏军并未由此路进入长江。

广陵—丹徒一线为东线。由寿春走淮河，经洪泽湖、三河、高邮湖、中渎

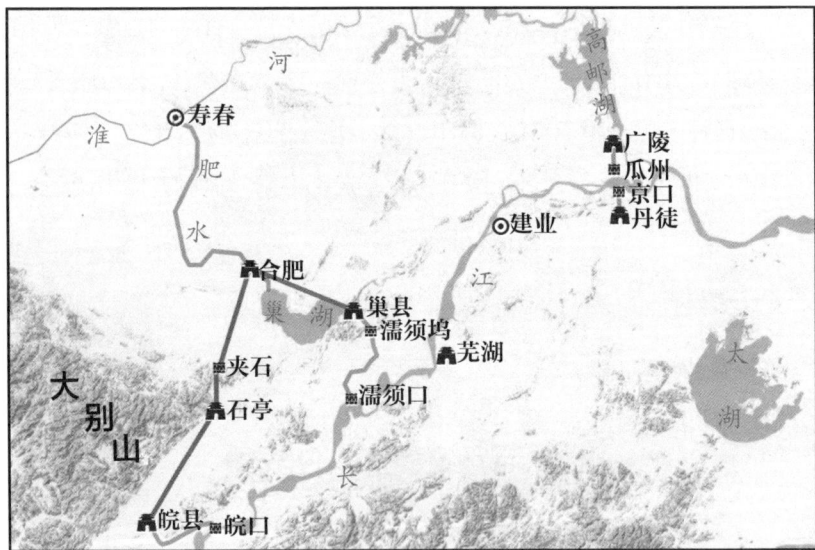

∧ 淮南与江东之间的军事通道

水达到广陵。广陵即现在扬州市的广陵区，也就是三国时嵇康所作《广陵散》之广陵。由广陵的瓜洲渡过长江，即到丹徒的京口渡。王安石曾作《泊船瓜洲》："京口瓜洲一水间，钟山只隔数重山。春风又绿江南岸，明月何时照我还。"丹徒即现在镇江市的丹徒区，孙权曾在此筑铁瓮城，把都城由吴县迁到丹徒，因此三国时丹徒也叫京城，京城的渡口即为京口。丹徒北有北固山，辛弃疾曾作《登京口北固亭怀古》：

何处望神州？满眼风光北固楼。千古兴亡多少事？悠悠！不尽长江滚滚流。年少万兜鍪，坐断东南战未休。天下英雄谁敌手？曹刘！生子当如孙仲谋。

甘露寺即在北固山，传说刘备在此迎娶孙权的妹妹。224 年和 225 年，魏文帝曹丕两次在广陵检阅部队，一次因为风浪过大，一次因为水路太浅，均没有下命令渡江。

相对于东西两线水道较浅，通航期较短，中线合肥—濡须口一线最适合通行。由寿春经北肥水（也叫肥水），到合肥，出南肥水（也叫施水），经巢湖，

∧ 皖山

沿濡须水由濡须口进入长江。这条线路北肥水与南肥水在冬季无法通航，但只要等到春夏雨水增多时，北肥水和南肥水就会在合肥汇合，形成通路，合肥因此得名。正因为合肥—濡须口一线适合通行，所以曹操多次由合肥进攻濡须口，孙权也多次由濡须口进攻合肥，张辽威震逍遥津，甘宁百骑劫曹营的故事都发生在这一线。为了缓解压力，曹操在合肥以南修建了巢县作为缓冲，孙权在濡须口以北设置了濡须坞作为缓冲。曹操曾攻破濡须坞，但从未攻破过濡须口；孙权曾经攻破过巢县，但从未攻破过合肥。水战曹操不如孙权，陆战孙权不如曹操。

曹操三攻濡须

曹操一攻濡须

建安十八年（213年）正月，曹操从合肥进军，攻破濡须坞，进攻濡须口。孙权率领水军与曹操作战，一战下来，曹军3000多人投降，数千人淹死。

孙权屡次挑战，但曹操坚守不出。孙权亲自乘坐轻船观察曹军动静，曹军将领以为东吴前来偷袭，用弓弩齐射。孙权的船一侧被曹军的箭射满，发生倾斜，孙权下令把船换个方向，使船两侧均匀受箭，船又恢复了平衡。孙权离开时，还特意命士卒奏乐羞辱曹操。曹操看到孙权舟船器械整齐肃穆，感叹道："生子当如孙仲谋，刘景升儿子若豚犬耳！"

孙权避箭的故事到了《三国演义》中被移植到了诸葛亮的身上，变成了草船借箭的故事。

双方相持了一个多月，孙权给曹操写了一封信，信上只有8个字："春水方生，公宜速去。"后来孙权又给曹操写了一封信，也是8个字："足下不死，孤不得安。"曹操拿到这两封信后，对曹军诸将说："孙权不欺孤。"于是下令退军。

曹操二攻濡须

七月，曹操准备第二次进攻濡须口，参军傅干进谏说：

"治理天下从大方面说有两种方法：文治和武功。用武功先要展示威力，用文治先要展示德行，威力和德行相辅相成，王道就可以成功。过去天下大乱，君臣失去了秩序，明公您用武功征服，十平其九。现在只剩下江东孙权和巴蜀

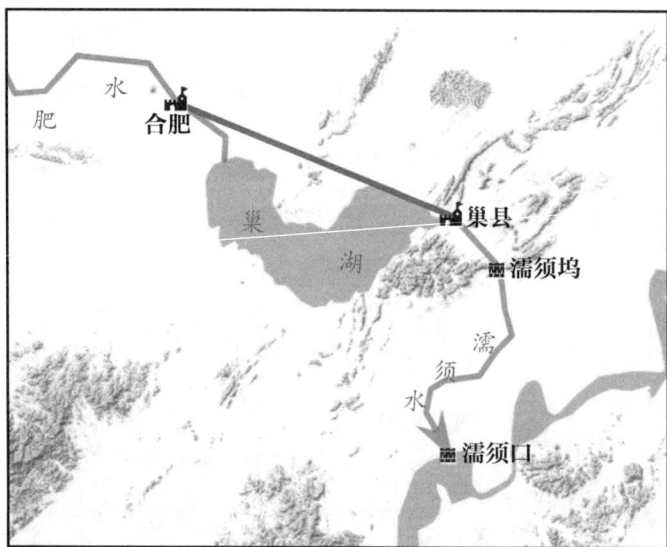

∧ 曹操进攻濡须口的路线

刘备了，江东有长江之险，巴蜀有高山之阻，难以用威力降服，只能靠德行。我认为可以暂缓用兵，休养生息，分封列土，论功行赏，这样内外才能稳固，天下自然向往。然后兴修学校，教化百姓顺从道义。明公神武威震四海，如果配合文治，则普天之下没有不归附您的。现在兴兵 10 万南下长江，如果孙权凭江而守，我们强大的骑兵无法发挥优势，孙权是不能屈服的。希望明公能全威养德，以道取胜。"

曹操并没有听从傅干的建议，十月份进攻濡须口，无功而返。

《三国演义》基本保留了傅干的原话，但是与历史不同，小说中的曹操听从了傅干的建议，放弃了南征。这么设定可能是因为历史上对曹操二攻濡须的介绍十分简略，缺乏创作的素材，用"遂罢南征，兴设学校，延礼文士"一笔带过。

曹操三攻濡须

建安二十二年（217 年）二月，曹操第三次进攻濡须口，号称步骑兵共 40 万人，孙权以 7 万人应对。

孙权使甘宁带领 3000 人为前部都督，秘密派遣甘宁夜袭曹营。出发前，孙权赐予甘宁酒肉壮行，甘宁与手下百余名敢死队员共食。吃完后，甘宁用银碗斟酒，自己先喝了两碗，然后为手下将士倒酒，手下将士跪伏地下，不敢接酒。甘宁拔出宝刀，放在自己膝盖上，厉声说道："卿见知于至尊，熟与甘宁？甘宁尚不惜死，卿何以独惜死乎？"甘宁手下将士接过酒，每人喝了一碗。二更时，甘宁与手下偷袭曹营，斩首数十级。甘宁回营时，敲锣打鼓，高呼万岁，孙权非常高兴，赐给甘宁即其手下士卒绢 1000 匹，战刀 100 口。孙权对甘宁说："足以惊骇老子否？聊以观卿胆耳！"又说，"孟德有张辽，孤有兴霸，足相敌也。"

《三国演义》中，对甘宁劫曹营做了艺术的加工，写他劫营时正好 100 人，而且回来时不折一人一骑。

孙权又派董袭率领楼船扼守濡须口，夜间暴风来袭，楼船倾覆，董袭左右都准备乘走舸逃跑，请求董袭与他们一起走。董袭大怒，说："受到孙将军的委托，我们在此防备，怎么能逃跑呢？"于是无人敢再干涉。当夜船沉，董袭阵亡。

《三国演义》中，**陈武也在此战被庞德斩杀，但正史中，陈武战死于两年前的合肥之战。**

三月，曹操撤军，夏侯惇、曹仁、张辽等26军屯驻巢县。

孙权随后也撤军，留周泰镇守濡须坞。周泰出身低微，很多将领并不服从周泰，孙权亲自到濡须坞宴请众将。席间，孙权端着酒杯走到周泰前面，令周泰脱下衣服，问周泰身上的每处伤疤是什么时候留下的，周泰一一回忆过去战斗负伤的经历。孙权听后，握住周泰的手，流着泪说："幼平，你为我孙家像熊虎那样战斗，不惜性命，受伤数十次，身体上到处都是伤疤，我怎么能不把你当作亲骨肉，怎么不把重兵托付给你呢！你是我东吴的功臣，我和你荣辱与共。幼平，你放心大胆去做吧，不要觉得自己出身低微。"宴会结束后，众将改变了对周泰的看法。

《三国演义》中，罗贯中增加了一个细节：**周泰每次回忆起战斗负伤的经历，孙权就为周泰敬一杯酒，读之令人动容。**

孙权攻合肥

建安二十年（215年）八月，孙权率兵10万进攻合肥。曹军合肥守将张辽、李典、乐进互不统属，而且仅有7000余人，处于绝对劣势。

曹操征汉中前，留下一封书信给合肥护军薛悌保存，指示他敌人来了再打开。孙权围困合肥，薛悌与张辽、李典、乐进共同打开，信上说："若孙权至者，张、李将军出战，乐将军守，护军勿得与战。"众将看到后有些疑虑。张辽说："曹公远征汉中，等到他来救我们，我们早被攻破了。所以曹公留下书信指示我们主动出击，打敌人立足未稳，挫其锐气，给将士信心，然后再坚守城池。成功失败，在此一举，大家不要犹豫！"张辽、李典、乐进素不和睦，张辽担心二将不服从安排，但李典慷慨地说："这是国家大事，我们是否服从安排只看您的计谋是否可行，怎么能因私废公呢！"当晚，张辽招募800名敢死军，用牛肉犒赏将士。

拂晓，张辽披坚执锐，身先士卒，杀数十人，斩两将，大呼自己名字，冲到孙权麾下。孙权大惊，左右不知所措，退至高丘之上，用长戟守护。张辽呵斥孙权下来决战，孙权不敢前往。孙权看张辽兵少，派兵包围张辽，张辽左冲右杀，冲破包围，救出麾下数十人，剩下的士卒哭喊："将军弃我乎！"张辽返回，又把他们救出。孙权人马望风而逃，无人敢迎战张辽。张辽从早晨杀到中午，先声夺人，回到合肥防守，将士心安，无不佩服张辽。

回到营中，孙权长史张纮劝谏孙权："战争是危险的，现在将军您凭借血气亲自上阵，三军将士莫不寒心，虽然您斩将夺魁，威震敌军，但这是偏将的责任，不是主将的职分。希望您收敛匹夫之勇，多从大局出发。"孙权采纳了张纮的意见。

孙权围攻合肥，十几天不下，决定撤军。大部队撤出后，孙权与凌统被埋伏在逍遥津的张辽袭击。凌统率亲兵300人与张辽作战，保护孙权先走。

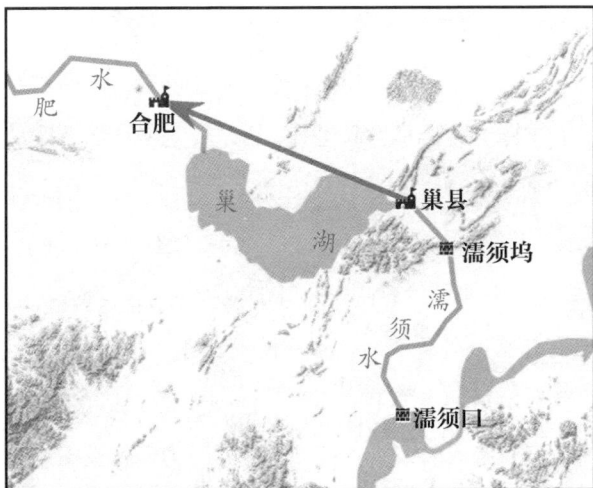

△ 孙权进攻合肥的路线

孙权骑马上逍遥津桥，桥板被毁，牙将谷利在孙权马后，让孙权缓缓后退，谷利以鞭抽马，借助惯性，跳过逍遥津桥，孙权这才逃脱。凌统亲兵几乎全部战死，凌统前后杀死数十人，身体多处受伤，估计孙权安全后才撤退。凌统伤势严重，靠良药才保住性命。见到孙权后，凌统因为亲兵全部阵亡放声大哭，孙权用衣角为他擦眼泪，说："公绩，亡者已经逝去，只要有你在，还怕没有士兵？"

此战过后，张辽威震江东，有小孩啼哭，父母就对小孩说"再哭张辽就来了！"张辽死后，曹丕评价张辽："合肥之役，辽、典以步卒800，破贼10万，自古用兵，未之有也。"

《三国演义》中，把合肥之战拆分成了两个故事，一个是五十三回的"孙仲谋大战张文远"，一个是六十七回的"张辽威震逍遥津"，并把太史慈之死安排在了五十三回。其实，正史中太史慈是病死的，并非死在战场。

曹丕广陵观兵

黄初二年（221年），曹丕向孙权索要太子为人质，孙权拒绝，曹丕大怒，兴兵伐吴，派遣张辽从广陵—丹徒一线进攻。当时张辽有病在身，但孙权听说张辽前来，对属下说："张辽虽病，不可当也，慎之！"

两军隔江对峙，夜间，吴军遭遇暴风，战船倾覆，缆绳漂到曹军大营，张辽看准机会，率领将士对吴军发起进攻，斩杀俘虏数千人，吴军大败。战后，张辽病情加剧，病逝于长江北岸的江都。曹丕得到消息后大哭，不久即退兵。

黄初五年（224年）七月，曹丕东巡许昌，准备亲征孙权，侍中辛毗劝谏说："现在国家初步安定，土地虽然广阔，人口却很稀少，在这时动用百姓的力量，臣下实在看不出有什么好处。武皇帝多次出动精锐，但到达长江边只能退兵。现在，我们的军队在数量和实力上并不比从前强大，却要再次南征，这不是件容易的事。目前我们应采取的策略，莫过于休养民力，开垦田地，10年之后，再用兵打仗，就能够一举成功了。"曹丕说："依你的意思，是要把孙权这个后患留给子孙了。"辛毗回答说："从前周文王之所以把商纣王留给武王去消灭，是因为他知道时机尚未成熟。"曹丕不听劝谏，留下尚书仆射司马懿镇守许昌。八月，曹丕亲自乘龙舟指挥水军，沿着蔡河、颍水进入淮河，到达寿春。九月，曹丕抵达广陵，准备沿中渎水过江。

孙权采取徐盛的建议，在竖立的木桩上包起苇席，做成假城池和望楼，分布在石头城至江乘二县沿岸，连绵相接，长达数百里，一夜之间全部建成，又在长江上布下许多舰船，往返巡航。曹丕看到后说："彼有人焉，未可图也。"当时长江水位迅猛上涨，曹丕乘坐的龙舟，在狂风大浪中上下颠簸，几乎被巨浪掀翻。曹丕叹息说："魏虽有武骑千群，无所用也。"十月，曹丕退军回许都。

黄初六年（225年）八月，曹丕第三次兵发广陵，尚书蒋济上表说冬季水路很难通行，曹丕不听。十月，曹丕在长江边上检阅部队，当时魏军有10余万，旌旗数百里，大有渡江之势，孙权在南岸严阵以待。当时天气寒冷，江边甚至结冰，战船无法进入长江，曹丕看见长江波涛汹涌，叹息道："嗟乎，固天所以限南北也！"决定退兵。

吴将孙韶派遣500名敢死军在曹丕的退路上埋伏，夜间发起进攻，缴获了

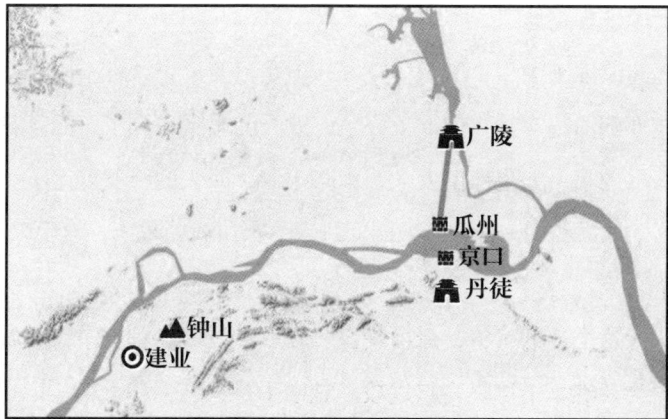

∧ 京口瓜州一水间, 钟山只隔数重山

曹丕的副车、羽盖等物，曹丕受到了惊吓。

冬季中涣水水路较浅，魏军战船数有近千艘因阻滞无法撤退，有人建议留下部队就地屯田，蒋济认为："广陵东近高邮湖，北临淮河，涨水时，容易被孙权攻击，不宜屯田。"曹丕采纳了蒋济的意见，自己乘车驾返回，把船只都留给蒋济处理。战船前后相连数百里，蒋济令人挖开四五条水道，将船全部集中在一起；并提前堆好土坝，截断湖水，把后面的船都拖入，再掘开水坝，船只全部随水涌入淮河，这样，魏军的舰船才得以返回。

曹丕三次进攻孙权，各有亮点，如果全写，篇幅过多，如果不写，又存遗憾，创作《三国演义》时，这个难题摆在了罗贯中的面前。罗贯中采取了合三为一的方式，在三次伐吴中提取精华，凝结为一个故事，即六十八回"破曹丕徐盛用火攻"。这个故事浑然天成，读之丝毫感觉不到捏合的痕迹，可见罗贯中文字功底之深厚。小说中徐盛用火攻，张辽被射死都是虚构的。

皖县争夺战

建安十九年（214年），曹操派遣朱光为庐江太守，屯兵皖县，广种稻田。吕蒙向孙权建议："皖县土地肥沃，丰收时，曹军的军粮会大增，几年后曹军兵力必然扩充，我们应该尽早除掉。"孙权接受了吕蒙的建议，五月，亲率大军从皖水上岸进攻皖县。

众将都建议堆土山用攻城器械攻城，但是吕蒙说："堆土山，调器械，不是很快就能办到的，等到我们准备好了，敌人的救兵也到了。而且我们现在是趁着雨季涨水前来，如果停留太久，水路干涸，回去的路就难走了。我看皖县不是很坚固，如果我们一鼓作气，四面进攻，很快就能攻下，然后以水路退军，这才是万全之策。"

孙权认为这个计划可行，命吕蒙部署攻城。吕蒙举荐甘宁为攻城都督，作先锋，吕蒙为后继，于拂晓发起进攻。甘宁手持铁链，爬上城楼，身先士卒，吕蒙亲自播鼓，士兵奋勇争先，早饭时，攻破皖县，生擒庐江太守朱光，俘虏数万人。战后计功，吕蒙第一，甘宁第二。张辽从合肥赶来救援，走到一半就得知皖县已经失守，于是撤军合肥，放弃救援。

《三国演义》中，攻克皖县的庆功宴上，**凌统看见吕蒙夸奖甘宁，又想起甘宁的杀父之仇，席前舞剑欲刺甘宁，甘宁也使戟与之相斗，幸亏吕蒙从中解斗，孙权也前来劝阻，凌统才作罢。这个故事在《吴书》上有记载，但并没有明确写发生在皖县之战后。**

太和二年（228 年）五月，孙权命鄱阳太守周鲂通过山越大族向魏国扬州牧曹休诈降，周鲂说：“山越地位低下，不足以信任，事情若是泄露了，曹休不会上钩，我请求派亲近的人带上我的书信引诱曹休，说我犯罪后害怕被杀，打算以鄱阳郡向魏国投降，请求派兵接应。”孙权同意了周鲂的建议。

为了配合周鲂的计划，孙权派人多次纠察周鲂，周鲂剃光自己头发谢罪。曹休听到消息后果然上当，率军 10 万进军皖县响应周鲂。曹叡又命司马懿进军江陵、贾逵进军东关，三路大军同时出发。

《三国演义》中，**周鲂到曹休面前亲自断发表明投降决心，小说称“周鲂断发赚曹休”，这个故事于史无本。**

八月，孙权进驻皖城，任命陆逊为大都督，朱桓、全琮分别担任左、右督军，各领 3 万人迎击曹休。朱桓对孙权说：“曹休是皇亲国戚，所以才会被重用，并不是因为他有勇有谋。他与我们交战必败，败后必逃，逃走时肯定经由夹石、挂车。这两条道路都狭窄险要，如果派 1 万人在此堵截，可以把曹休的人马全部俘虏，甚至生擒曹休。请求派我的部队前往，若蒙上天神威，使得曹休自动投降，我们就可乘胜长驱直入，进而攻取寿春，获得淮南，进一步威胁许昌、洛阳，这是千载难逢的良机，切不可失！”孙权以此询问陆逊，陆逊认为过于冒险，没有采取行动。

曹休临近皖县时才知道被骗，但仍然仗恃兵多，打算就与吴国交战。陆逊亲自指挥中军，以朱桓、全琮为左右翼，三道并进，在石亭伏击曹休，曹休北逃，又在夹石遭遇孙权的伏兵。

在东关的贾逵发现这里没有吴军，猜测吴军必然集结于皖县，曹休与之交战必败。贾逵之前与曹休不和，但大敌当前，贾逵抛弃前嫌，下令命部队水陆并进，急行 200 里，来到夹石，遍插旌旗，多擂战鼓，吓走埋伏在夹石的吴军。接应到曹休后，贾逵又拿出粮食和军资供应曹休的军队。曹休被救后却埋怨贾逵救援迟缓，当场呵责贾逵，以大司马的名义命令豫州刺史贾逵帮他捡拾弃仗。贾逵认为自己心中无愧，对曹休说："我是国家的豫州刺史，不是来此为大司马拾捡弃仗的。"然后独自率军返回。曹休回到洛阳上书谢罪，不久，背疮发作而死。

《三国演义》中，曹休被贾逵救出后非常愧疚，但历史上的曹休脸皮要厚得多。

石亭之战，吴军斩杀和俘虏万余人，缴获牛马骡驴车万辆和大量军资器械。战后，孙权召集各位将领大摆酒宴。席间，孙权对周鲂说："您为大义剃光自己头发，成就孤的大事，功名一定会载入史册。"

诸葛恪攻合肥

嘉平四年（252 年）四月，孙权去世，孙亮即位，太傅诸葛恪独揽大权。诸葛恪是诸葛瑾的儿子，诸葛亮的侄子，自幼聪明。少时，一次孙权大会群臣，牵来一头驴，在驴脸上写了 4 个字"诸葛子瑜"，子瑜是诸葛瑾的字，因诸葛瑾脸长，孙权拿他开玩笑。诸葛恪对孙权说："能给我笔填两个字吗？"孙权同意，把笔递给诸葛恪，诸葛恪在"诸葛子瑜"后续写"之驴"二字，在座的大臣哈哈大笑，孙权也把驴赐给了诸葛恪。

十月，诸葛恪为了防止魏国进攻，征集人力，修复孙权时代建立濡须坞，左右依山各筑城一座，称为东关、西关二城，每城留 1000 人把守。

不出诸葛恪所料，司马师想借孙权新亡，孙亮年幼之机消灭东吴，镇东将军诸葛诞向大将军司马师建议："如今吴国政局不稳，可命王昶进攻江陵，命毋丘俭进攻武昌，牵制住吴国上游的兵力，然后再挑选精锐兵力进攻濡须坞东关西、关两城，等到他们救兵赶到，我们已大获全胜了。"司马师没有听从诸葛诞的建议，决定三路同时进攻。十二月，司马师派王昶进攻江陵，毌丘俭进攻武昌，胡遵、诸葛诞率领 7 万大军进攻东兴。

胡遵和诸葛诞到了东兴，搭建浮桥，安扎营寨，分兵进攻东关、西关二城。诸葛恪得到消息，以丁奉为先锋，率兵 4 万，昼夜兼程，救援东兴。丁奉说："现在诸军行军缓慢，如果魏兵占据有利地形，就难以与之争锋了，我请求率兵急行突袭。"诸葛恪同意，命各路军马为丁奉让路，丁奉亲自率领属下 3000 人快速突进。

当时正刮北风，丁奉扬帆行船两天就到达了东关，随即占据了徐塘。徐塘天降大雪，十分寒冷，胡遵、诸葛诞正在烤火饮酒。丁奉见魏军前部兵力稀少，就对手下人说："取封侯爵赏，正在今日。"命令士卒们脱下铠甲，扔掉长矛大戟，只戴着头盔和短刀，裸身爬上堤岸。魏兵看见丁奉部队，大笑不止，并没有严阵以待。丁奉趁机前进，击鼓呐喊，攻破魏军前部营寨，魏军害怕，四散奔逃，争相抢渡浮桥，浮桥毁坏断裂，魏兵自己跳入水中，互相践踏，死者数万人。

《三国演义》中，丁奉把头盔也脱掉了，裸得更加彻底。

魏军前部督韩综、乐安太守桓嘉等人都被丁奉杀死，韩综过去是吴国的叛将，多次危害吴国，孙权对他恨得咬牙切齿，诸葛恪命人送回韩综首级以祭告大帝庙。丁奉缴获魏军的车辆、牛马、骡驴等都数以千计，军用物资堆积如山，凯旋而归。

进攻江陵的王昶和进攻武昌的毌丘俭听说胡遵诸葛诞大败，各自退兵。朝臣议论想要把诸将罢官降职，大将军司马师说："我没有听从诸葛诞的话，才造成这样的后果。这是我的错误，各位将军有什么罪呢？"

初战告捷后，诸葛恪有了轻敌之心，想一鼓作气继续进军。众将认为频繁出兵将士疲惫，劳民伤财，劝说诸葛恪休养生息，但诸葛恪不听，中散大夫蒋延坚持反对，诸葛恪命人把他架了出去。

《三国演义》中，诸葛恪临行前，"忽见一道白气，从地而起，遮断三军，对面不见"，蒋延认为"此气乃白虹也，主丧兵之兆"，诸葛恪认为蒋延扰乱军心，将其贬为庶人。

嘉平五年（252年）三月，诸葛恪率领20万大军进攻淮南，当地老百姓纷纷逃跑。有人对诸葛恪说："如今我军深入敌境，当地老百姓必然逃跑，我如果俘虏不了人口恐怕白忙活一场。我们不如只包围合肥，等待魏军救兵到来，再与他们交战，必将大获全胜。"诸葛恪采纳了这个计策，五月，率兵围困合肥新城，连续进攻数月。

合肥只有3000名士兵，经过几个月的抵抗，病死战死一半人，城墙也被破口。诸葛恪又堆起土山进攻，合肥即将沦陷。魏军守将是牙门将张特，张特对诸葛恪说："现在我已经无心恋战了，但是根据魏国的法律，城池被围攻超过100天救兵还不到，守将即使投降，他的家属也不治罪。现在，你们已经进攻了90多天，城中本来有4000人，战死了一半，现在城墙已破，但是还有一半人不愿意投降，请给我时间劝说他们，区分主降的和主战的，明天早晨我会把名单给您。现在我把我的印绶给您，希望您相信我。"诸葛恪相信了张特，答应给他一天时间。张特连夜修复城墙缺口，加强防御。第二天，张特对诸葛恪说："我但有斗死耳！"诸葛恪大怒，率兵攻城，但无法攻克。

当时天气炎热，吴军疲劳，饮水也不干净，大面积出现腹泻、浮肿等症状，超过一半的人病死，尸横遍野。各营寨将士向诸葛恪报告，诸葛恪非但不信，还说他们扰乱军心，要杀报告者，于是没人再敢说话。诸葛恪久攻不下，经常发脾气，都尉蔡林多次提出计谋，诸葛恪都不予以采用，结果蔡林叛逃，把吴军内部情况告知魏军。

七月，魏军救兵赶到，诸葛恪退军。受伤生病的士卒相扶而走，有的人跌倒在水沟中，有的人被追兵俘获，全军上下沉浸在悲痛之中，呼天号地，惨不忍睹，但诸葛恪却安然自若，不以为然。诸葛恪在官员百姓中渐渐失去威望，十月，侍中孙峻与吴主孙亮设计，把诸葛恪诱入宫中杀死。

荆州与巴蜀之间的战争

荆州与巴蜀之间的军事通道

荆州与巴蜀被巫山阻隔，巫山是中国地势二三级阶梯的分界线，北连大巴山，南临武陵山，巫山山势陡峭，高耸入云，元稹有诗曰："曾经沧海难为水，除却巫山不是云。"由于巫山的存在，荆州与巴蜀之间的军事通道只有一条，就是著名的长江三峡。

长江三峡是瞿塘峡、巫峡和西陵峡三段峡谷的总称。西起白帝城，经巫县、巴东、秭归、西陵，东迄夷陵。三峡是这一地区地壳不断上升、长江江水强烈下切而形成的，两岸高耸，水面狭窄，山峰一般高出江面 1000~1500 米，而江面最窄处不足 100 米。三峡全长大约 500 里，从白帝城坐船顺流而下到荆州治所江陵只需一天，李白有诗曰："朝辞白帝彩云间，千里江陵一日还。"

白帝城是荆州沿长江三峡逆流而上入蜀的东大门，白帝城设有关口，即瞿塘关，杜甫有诗曰："众水会涪万，瞿塘争一门。"《读史方舆纪要》称白帝城"控带二川，限隔五溪，据荆楚之上游，为巴蜀之喉吭"。《通鉴地理通释》称白帝城为"西南四道之咽喉，吴楚万里之襟带"。刘备称帝后，为报孙权杀害关羽之仇兴兵伐吴，被东吴都督陆逊在夷陵击败后退守白帝城，感觉白帝城不吉利，将其名字改为永安，亲自镇守。刘备死后，托孤重臣李严继续镇守。

夷陵是荆州的西大门，也是三峡的东出口，"水至此而夷，山至此而陵"，故名夷陵。夷陵若失，荆州难保。东吴都督陆逊抵挡刘备东征时，为了避其锋芒，一直退到夷陵，然后上书孙权曰："夷陵要害，国之关限，虽为易得，亦复易失。失之非徒损一郡之地，荆州可忧。"后陆逊用火攻在夷陵击败刘备，并在此镇守。陆逊死后，其子陆抗继续镇守夷陵。陆抗也曾上疏孙权曰："西陵，国之西门，虽云易守，亦复易失。若有不守，非但失一郡，则荆州非吴有也。如其有虞，当倾国争之。"

∧ 荆州与巴蜀之间的军事通道

刘备入川

卖主求荣

　　诸葛亮在隆中对中曾说："益州险塞，沃野千里，天府之土，高祖因之以成帝业。刘璋暗弱，张鲁在北，民殷国富而不知存恤，智能之士思得明君。"按照计划，刘备占据荆州后，下一个目标就是巴蜀。赤壁之战后，巴蜀的形势也朝着有利于刘备的方向发展。

　　赤壁之战前，益州牧刘璋得知曹操占领襄阳，派遣别驾张松向曹操表达敬意。张松虽然身材矮小，行为放荡，但精明果敢，才能过人。曹操当时刚刚击败刘备，占据江陵，气焰嚣张，不可一世，对张松颇为傲慢，主簿杨修建议曹操给张松官做，曹操也没有采纳。张松因此心怀怨恨，回到成都后，劝刘璋与曹操断绝关系，与刘备结交，此时曹操兵败赤壁，刘璋听从了张松的建议。刘璋问张松应该派谁担任使者，张松推荐了他的好友法正。法正是关中人，投奔刘璋后不被重用，也想找机会另谋出路，刘璋派法正前往，法正心中很高兴，但假装推辞了一番才走。法正回来后，对张松说刘备雄才大略，两人密谋迎奉刘备取代刘璋作为巴蜀之主。

《三国演义》中，张松在赤壁之战后的建安十六年才出使许都，而正史中，张松是在赤壁之战前的建安十三年与曹操见面的，见面的地点很可能就是江陵。受到曹操冷遇后，张松就返回了巴蜀，并没有与当时逃亡江夏的刘备见面。日后，去荆州见刘备的是法正。《三国演义》中，张松过目不忘，背诵《孟德新书》，导致曹操将书烧毁，又揭曹操短处，曹操将其乱棒打出，这些情节都是虚构的。

正在此时，曹操计划进攻汉中张鲁，刘璋听到消息后，十分害怕。张松趁机劝说刘璋："曹操的兵马天下无敌，如果攻下汉中，下一个目标就是巴蜀了，到时候您派谁抵挡曹操呢？刘备是您的刘氏宗亲，与曹操有深仇大恨，善于用兵，如果让刘备讨伐张鲁，一定能击破张鲁。张鲁一破，则巴蜀势力增强，曹操即使前来进攻，也无能为力了。现在巴蜀的将领们如庞羲、李异等都自恃功劳，骄横不法，想要向外投靠。如果不邀请刘备，敌人在外进攻，叛贼在内作乱，巴蜀注定灭亡。"刘璋同意张松的建议，派法正率领4000人去迎接刘备。主簿黄权劝谏刘璋说："刘备以骁勇闻名于世，现在把他请来，要把他当作部曲来看待，则他不会满意；要以宾客的礼节接待，则一国不容二主。到时候客人安如泰山，主人危如累卵。不如封闭边境，等待时局明朗。"刘璋不听，把黄权调到外地当官。从事王累把自己倒吊在成都城门来劝阻刘璋，刘璋视而不见。

法正到荆州见到刘备，私下向刘备献计："凭借将军您的英才，利用刘璋的懦弱，加之张松在成都做内应，夺取益州，易如反掌。"刘备有些疑虑，但庞统对刘备说："荆州饱受战乱，田地破坏，人才凋零，东有孙权，北有曹操。现在巴蜀国富民强，人口百万，土地肥沃，如果您能得到巴蜀，则大业可成。"刘备说："现在同我水火不相容的是曹操。曹操激进，而我宽容；曹操残暴，而我仁慈；曹操狡猾，而我忠厚，我处处都同曹操相反，才会有今天的大业。如果由于小事失信于天下，恐怕不合适吧？"庞统说："如今天下大乱，不是一种方法能够平定的。弱肉强食，自古如此。事成之后，可以厚待刘璋，怎么能说是失信呢？现在我们不取巴蜀，巴蜀早晚也要被别人取得。"在法正、庞统说服下，刘备在声望与巴蜀之间，选择了巴蜀。法正回到成都前还为刘备绘制了巴蜀的山川地图。

《三国演义》中，张松献图的故事写得很精彩，但根据史料，为刘备绘制巴蜀地图的是法正，而不是张松．根据《资治通鉴考异》，张松和刘备可能从未见过面。

刘备入蜀

建安十六年（211 年）十月，刘备以诸葛亮、关羽、张飞等留守荆州，以赵云担任留营司马，掌管荆州留营军事，亲自率兵数万，以庞统随行，沿长江三峡西进巴蜀。

孙权听到刘备西入巴蜀的消息，派舰船来接嫁给刘备的妹妹。孙夫人打算带刘备的儿子刘禅返回东吴娘家，赵云、张飞率兵拦截孙权的船队，才把刘禅抢回。

按照《华阳国志》的记载，孙夫人是刘备主动送回去的，《三国演义》还是采用了《三国志》的说法，但虚构了一些细节，比如赵云夺阿斗、张飞杀周善。

刘璋命令沿途各郡县为刘备提供军需，刘备进入巴蜀后好像回到家中一样，刘璋前后赠送军需物资数以亿计。路经巴郡时，巴郡太守严颜感叹，"此所谓独坐穷山，放虎自卫也"。

刘备从江州沿涪水北上到达涪城，刘璋率领 3 万多人迎接刘备，车辆支起帐幔，光彩鲜明，像太阳一样耀眼。张松建议刘备在会面时刺杀刘璋，刘备说："这件事不能着急！"庞统说："现在，趁会面时捉住刘璋，则将军不必动用武力，就可坐得一州。"刘备说："刚刚进入别人的地盘，恩德与信义尚未表现出来，不能这样做。"刘璋推举刘备代理大司马，兼任司隶校尉；刘备也推举刘璋代理镇西大将军，兼任益州牧。两人部下的将士，也相互交往，在一起欢宴 100 余日。刘璋为刘备提供士卒和军需，请他进攻张鲁。加上刘璋拨来的部队，刘备此时已有 3 万余人，军需器械也很充足。但刘备北到葭萌关后，并没有立即进攻张鲁，而是广树恩信，收买人心。

庞统向刘备建议说："现在应暗中挑选精兵，昼夜兼程，直袭成都，刘璋既不懂军事，又没有准备，大军突然到达，可以一举占领成都，这是上策。杨怀、高沛都是刘璋部下的名将，他们劝刘璋把将军送回荆州。将军派人去告诉他们，说荆州有紧急情况，您打算回军救援，并让人打点行装，表面上做出要回去的样子。这两个人既佩服将军的英名，又乐于看到将军离去，我想他们一定会轻装骑马来送将军，我们可以乘机把他们捉住，吞并他们的部队，再向成都进军，这是中策。退回白帝城，联合荆州的力量，再慢慢图谋巴蜀，这是下策。现在如果再不下决断，就要招致危险。"刘备采用了庞统的中策，刘备写信给刘璋，说："曹操进攻江东，孙权和我唇齿相依，而关羽兵力薄弱，现在不去救孙权，曹操一定会夺取荆州，进而侵犯巴蜀边界，这远比张鲁威胁更大。张鲁是个只求自保的贼寇，不足为虑。"刘备要求刘璋给他增拨 1 万名士兵和大量粮草，刘璋只允许拨给 4000 人，粮草也都只给一半。刘备就以此为借口，激怒他部下的将士说："我们为刘璋讨伐强敌，士卒劳苦，而刘璋却爱惜财物，如此吝啬，我们为什么要为他死战呢！"

张松不知刘备用计，写信给刘备和法正说："现在大事马上即可完成，怎么能放弃这里离去呢？"张松的哥哥、广汉郡太守张肃知道张松的密谋后，恐怕祸事会连累自己，就告发了张松。刘备逮捕张松，将他斩首，同时，向各关口要塞守将发布文书，命令他们都不要再与刘备往来。刘备大怒，召见刘璋部下的白水军督杨怀、高沛，责备他们对客人无礼，把这两人斩首，吞并了杨怀、高沛的部队，进军涪城。

占领涪城后，刘备大宴群臣，对庞统说："今天真是高兴啊！"庞统却说："把讨伐别国当作快乐，不是仁者之兵。"这时刘备喝醉了，大怒："武王伐纣，前歌后舞，难道不是仁义之师吗？你说得不对，给我出去！"于是庞统起身退出。但刘备马上后悔，请庞统回来。庞统回到原来的位置上坐下，不看刘备，也不道歉，只顾自己吃喝。刘备问道："刚才我们俩谁错了？"庞统说："君臣都错了。"刘备大笑。

占据巴蜀

益州从事郑度听说刘备起兵，对刘璋说："刘备孤军深入，带来的士兵不到1万人，而且没有后勤补给，只能靠抢掠乡间的粮草。我们最好的办法就是把百姓迁徙出来，烧光乡间的田地，然后坚守不出，不到100天，刘备必然会撤军，我们乘胜追击，可以活捉刘备。"刘备听说后，十分忧虑，向法正问计，法正说："刘璋最终不会采用郑度的计策，您不必担心。"刘璋果然对群臣说："我听说过抵抗敌人以保护百姓，从未听说要迁徙百姓来躲避敌人的。"并没采用郑度的计策。

刘璋派部将张任、冷苞、邓贤、吴懿等抵抗刘备，都被击败，退守绵竹，吴懿向刘备大军投降。刘璋又派护军李严、费观统率绵竹的各路军马，但李严、费观也率领自己的部下向刘备投降。刘备军队的势力更加强大，分派部下将领去占领周围各县。张任与刘璋的儿子刘循退守雒城，刘备进军把雒城围住。张任率军出城，在雁桥与刘备军大战，张任战败，被刘备生擒，刘备劝说张任投降，张任说："老臣终不复事二主矣！"刘备无奈，将其杀死。

《三国演义》中，擒住张任的是诸葛亮，其实，刘备斩杀张任时，诸葛亮还在荆州呢。

刘备虽然擒杀张任，但还是无法攻下雒城，便请求荆州支援。诸葛亮留关羽守卫荆州，与张飞、赵云率兵溯长江而上，到江州，生擒了巴郡太守严颜。张飞呵斥严颜："我大军已到，你为什么不投降，还敢负隅顽抗！"严颜说："卿等无状，侵夺我州。我州但有断头将军，无降将军也！"张飞大怒，命令左右部属把严颜拉出去斩首。严颜面不改色，说："斫头便斫头，何为怒邪！"张飞佩服严颜的胆魄，将他释放，礼遇严颜，严颜这才投降。攻克江州后，诸葛亮兵分两路，南路赵云经外水走江阳、犍为，北路张飞走巴西、德阳，两路人马计划在成都会师。

《三国演义》中，从荆州出发时诸葛亮与张飞即兵分两路，张飞一路在江州生擒严颜。其实，从荆州走三峡到进入巴蜀，江州是必经之路，出了江州，地形才变得开阔。生擒严颜时，诸葛亮、张飞、赵云尚在一起，攻克江州后才兵分两路。

　　刘备围攻雒城近一年，期间，庞统被流矢射中而死，时年36岁，刘备十分伤心，一提起庞统就落泪。

　　《三国演义》中，庞统被张任设伏射死于落凤坡，庞统死后，刘备派关平向江州求援。其实，早在庞统死前一年，张任就已经被刘备擒杀，庞统死于落凤坡也于史无本。而且，在庞统死之前，诸葛亮已经与张飞、赵云从荆州出发前来支援刘备了。

　　法正写信给刘璋，分析了形势强弱，并说："左将军刘备起兵后，对您仍有旧情，实际上没有恶意。我认为您应改变态度，以保住家门的尊贵。"刘璋未予答复。刘备攻破雒城，进而包围了成都。诸葛亮、张飞、赵云也率兵前来会合。刘备又派李恢去游说寄居张鲁处的马超，马超认为张鲁不足以成大事，率部投奔刘备，驻扎在成都北部，刘璋听到这个消息后十分震惊。

　　《三国演义》中，张飞与马超在葭萌关挑灯夜战三百回合，故事很精彩，但完全是虚构的。

　　刘备包围成都数十天，派简雍进城劝降刘璋。此时成都城中还有精兵3万人，粮草可以支持一年，将士和百姓都愿死战到底。刘璋说："我们父子统领益州20余年，对百姓没有什么恩德。百姓苦战3年，曝尸荒野，是因为我刘璋的缘故，我怎能安心！"因此命令打开城门，和简雍同乘一车出城投降，刘璋部属无不伤心落泪。刘备把刘璋安置在荆州公安，归还他的全部财物，并封刘璋为振威将军。

　　刘备又大摆酒宴，犒劳士卒，取出城中存放的金银，分赐给将士，还有人建议把成都的田宅分给将领们。赵云说："霍去病曾认为匈奴尚未消灭，不应考虑自己的家业。现在的国贼远非匈奴可比，我们不能贪图安乐。等到天下都安定以后，将士们重归故里，在自己的田地上耕作，才会各得其所。益州的百姓，刚刚遭受兵灾战祸，田宅都应归还原来的主人，使百姓平安定居，恢复生产，然后才可以向他们征发兵役，收取租税，获得他们的好感。不应该夺取他们财物，以私宠自己所爱的将领。"刘备接受了赵云的意见。

刘备自任益州牧，任命诸葛亮为军师将军，董和为掌军中郎将，马超为平西将军，法正为蜀郡太守、扬武将军，黄忠为讨虏将军，麋竺为安汉将军，简雍为昭德将军，孙乾为秉忠将军，黄权为偏将军，许靖为左将军长史，庞羲为司马，李严为犍为太守，费观为巴郡太守，伊籍为从事中郎，刘巴为西曹掾，彭羕为益州治中从事。

刘备入川之战是中国历史上第一次有人从荆州走三峡逆流而上打下巴蜀，也是一次无后勤作战，能做到这两点要得益于刘备与刘璋的特殊关系。刘备虽然赢得了巴蜀，但他经营多年的良好政治形象却因为这一战损失殆尽。此战一过，天下人发现刘备和曹操并没有什么不同。

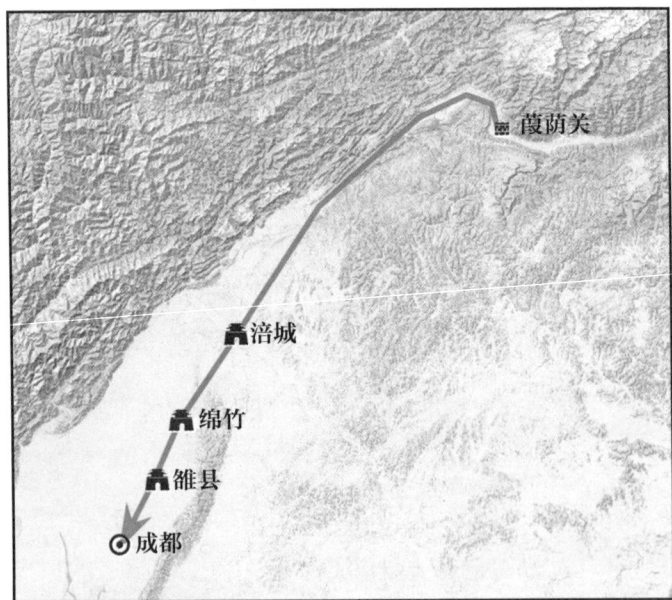

︿ 刘备进军成都的路线

夷陵之战

执意东征

黄初二年（221年）四月，汉中王刘备称帝，改元章武，以诸葛亮为丞相，立刘禅为太子，娶车骑将军张飞的女儿为太子妃。同时，刘备准备进攻孙权，为关羽报仇。赵云劝谏说："国贼是曹操，而不是孙权。如果先灭掉魏国，则孙权自然归顺。现在曹操虽然已经死去，但他的儿子曹丕篡夺了汉朝的皇位。我们应当顺应民心，尽早夺取关中，占据黄河、渭水上游，居高临下征讨叛逆，函谷关以东的义士，一定会自带军粮，驱策战马迎接陛下的正义之师。我们不应置曹操而不顾，先和孙权开战。两国战端一开，不可能很快结束，这不是上策。"刘备没有听从赵云的建议。当时法正已死，诸葛亮感叹："法孝直若在，则能制主上，令不东行，就复东行，必不倾危矣。"种种迹象表明，诸葛亮也是反对东征的，但是他作为丞相，应该与君主的意见保持一致，所以并没有坚决阻止刘备。

刘备计划命张飞率领万人由阆中会师江州，但是发兵之前，张飞帐下将领范强、张达杀死了张飞，二人带着张飞的头颅顺江而下投降孙权。张飞在蜀将中地位仅次于关羽，关羽善待卒伍而骄于士大夫，张飞爱敬君子而不恤小人。刘备经常告诫张飞："你刑罚过严，又总把那些受过鞭打的将士留在自己的身边，这是取祸之道啊。"刘备对张飞之死早有预感，张飞手下来报告时，刘备并未看到奏章，就说："哎呀！张飞死了！"陈寿评价关羽刚而自矜，张飞暴而无恩，都是以短取败。关羽、张飞与刘备恩若兄弟，张飞之死更增加了刘备东征的决心。

《三国演义》中，为了增加戏剧性，虚构了张飞睡觉不合眼的习惯，这是没有历史根据的。小说中，范强、张达被孙权送回蜀汉被杀，也不符合史实。如果孙权笨到送回投降他的人，以后谁还会投降呢？

张飞死后，刘备深感缺乏有经验的战将，在其余宿将中，马超生病，于当年病死；黄忠在两年前亡故，并未如《三国演义》那样参加东征；魏延镇守汉中离不开；赵云又由于反对东征被刘备留在后方，刘备只能御驾亲征。

七月，刘备以诸葛亮留守成都辅佐刘禅，赵云在江州督押粮草，亲自率领各路军马进攻东吴，孙权派使臣向蜀汉求和。诸葛亮的哥哥诸葛瑾写信给刘备："陛下您和关羽的感情，和先帝比哪个亲？荆州的面积，和天下比哪个大？如果报仇，哪个在先，哪个在后？如果把这个道理想明白，问题就简单了。"刘备没有听进去，率军进攻，先后攻克巫县和秭归，驻军猇亭。

刘备连营

孙权任命孙策的女婿陆逊为大都督，前往夷陵驻守，临行前，孙权与陆逊有一次长谈，谈话中，孙权点评了陆逊的3位前任周瑜、鲁肃、吕蒙："周瑜英武刚烈，胆略过人，击败曹操，夺取荆州，他的功业后人难继，现在就看你的了。当年周瑜邀请鲁肃来江东，引荐给我，我与他榻上长谈，他为我谋划了统一天下的战略计划，这是一个功劳。后来曹操南下，刘琮投降，扬言率领水陆数十万人进攻江东。我与诸将商议对策，很多人都说应该投降曹操，但是鲁肃认为不可，建议我召回周瑜，周瑜果然击败曹操，这是第二个功劳。不过，鲁肃后来劝我把荆州借给刘备，这是他的一个错误。但是，他的一个错误无损他的两个功劳，我们不能要求一个人完美，所以我忘记鲁肃的错误而称赞他的功劳。吕蒙年轻时候，我认为他仅仅是果敢胆大而已，等他成长后，学问渐长，计策精妙，仅次于周瑜，只是才气上稍逊一筹。夺取荆州擒杀关羽的功劳要强于鲁肃，鲁肃曾对我说：'帝王兴起，要分清主次，关羽不足为虑。'其实，鲁肃对付不了关羽，只是在找借口而已，我也宽恕他，不再求全责备了。但是，鲁肃治军有法，屯营不失，令行禁止，人尽其用，路无拾遗，也是很不错的。"

陆逊率军5万在夷陵坚守，蜀军无法攻破，从巫峡到夷陵连营700里。曹丕听说蜀军连营，对他的大臣们说："刘备不懂军事，哪有连营700里还能和敌人对峙的！在杂草丛生、地势平坦、潮湿低洼、艰险阻塞等处安营的军队，一定会被敌人打败，这是兵家大忌，孙权的捷报很快就会送到。"

《三国演义》中，马良将刘备连营图本送给诸葛亮看，诸葛亮拍案叫苦："是何人教主上如此下寨？可斩此人！"其实，刘备连营也是无奈之举，三峡一段两岸都是高山，只能在山脚安营，并无第二种安营办法，因此战线拉得很长。

陆逊与刘备从正月对峙到六月，其间，吴国将领多次请求出兵迎击，陆逊说："刘备率军沿长江东下，锐气正盛，而且居高临下，坚守险要，难以进攻。即使成功，也不能将刘备彻底击败，如果失败，将损伤我们的主力，造成不可挽回的损失。目前，我们只有激励将士，多听意见，听观其变。如果这一带是平原旷野，我们还需担心被突然袭击。但如今他们沿着三峡扎营，不仅兵力无法展开，反而因困在树木乱石之中补给会出现问题。"

陆逊部下的将领很多是三世老臣或王公贵族，骄傲自大，不服从陆逊指挥。陆逊手按宝剑说："刘备天下闻名，曹操都忌惮他，如今率领大军进入我国境内，是我们的强敌。诸位多受国恩，应该和睦相处，齐心合力消灭强敌，以报国家。但是，你们却不服从我的指挥，究竟为什么？我陆逊虽为一介书生，却是奉了主公的命令。主公之所以委屈各位做我的部下，是因为我有一个优点，就是能

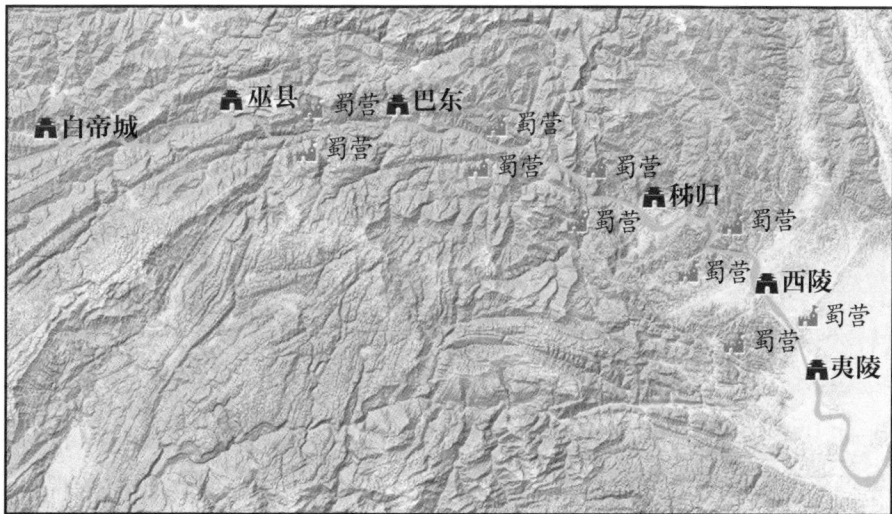

∧ 刘备连营 700 里

∧ 狭窄的三峡

忍辱负重。希望大家各尽其能，不要推脱，军法无情，不可违犯！"

一次，刘备命令吴班率数千人在平地扎营，吴军将领都要求出击，陆逊说："这一定有诡诈，我们先观察观察。"刘备见计划落空，只好命令 8000 名伏兵从山谷中出来。陆逊说："我之所以没有听从诸位的建议进攻吴班，就是担心其中有诈。"

陆逊向孙权上书说："夷陵是军事要地，国家的关键，得到容易，失去也容易。失去夷陵，损失的不仅是一个郡，甚至是整个荆州。今日争夺夷陵，一定要彻底取得胜利。刘备违背天理，不守护自己的巢穴，竟敢前来送死，臣虽不才，凭借大王的威名，以正义征讨邪恶，破敌就在眼前。刘备这辈子打仗败多胜少，不足为惧。我当初担心刘备会水陆并进，现在他却舍水路不走，从陆路进发，连营700里，观察他的军事部署，一定不会有什么变化了。主公您可以高枕无忧，不必挂念了。"

陆逊反击

闰六月，陆逊准备向蜀军发动进攻，部下将领都说："发动进攻，应在刘备立足未稳的时候，如今蜀军已深入我国五六百里，和我们对峙七八个月，占据了险要，加强了防守，现在进攻不会顺利。"陆逊说："刘备是个很狡猾的家伙，实战经验丰富，蜀军刚集结时，他思虑周详，我们无法向他发动攻击。如今蜀军已驻扎很长时间，却仍找不到我军的漏洞，将士疲惫，心情沮丧，再也无计可施。现在正是我们对他前后夹击的好机会。"陆逊下令先向蜀军的一个营寨发动攻击，但被蜀军击败，将领们都说："白白损兵折将！"陆逊说："我已经有了破敌之策。"命令战士每人拿一束茅草，用火攻击，果然击退蜀军。陆逊如法炮制，乘势率领各路兵马全面出击，斩杀张南、冯习及胡王沙摩柯，攻破蜀军营寨40余座。

《三国演义》中称沙摩柯是南蛮人，但从《三国志》称其"胡王"来看，沙摩柯应该是关西陇右人。小说中，沙摩柯射死甘宁后被周泰杀死，于史无本。

刘备登上马鞍山，亲自指挥部队，陆逊率领吴军四面围攻，缩小包围圈，蜀军土崩瓦解，战死1万余人，尸体漂在长江江面，顺流而下。刘备连夜逃走，驿卒在路口点燃铠甲放火，阻挡吴军的追击，赵云也从江州前来支援，刘备才得以逃入白帝城。刘备悲愤交加，说："我被陆逊羞辱，这是天意啊！"

《三国演义》中，刘备逃跑时被朱然截住，多亏赵云前来，一枪刺死朱然才救出刘备。但在正史中，朱然在夷陵之战20年后才病死。

将军傅肜掩护大军撤退，部下全部战死，他却愈战愈勇，吴军劝他投降，他大骂："吴狗，安有汉将军而降者！"最终战死。

从事祭酒程畿逆长江乘船撤退，部下说："后面追兵紧迫，应把两船联结的方舟拆开，轻舟撤退。"程畿说："吾在军，未习为敌之走也！"不久战死。

黄权在江北，返回蜀国的道路断绝，走投无路，黄权说："我受到刘备的恩惠，不能投降吴国，也回不去蜀国，只能投奔魏国了。"于是率部投降魏国。有官员向刘备请示是否逮捕黄权的妻小，刘备说："是我对不起黄权，不是黄权对不起我。"仍同以前一样对待黄权的家属。

刘备退回白帝城，觉得白帝城名字不吉利，改名永安。多名吴将向孙权上表，要求进攻永安，生擒刘备。孙权征询陆逊意见，陆逊上书说："曹丕正在调集军队，表面上宣称帮助我们讨伐刘备，实际包藏祸心，请您下令全军退回。"

《三国演义》中，陆逊退军是因为诸葛亮摆出了八阵图，八阵图是否真的存在，是否可以抵挡 10 万大军，目前都没有史料可以证明。

夷陵之败悲愤交加，刘备病重，把诸葛亮从成都召到永安，托付后事。刘备对诸葛亮说："君才十倍曹丕，必能安国，终定大事。若嗣子可辅，辅之；如其不才，君可自取。"诸葛亮哭着说："臣敢竭股肱之力，效忠贞之节，继之以死！"刘备给刘禅写信："人活到 50 岁就是长寿了，我已经活了 60 多岁，还有什么遗憾，只是牵挂你们兄弟。你们要努力，要努力啊！不要因坏事很小就去做，也不要因为好事很小就不去做！只有贤明和德行，才会使人折服。父亲德行浅薄，不值得你们效法。你与丞相共同处理政务，对待他要像父亲一样。"章武三年（223 年）四月，刘备病逝于永安，谥号为昭烈皇帝，时年 63 岁。五月，刘禅即皇帝位，事无巨细，都由诸葛亮决定。

王濬灭吴

早在灭蜀之前，司马昭就认为"吴国幅员辽阔水路众多，攻打吴国运兵困难，不如先攻取巴蜀，3 年之后，顺流而下，水陆并进，效仿春秋时晋献公先灭虢国再乘势攻取虞国的方法。"

咸宁二年（276 年），征南大将军羊祜请求伐吴，羊祜认为伐吴必须凭借长江上游的高地势顺流而下。当时吴国有童谣："阿童复阿童，衔刀浮渡江，不畏岸上兽，但畏水中龙。"羊祜听到后说："这预示伐吴水军会成功，要想想哪个人对应童谣中的阿童。"当时益州刺史王濬被征召任大司农，羊祜认为王濬可以担当伐吴重任，而王濬的小字正是阿童。因此，羊祜表奏王濬监益州诸军事，加龙骧将军，密令王濬修造战船，准备伐吴。

王濬造连舫大船，方120步，每艘可装载2000余人。大船周边以木栅为城，修城楼望台，有4道门出入，船上可以来往驰马。又在船头画上鸟首怪兽，以恐吓江神。船舰规模之大、数量之多，亘古未有。王濬在巴蜀造船，削下的碎木片浮满江面，顺流漂下。吴国建平太守吾彦把木片呈给吴主孙皓说："晋国一定有进攻我们的打算，应在建平增兵防守，建平攻不下，晋军终不敢东下。"孙皓不听，吾彦无奈，只得用铁锁横断江路。

《三国演义》中，提出铁锁横江计划的是宦官岑昏，与史有悖，抹黑太监是中国古代文人的一贯做法。

当时朝中大臣对伐吴纷纷议论谏阻，王濬向司马炎上疏说："臣多次查访研究吴楚的情况，孙皓荒淫凶暴，荆扬一带无论贤愚，没有不怨恨的，观察目前形势，应从速伐吴。今日不伐，形势变化不可预测。如果孙皓突然死去，吴人更立贤主，文武各得其所，人尽其才，则吴国就成了我们的强敌。再者，臣造船已经7年，战船日渐腐朽损坏，另外臣年已70，死期临近。以上三事如不遂人愿，伐吴更加困难。诚恳希望陛下不要失去良机。"司马炎坚定了伐吴的决心，命王濬统领蜀军，作为西路主力。

西晋太康元年（280年）正月，王濬率军7万，乘坐所造战船，从成都出发沿江东下。二月，王濬攻破秭归附近的丹阳，擒吴丹阳监盛纪。吴人将江边浅滩上的要害区域，用铁锁拦住，还打造了一丈多长的大铁锥，暗中放进江里，用以阻挡战船。王濬就做了几十个大木筏，方百余步，筏上扎成草人，被甲执杖，令善水士兵乘筏先行，铁锥刺到筏上都被筏带去。又做火炬，长10余丈，大数十围，灌上麻油，放在船前，遇到铁锁，就点起火炬，将铁锁熔化烧断，这样一来，战船通行无阻。

二月初三，王濬攻克西陵，俘获吴镇南将军留宪、征南将军成据、宜都太守虞忠。初五，攻克荆门、夷道二城，俘获监军陆晏。初八，攻克乐乡，俘获陆逊的孙子水军都督陆景。王濬一路兵不血刃，从武昌顺着长江直接向建业进逼。吴主孙皓派遣游击将军张象率领舟师1万人抵抗，张象望见王濬的旌旗就投降了。王濬士兵布满长江，旌旗映照天空，气势逼人，吴人异常恐惧。

三月，王濬率军8万，乘着相连百里的战船，擂鼓呐喊进入石头城。吴主孙皓把自己绑起来，带着棺材，出城投降。王濬替孙皓松绑，焚烧了棺材，宴请孙皓，接受了吴国的户籍，共计52.3万千户，230万人，23万名士兵，3.2万名官员。至此，吴国灭亡，从229年孙权称帝，到280孙皓投降，共历时52年。

大约60年前，刘备走陆路进攻东吴，但被陆逊在夷陵用火攻击败。事实证明，从巴蜀进攻荆州最好的办法是走水路沿长江顺流而下。刘备也知道这点，但当时的刘备没有足够的时间和资源，无法造出王濬那样的楼船。

四月，司马炎召孙皓到京都洛阳，被封为归命侯。孙皓上殿向司马炎磕头，司马炎对孙皓说："朕设此座以待卿久矣。"孙皓说："臣子南方，亦设此座以待陛下。"司马炎大笑。太尉贾充对孙皓说："听说你在南方挖人的眼睛，剥人的脸皮，这是什么罪的刑罚？"孙皓说："为臣弑君及奸诈不忠的人才会受到这样的刑罚。"贾充曾弑杀魏帝曹髦，听到孙皓这样说，心中愧疚，沉默不语。

五月，司马炎大赏群臣，封王濬为辅国大将军，襄阳县侯。太康六年（286年）王濬去世，终年80岁。

唐代诗人刘禹锡在他的《西塞山怀古》中这样写道：

王濬楼船下益州，

金陵王气黯然收。

千寻铁锁沉江底，

一片降幡出石头。

荆州与江东之间的战争

荆州与江东之间的军事通道

荆州与江东之间北有大别山，南有幕阜山、九岭山、罗霄山，唯一的军事通道就是夏口到柴桑之间的长江航道。

汉水的下游叫夏水，夏水的入江口即为夏口，也称汉口。夏水与长江汇合后，河道变宽，无险可守，因此，夏口相当于荆州的东大门。夏口南临大山，三方阻水，易守难攻。宋代祝穆曾说："夏口城依山负险，周围不过二三里，而历代攻围，多不能破。"从夏口出发，随流而下用不了一天就可以抵达柴桑。因此，夏口相当于悬在江东头上的一把利剑，随时可以砍下来。孙权为了拿下这把剑，多次进攻夏口，但始终无法攻克。赤壁之战后，孙权从刘琦处获得夏口，为了加强防御，孙权在夏口附近修筑武昌城，后来武昌和夏口（汉口）合并为一个城市，即为武汉。

柴桑是江东的西大门，因柴桑山而得名，又称九江、浔阳。柴桑位于长江与鄱阳湖的交汇处，过了柴桑，也就穿过了大别山与幕阜山之间的地带，地势豁然开朗。如果把夏口与柴桑之间的航道比作一个细长的喇叭，那柴桑就是喇叭口。《读史方舆纪要》称柴桑为"湖广、江南之腰膂"。赤壁之战前，孙权"军在柴桑，观望成败"，《三国演义》中舌战群儒、群英会、孔明吊孝等故事都发生在这里。

孙权征黄祖

国仇家恨

建安五年（200年），孙策遭到许贡门客行刺，不久去世。孙权被东汉朝廷册拜为讨虏将军，兼领会稽太守，驻守吴郡，开始掌管江东。

周瑜为孙权引荐了鲁肃，孙权立即接见鲁肃，与他交谈，大为赏识。等到宾客都告辞后，孙权单独留下鲁肃，把坐榻合在一处，相对饮酒。孙权说："今

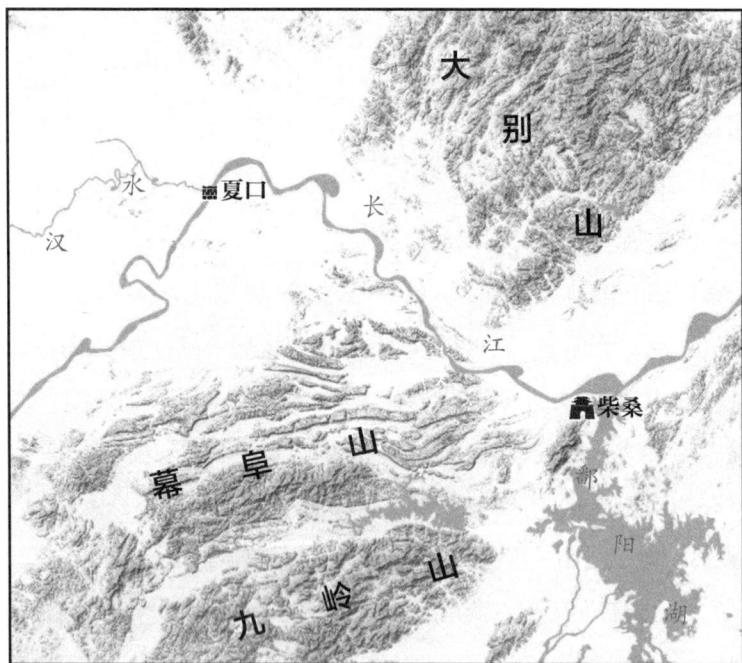

∧ 荆州与江东之间的军事通道

汉室倾危，四方云扰，孤承父兄余业，思有桓文之功。君既惠顾，何以佐之？"
鲁肃说出了著名的榻上策：

"昔高帝区区欲尊事义帝而不获者，以项羽为害也。今之曹操，犹昔项羽，
将军何由得为桓文乎？肃窃料之，汉室不可复兴，曹操不可卒除。为将军计，
唯有鼎足江东，以观天下之衅。规模如此，亦自无嫌。何者？北方诚多务也。
因其多务，剿除黄祖，进伐刘表，竟长江所极，据而有之，然后建号帝王以图
天下，此高帝之业也。"

鲁肃认为，汉室已经不可能复兴，曹操也不可能彻底除掉，当前应该以江
东为基础，趁曹操在北方作战的时机，占据刘表的荆州，然后利用长江之险与
曹操南北对抗。孙权说："如今我尽力经营一方，只是希望辅佐汉王室罢了，
你所说的这些我还没有想到。"从此，孙权非常看重鲁肃。

对于鲁肃剿除黄祖的计划，孙权非常赞同，因为黄祖与孙权有杀父之仇。初平二年（191年），袁术命孙坚征讨荆州，刘表派黄祖迎战，孙坚击败黄祖，乘胜追击，渡过汉水，包围襄阳，孙坚单马行至岘山，被黄祖军士射杀。

而且，在孙权进攻黄祖之前，黄祖就曾经派儿子黄射进攻过江东的柴桑。当时柴桑守将徐盛的士卒不满200人，面对黄射数千人的进攻毫不畏惧，凭险而守，一举击杀黄射千余人。徐盛见黄射士卒胆怯，趁机开城出战，击退黄射。

国仇家恨放到一起，孙权发誓夺取夏口。

甘宁叛逃

建安八年（203年），孙权以报父仇为名进攻夏口，派破贼校尉凌操为先锋，黄祖大败，仓皇逃走。凌操独自一人驾小舟追讨黄祖，遇到黄祖部将甘宁，甘宁善于射箭，一箭射杀凌操，黄祖这才幸免于难。当时，凌操的儿子凌统只有15岁，但全军上下都称赞他有能力，孙权让凌统接任破贼校尉，继续带领凌操的部队。

《三国演义》中，凌操死后，15岁的凌统在战场上把父亲的尸首抢了回来，这件事缺乏史料依据。

甘宁是巴蜀巴郡人，有武力，好游侠，经常头插鸟羽，身佩铃铛，人们一听铃响，便知是甘宁来了。在巴郡时，甘宁纠集精壮武士纵横江湖，因其常用蜀锦做船帆，人们都称呼他们为"锦帆贼"。甘宁反对刘璋不成，带着800亲兵投奔刘表，见刘表不足以成大事，想逃往江东，却被黄祖截住，只能依附黄祖，黄祖因甘宁身份低微并不重用。

夏口之战，甘宁射杀凌操，救了黄祖一命，但黄祖对甘宁态度并没有什么改变。黄祖的都督苏飞多次推荐甘宁，但黄祖仍然不用，甘宁非常沮丧。苏飞看出了甘宁的想法，邀请甘宁来喝酒，对甘宁说："我多次向黄祖推荐你，但是黄祖不用，日月穿梭，人生几何，长远打算，应该早日找到明主。"甘宁想了一会儿，说："我虽然有这个想法，但不知道该找什么理由离开。"苏飞说："我准备推荐你为郑县县长，你去了以后，就可以趁机逃走了。"甘宁说："太感谢您了！"于是，按照苏飞的计划，甘宁叛逃东吴。

由于周瑜、吕蒙的推荐，孙权对甘宁十分器重，给他同老臣一样的待遇。甘宁向孙权献计："如今汉室国运日益衰微，曹操愈加骄横专断，最终要成为篡汉的国贼。荆州这个地方，地形便利，江河通畅，是我们东吴西面的屏障。在我看来，刘表行将就木，其子顽劣，根本守不住荆州。孙将军应该先下手为强，不要落在曹操之后。想要占据荆州，先要讨伐黄祖。黄祖年老，昏庸无能，钱粮缺乏，他身边的人都欺骗他。而且他贪财吝啬，克扣军饷，将士早就生有怨心。黄祖军中的舟船武器，年久失修，农田荒废，军粮短缺，士卒懒散，缺乏训练。如果孙将军现在前往，一定会取得胜利。击败黄祖后，乘胜西行，可以占据荆州，甚至图谋巴蜀。"

甘宁的计划比鲁肃更进一步，剿除黄祖，进伐刘表之后还多了个远期目标"渐规巴蜀"。但是，当时在座的张昭却不同意甘宁的意见，他说："江东应该谨慎行事，如果大军西征，恐怕导致混乱。"甘宁也不客气，对张昭说："国家将与萧何相同的职务托付给阁下，而您却不思进取担心出乱子，用什么来追慕古人呢？"孙权见二人争执，就举杯劝甘宁喝酒，并说："兴霸，今年我就西征，如同这杯酒一样，我决定把它拜托给你了。如果你能想办法提出一个方案，帮我击败黄祖，头功就是你的，何必计较张长史的话呢！"

剿灭黄祖

建安十三年（208年），孙权再次进攻夏口，这次担任前锋的是前任先锋凌操的儿子凌统。凌统和亲兵数十人共乘一船，深入敌人腹地，离本方大部队几十里之远。凌统进入敌营，斩杀黄祖部将张硕，俘虏全船士卒，回来向孙权报告，再率军水陆并进，冲入敌营。

当时，黄祖用两艘艨艟巨舰横在江面堵住夏口，并用棕榈树做的大绳子拴住石墩沉入江底作为船锚。艨艟巨舰上布置上千人，用弓弩交错射击，矢如雨下，东吴军队无法靠近。偏将军董袭与凌统各自率领敢死队 100 人，每人身披两层铠甲，乘坐大船，撞向黄祖的艨艟巨舰。董袭亲手用刀砍断两根大绳子，艨艟顺了过来，孙权大军才得以继续挺进。

黄祖派都督陈就率水军抵挡，吕蒙亲手将其斩首，吴军将士乘胜追击，水陆并进，出动全部精锐部队猛攻，黄祖逃走，被骑军将领冯则追上斩杀。

《三国演义》中，斩杀黄祖的人物变成了甘宁，这虽然与史有悖，但使得故事情节前后呼应，更加完善。

孙权预先制作了两个木盒，打算装黄祖与苏飞的人头。获胜后，孙权为诸将领摆宴庆功，甘宁走下座位，向孙权不停叩头，血泪齐流，对孙权讲述苏飞从前对待自己的恩德："我甘宁如果没有遇到苏飞，不知道已经死在什么地方了，无法像现在这样为您卖命。现在苏飞罪该万死，但我请求将军饶他一命。"孙权为甘宁的话所感动，说："现在我因为你放了他，如果他逃跑怎么办？"甘宁说："苏飞能免于死刑，受到您再生的大恩，赶他他都不会走，怎么会打算逃跑呢！如果他这样做，我甘宁的人头将代替他放入木盒里。"孙权于是下令赦免苏飞。

凌统与甘宁有杀父之仇，甘宁常常躲着凌统，不与相见，孙权也劝凌统不要记仇。一次，众将在吕蒙家中聚会，酒喝到兴头上，凌统舞刀助兴。甘宁起身说："宁能双戟舞。"吕蒙怕二人打起来，操刀持盾，隔在二人中间说："宁虽能，未若蒙之巧也。"孙权知道此事后，把甘宁与凌统安排到不同的地方。

《三国演义》中，甘宁曾射箭救过凌统，二人最终结拜为兄弟，这个结局是美满的，但却没有史料依据。

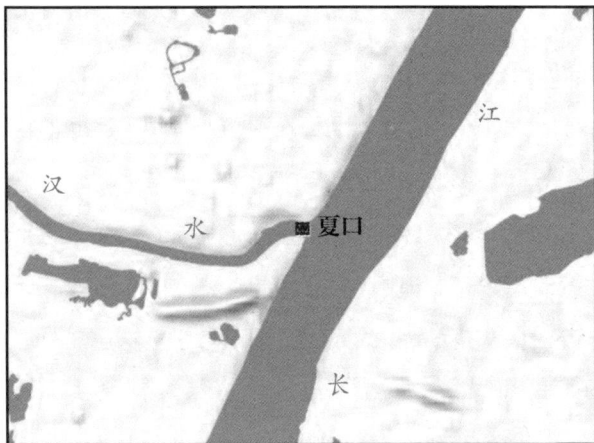

∧ 夏口的位置

荆州与岭南之间的战争

荆州与岭南之间的军事通道

　　荆州与岭南之间有五岭阻隔，五岭也称南岭，包括大庾岭、骑田岭、都庞岭、萌渚岭、越城岭5座山岭，是中国南部最大的横向构造带山脉，毛泽东有诗曰："五岭逶迤腾细浪，乌蒙磅礴走泥丸。"由于五岭的存在，东汉之前荆州与岭南的交通很不方便，大宗物资根本无法运输。东汉建初八年（83年），大司农郑弘开辟了贯穿五岭的零陵峤道和桂阳峤道，加强了荆州与岭南之间的交流，峤道即山路。

　　《读史方舆纪要》称零陵"列嶂拥其后，重江绕其前，联粤西之形胜，壮荆土之屏藩"，称桂阳"北瞻衡岳之秀，南当五岭之冲，控引交广，屏蔽湖湘"。如果我们把三国时期的中国版图比作一个人，那么荆州到广西的零陵峤道是这个人的左腿，荆州到广东的桂阳峤道就是这个人的右腿，而荆州的长沙郡就是这个人的胯部，在长沙郡的衡阳将零陵峤道和桂阳峤道一分为二。

　　零陵峤道由长沙郡的衡阳出发，经零陵、始安到广信，由广信可以到番禺，

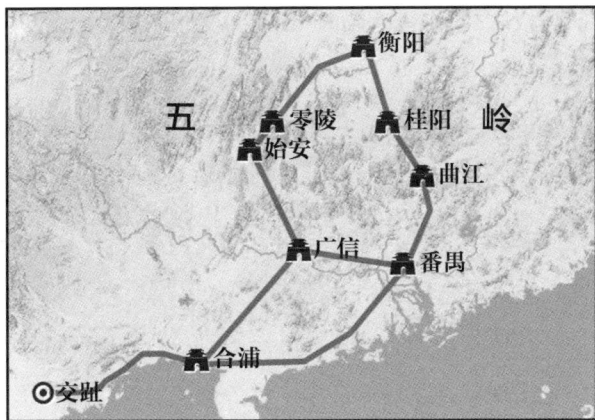

∧ 荆州与岭南之间的军事通道

也可以经合浦到交趾。这条路是在湘桂古道的基础上修建的，湘桂古道是秦始皇开辟的水路，衡阳到零陵走湘水，零陵到始安走灵渠，始安到广信走漓江。秦始皇平岭南，马超的祖先东汉伏波将军马援平交趾走的都是这条水路，经郑弘改造后变成陆路。

桂阳峤道是由长沙郡的衡阳出发，经桂阳、曲江到番禺，由番禺可以到广信，也可以经合浦到交趾。

东汉末年，天下大乱，零陵峤道和桂阳峤道遭受巨大的破坏，许靖给曹操的信中就写道："会苍梧诸县，夷越蜂起，州府倾覆，道路阻绝。"特别是桂阳峤道，战乱后几乎无法通行。由于零陵峤道有湘桂古道做基础，所以相对桂阳峤道情况要好一些，在很长时间里，零陵峤道成为荆州到岭南的唯一通道。

步骘征交州

东汉末年，岭南地区因地处偏远而难以管制，前交州刺史朱符逃亡、接替朱符的张津被杀。刘表治理荆州时派赖恭担任交州刺史，吴巨担任苍梧太守。建安十五年（210年），吴巨和赖恭二人结怨，互相攻击，吴巨将赖恭驱逐到零陵郡，赖恭向孙权求援，孙权随即封步骘为交州刺史、立武中郎将，统领武射吏千余人南行接管交州。

步骘行进到零陵，发现道路不通，派使臣告知吴巨。吴巨听说东吴派兵前来，决定投降，赶到零陵迎接步骘，亲自为步骘带路，步骘这才得以进入岭南到达苍梧。吴巨当时有5000士卒，见到步骘实际上只带来了400多人，有些后悔。吴巨态度的转变，步骘有所察觉，步骘担心被吴巨暗算，决定先下手为强。

步骘邀请吴巨到住处参加酒会，吴巨去之前，把兵权交给他的心腹区景，告诉区景自己一旦出现意外，马上进攻步骘。请到吴巨后，步骘又去请区景，区景开始推脱不去，但步骘多次去请，区景盛情难却，最终前往。吴巨和区景到齐后，步骘将他们两个杀死，并斩首示众，吴巨残部见吴巨和区景都被杀死，纷纷投降。

杀死吴巨后，步骘坐船沿珠江进攻南海郡。南海郡的吴巨旧部衡毅、钱博拒不投降，率兵抵抗，与步骘的部队在高要峡口进行交战，衡毅战死，钱博先

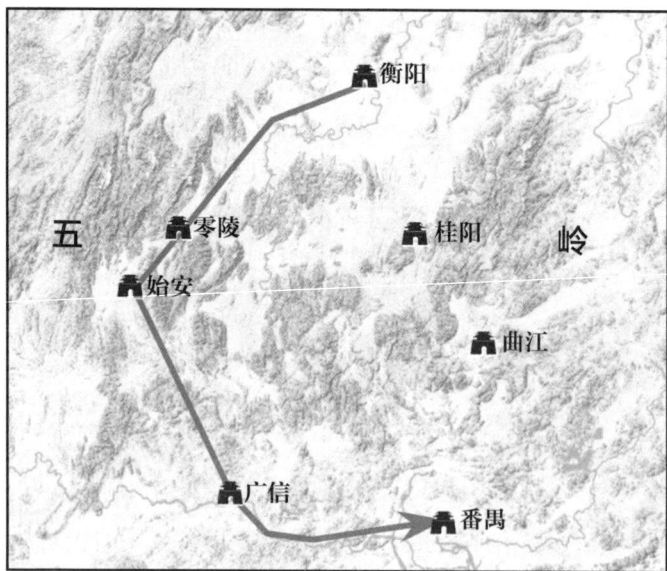

∧ 步骘征交州路线图

是逃走后又投降。

步骘接连胜利，名声大振，岭南地区的实际控制者士燮率领兄弟也表示归顺。至此，至少在政治角度上，岭南地区全部归附。

在《三国演义》中，步骘先后出现过 5 次，每一次都只有一两句台词，读者印象较深的恐怕还是舌战群儒时他被诸葛亮问得哑口无言的情节。步骘带400 名士卒征服岭南的事迹《三国演义》并没有提到，实在有些遗憾，如果这个素材被罗贯中采用，肯定能写成一个精彩的故事。

收官

三分归晋

第五章

从群雄割据到三足鼎立

公元 190 年，董卓乱政，群雄并起，天下大乱，最多的时候割据势力达到了 11 股。

曹操 192 年起兵占据中原，198 年夺取徐州，199 年夺取南阳、获得淮南，207 年夺取河北，212 年平定关西，11 个军事地理单元中独占 6 个。

刘备 214 年夺取巴蜀，219 年夺取汉中，拥有 2 个军事地理单元。

孙权 200 年继承江东，219 年独占荆州，220 年接管岭南，拥有 3 个军事地理单元。

至此，经过 30 年的弱肉强食，到了 220 年，中国大地只剩下曹、刘、孙三家，三家相继建国，即为魏蜀吴。

为什么会三分天下，而不是二分或四分呢？我们仍然可以从地理中找到原因。之前，我们在空中俯瞰三国，把三国大地看成一个中字，一共有 11 个军事地理单元。如果我们再向上飞，从更高处看三国，11 个军事地理单元可以缩

	河北 (曹操)	
关西 (曹操)	中原 (曹操)	徐州 (曹操)
汉中 (刘备)	南阳 (曹操)	淮南 (曹操)
巴蜀 (刘备)	荆州 (孙权)	江东 (孙权)
	岭南 (孙权)	

∧ 三足鼎立时的中字模型

减到 3 个不同地形的区域：北方平原、西南山地、江南水乡，中字模型变成了品字模型。

北方平原属于魏国。北方平原北抵燕山，南达长江，西倚陇山、伏牛山、武当山，东临渤海、黄海，地形以平原为主，适合配备金戈铁马的骑兵，涵盖的军事地理单元包括河北、关西、中原、徐州、南阳、淮南。

西南山地属于蜀国。西南山区北抵秦岭，南达大凉山、大娄山、西倚岷山、邛崃山，东临武当山、巫山、武陵山，地形以山地为主，适合配备强弓硬弩的步兵，涵盖的军事地理单元包括汉中、巴蜀。

江南水乡属于吴国。江南水乡北抵长江，南达南海、西倚武当山、巫山、武陵山，东临东海，地形以江湖为主，适合配备高帆大船的水兵，涵盖的军事地理单元包括荆州、江东、岭南。

在冷兵器时代，单一兵种统一单一地形相对容易，但是跨兵种跨地形作战相对困难，因此从 190 年—220 年，11 股割据势力剩下了 3 家。

三足鼎立局面的稳定性

从公元 220 年到公元 263 年，长达 43 年的时间里，三国之间虽然战事颇多，但谁也没能占据对方哪怕一个军事地理单元。三足鼎立的局面为什么会如此稳定呢？原因有两个：一是资源大体相当，二是兵种各有优势。

三足鼎立的局面其实是一大对二小的局面。由于魏国过于强大，迫使吴蜀两国长期处于联盟状态，三足鼎立可以看成一种特殊形态的南北对峙。从军事地理单元的角度看，魏国独占河北、关西、中原、徐州，南阳、淮南 6 个军事地理单元；吴蜀两国一共占有汉中、巴蜀、荆州、江东、岭南 5 个军事地理单元。在资源方面，吴蜀两国大体与魏国相当。如果不考虑汉中、南阳、淮南 3 个南北通道，双方均占有 4 个军事地理单元，完全相等。

兵种方面，魏、蜀、吴三国都建立了与其地形匹配的优势兵种。

魏国地处北方平原，配备金戈铁马的骑兵强大。河北、关西都是产马区，曹操统一河北、北征乌桓后，收编了袁绍和乌桓的大量骑兵，形成三国时代最强的骑兵——虎豹骑。曹魏还获得大量北方少数民族的献马。曹操时，燕、代、乌桓、鲜卑相继献马；曹丕时，鲜卑步度根献马；曹叡时，鲜卑轲比能献马。这些马匹品种优良，是曹魏保持骑兵优势地位的重要因素。

蜀国地处西南山地，配备强弓硬弩的步兵强大。诸葛亮为了抵御魏军骑兵，十分注重弩兵建设。例如巴蜀的涪陵郡境内多山，当地人擅长弩射，诸葛亮曾调发该郡3000精兵充当连弩士，令全家移居北伐前线汉中。车骑将军邓芝平定该郡叛乱时，把也参与叛乱5000家迁移到成都充当猎射官。仅这两次从该郡强征的弩兵至少在1万以上。同时，诸葛亮亲自改进连弩，以铁为矢，矢长八寸，一次十矢齐发，称为元戎弩。在诸葛亮精心培育下，弩兵具备了较强的战斗力，在木门之战中，乘高布伏，射杀魏国名将张郃。

吴国地处江南水乡，配备高帆大船的水兵强大。吴国以长江为主要防线，长江水深江宽，终年不冻，为大规模水军提供了驰骋和栖身的场所。吴国在其长期的军事斗争中，建立起一支强大的水军，"上岸击贼，跣足入船"。前期，孙策缴获黄祖儿子黄射战船千艘，又缴获黄祖战船6000余艘，创建水军。中期，孙权在赤壁、江陵、夷陵三战中收编了从曹操、关羽、刘备方面俘获的水军和战船，自己也制造了众多舰船。其中，偏将军董袭所督造的楼船，高达5层，水军进一步强大。后期，吴国重点提高海上远航作战能力。230年，孙权派卫温、诸葛直率水军万人航海求取夷洲（今台湾），这是中国大陆人到达台湾的最早记录。233年，孙权派张弥、许晏、贺达率水军万人沿海路北上辽东。242年，聂友、陆凯率水军3万征讨海南岛的珠崖、儋耳。上述行动每次都有数万人参与，组成了庞大的出海舰队，说明吴国具有良好的航海技术和近海作战能力。

蜀国坐拥高山之利，魏国的骑兵无所适从；吴国凭借长江之险，魏国的骑兵也只能望洋兴叹；而吴蜀两国都缺少强大的骑兵，无法与魏国逐鹿中原。因此，三足鼎立的局面在相当长的时间里一直很稳定。

从三足鼎立到一统天下

三足鼎立的局面维持了43年，在这相对平稳的43年里，魏国逐渐掌握甚至超越了蜀国的造弩技术和吴国的造船技术。

魏国给事中马钧看到诸葛亮设计的连弩，认为"巧则巧矣，未尽善也"，他在诸葛连弩的基础上加以改造，发箭的效率提高了5倍。

西晋灭吴之前，以全国之力造船，益州刺史王濬在巴蜀所造的楼船大者"方百二十步，受二千余人。以木为城，起楼橹，开四出门，其上皆得弛马来往"。史称其水师"舟棹之盛，自古未有"。

魏国制造出大量的弓弩和舰船，装备步兵和水军，吴蜀两国的兵种优势不再。而战马作为一种自然资源，短时间无法大量繁殖，吴蜀两国与魏国始终存在差距。

魏国从蜀吴两国占据5个军事地理单元中最弱的一环南北通道汉中入手，于263年攻取汉中。平衡被打破后，引起了多米诺骨牌效应。

公元263年，刘禅投降，蜀国灭亡。

公元266年，曹奂禅让，魏国灭亡。

公元280年，孙皓投降，吴国灭亡。

三国时代结束，天下归晋，真可谓：

滚滚长江东逝水，浪花淘尽英雄。是非成败转头空，青山依旧在，几度夕阳红。白发渔樵江渚上，惯看秋月春风。一壶浊酒喜相逢，古今多少事，都付笑谈中。

附录

《读史方舆纪要·历代州域形势》三国部分

董卓贼乱，曹操因之，遂取中原。（史略：初，关东州郡皆起兵讨卓，推袁绍为盟主。绍与王匡屯河内，韩馥留邺给军粮，孔伷屯颍川，刘岱等与操屯酸枣，袁术屯鲁阳。卓逼车驾迁长安，而自屯洛阳，诸军畏其强，莫敢进。操曰："使卓倚王室，据旧京，东向以临天下，虽以无道行之，犹足为患。今焚烧宫室，劫迁天子，海内震动，不知所归，此天亡之时也。诸君能听吾计，使渤海引河内之众临孟津，酸枣诸将守成皋，据敖仓，塞轘辕、大谷，全制其险；使袁将军帅南阳之军，军丹、析，入武关，以震三辅，皆高垒深壁，勿与战，益为疑兵，示天下形势，以顺诛逆，可立定也。"诸将不能用，食尽而散。既而绍夺韩馥冀州，自领之。操知绍无能为，欲规大河之南，以待其变，会黑山贼于毒等略东郡，操讨破之，绍因表操为东郡太守。既而兖州刺史刘岱，为黄巾贼所杀，操乘间据兖州，领刺史，攻陶谦于徐州，谦走保郯，复攻之。会吕布入濮阳，兖州郡县悉应布，惟鄄城、范、东阿不下。布进攻鄄，不克，还屯濮阳。操引还，败布于定陶，闻陶谦已死，欲遂取徐州，后乃定布。荀彧曰："昔高祖保关中，光武据河内，皆深根固本，以制天下，进足以胜敌，退足以坚守，故虽困败，而终济大业。将军本以兖州首事，且河、济天下之要地，是亦将军之关中、河内也，不可不先定。"操遂击走布，兖州复定。毛玠谓操曰："今天下分崩，乘舆播荡，生民废业，饥馑流亡。夫兵义者胜，守位者财。宜奉天子以令不臣，修耕植以蓄军资，霸王之业可成也。"会关中扰乱，帝还洛阳。操乃西迎天子，迁都于许昌，命枣祗屯田许下，缮兵积谷，州郡皆置田官，所在仓廪皆满。于是破袁绍，略乌桓，兼幽、并，平关、陇，富强莫与之抗。）篡易汉祚，仍都洛阳。（都邑考：魏武初封魏公，都邺。文帝篡汉，复都洛阳。黄初二年，以谯为先人本国，许昌为汉之所居，长安为西京遗迹，邺为王业本基，与洛阳号曰五都。）有州十三：司隶、荆、豫、青、兖、扬、徐、凉、秦、冀、幽、并、雍。郡国九十有一。东拒吴，西拒蜀，以广陵、寿春、合肥、沔口、西阳、襄阳、陇西、南安、祁山、汉阳、陈仓为重镇。魏明帝曰："先帝东置合肥，南守襄阳，西固祁山，贼来必破于三城之下者，地有所必争也。"

孙权席父兄之业，奄有江东。（史略：初，权父坚以讨贼功，封乌程侯。兄策乃略定江东地。及权嗣位，周瑜等破曹操于赤壁，进取江陵，西至夷陵。瑜因说权曰："今操新败，忧在腹心，未能与将军连兵相事也。乞与奋威俱进取蜀，并张鲁。因留奋威固守其地，与马超结援。瑜还与将军据襄阳以蹙操，北方可图也。"瑜志未逮而卒。后吴屡伐魏，皆无功。最后魏主叡薨，权复议伐魏。殷礼曰："天弃曹氏，丧诛屡见。今宜溢荆、扬之地，强者执戟，赢者转运，命益州军于陇右，朱然、诸葛瑾指襄阳，陆逊、朱桓征寿春，大驾入淮阳，历青、徐，特角并进，民必内应。一军败绩，则三军离心，便当乘胜逐北，以定华夏。若不悉军动众，循前轻举，民疲威削，时往力竭，非策也。"权不能用，师卒无功。）奠基建业。（都邑考：孙策屯曲阿，寻徙屯吴。权徙治丹徒，谓之京城。寻迁秣陵，号曰建业，而武昌为行都云。）有州五：扬、荆、郢、交、广。郡国四十三。西拒蜀，北拒魏，以建平、西陵、乐乡、南郡、巴丘、夏口、武昌、皖城、牛渚圻、濡须坞，后又得邾城、沔口、广陵，并为重镇。陆抗曰："西陵、建平，国之蕃表，既处上流，受敌二境。若敌泛舟顺流，星奔电迈，非可恃援他部，以救倒悬也。臣父逊，昔在西垂上言：西陵，国之西门，虽云易守，亦复易失。若有不守，非但失一郡，荆州非吴有也。如其有虞，当倾国争之。不然，深可忧也。"司马懿曰："东关、夏口，贼之心喉。"何承天曰："曹、孙之霸，才均智敌，江淮之间，不居各数百里。魏舍合肥，退保新城。吴城江陵，移入南岸。濡须之戌，聚屯羡溪。何者？斥堠之郊，非耕牧之地，故坚壁清野以俟其来，整甲缮兵以乘其弊也。及襄阳之屯，民居星散。司马懿谓宜徙沔南，以实水北。曹爽不用，果亡沮中。"胡氏曰："地有常险，则守亦有常势。当孙氏时，上流欲争襄阳而不得，故以良将守南郡；下流欲争淮南而不得，故以大众筑东兴与皖口；中流欲争安陆而不得，故以三万劲卒守邾城。"

先主以败亡之余，得一孔明，仅安巴蜀。（史略：先主初领徐州牧，屡为袁术、吕布及曹操所败。后依刘表，屯新野，三顾孔明于隆中。孔明曰："今操拥百万之众，挟天子而令诸侯，此诚不可与争锋。孙权据有江东，已历三世，国险而民附，贤能为之用，此可与为援而不可图也。荆州北据汉沔，利尽南海，东连吴会，西通巴蜀，此用武之国，而其主不能守，殆天所以资将军也。益州险塞，沃野千里，天府之土，刘璋暗弱，张鲁在北，民殷国富，而不知存恤，智能之士，思得明君。将军既帝室之胄，信义著于四海，若跨有荆、益，保其险阻，西和诸戎，南抚蛮越，外结好孙权，内修政理，天下有变，则命一上将将荆州之军以向宛洛，将军身帅益州之众出于秦川，百姓孰敢不箪食壶浆而迎将军者乎？"）定都成都。（都邑考：都成都。）有州三：益、梁、交。郡国二十有二。东拒吴，北拒魏，以汉中、兴势、白帝为重镇。黄权曰："若失汉中，则三巴不振。"阳洪曰："汉中，益州咽喉。若无汉中，是无蜀也。"胡氏曰："魏人都许，不恃方城，而守襄阳。蜀人都益，不恃剑门，而守汉中。吴人都秣陵，不恃大江，而守荆渚。"

司马晋世管魏权，倾危弱主，西灭蜀，东灭吴，遂并天下。（史略：初，司马昭谋侵吴、蜀，谕其众曰："吴地广大而下湿，攻之，用功差难，不如先定巴蜀。三年之后，因顺流之势，水陆并进，此灭虢取虞之势也。计蜀战士九万，居守成都及备他境，不下四万，然则余众不过五万。今绊姜维于沓中，使不得东顾，直指骆谷，出其空虚之地，以袭汉中。以刘禅之弱，而边城外破，士女内震，其亡可知也。"乃以钟会都督关中，规进取。姜维闻之，表后主宜遣军分护阳安关口及阴平之桥头，以防未然。后主不省。既而昭遣邓艾督军，自狄道趋甘松沓中，以连缀姜维；诸葛绪督军自祁山趋武街桥头，绝维归路；钟会统大军，分从斜谷、骆谷、子午谷趋汉中；以卫瓘持节监军事。时汉敕诸围皆不得战，退保汉、乐二城。会遂平行至汉中，分军围汉乐二城，径趋阳安关，关口无备，遂下之，长驱而前。邓艾击维于沓中。维败走，闻诸葛绪已塞道屯桥头，乃入北道，欲出绪后。绪引却。维还，从桥头过，至阴平，闻关城已破，乃退趋白水，以拒会。会不能前。邓艾进至阴平，上言："敌已摧折，宜遂乘之。若从阴平由邪径经汉德阳亭，出剑阁西百里，去成都三百余里，奇兵冲其腹心，出其不意，剑阁之守必还赴涪，则会方轨而进；剑阁之军不还，则应涪之兵必寡矣。"遂自阴平行无人之地七百余里，凿山通道，造作桥阁，山谷高深，至为艰险，先登至江油，进击诸葛瞻于涪。瞻败，退住绵竹，复击破之。汉人汹惧，后主遂降，悉定蜀地。其后十余年，羊祜镇襄阳，请伐吴，曰："期运虽天所授，而功业必由人而成。今若引梁、益之兵水陆俱下，荆楚之众进临江陵，平南豫州，直指夏口，徐、扬、青、兖并会秣陵，以一隅之吴，当天下之众，势分形散，所备皆急。巴汉奇兵，出其空虚，一处倾坏，则上下震动，虽有智者，不能为吴谋矣。吴缘江为国，东西数千里，唯有水战，是其所便。一入其境，则长江非复所保，还趋城池，去长入短非吾敌也。"及祜卒，举杜预自代。预复请伐吴，许之。命琅琊王濬出涂中，王浑出江西，王戎出武昌，胡奋出夏口，杜预出江陵，王濬、唐彬下巴蜀，凡六道，而使贾充将中军，屯襄阳，节度诸军。王浑出横江，所向皆捷。王濬克丹阳，进克西陵、荆门、夷道。杜预克乐乡，取江陵，于是沅湘以南接于交、广，望风降下。胡奋克江安。王濬复进克武昌，长驱至建业，吴人或降或溃。濬舟师过三山，入石头，吴主皓出降。吴地悉定。）

参考文献

古籍

1.（春秋）孙武：《孙子兵法》，中华书局 2011 年版

2.（战国）无名氏：《六韬》，中华书局 2007 年版

3.（晋）陈寿：《三国志》，中华书局 2006 年版

4.（南朝）范晔：《后汉书》，中华书局 1965 年版

5.（唐）房玄龄：《晋书》，中华书局 1974 年版

6.（宋）司马光：《资治通鉴》，中华书局 1956 年版

7.（元）无名氏：《三国志平话》，上海古籍出版社 1980 年版

8.（明）罗贯中：《三国志通俗演义》，上海古籍出版社 1980 年版

9.（明）罗贯中：《三国演义》，人民文学出版社 1997 年版

10.（清）顾祖禹：《读史方舆纪要》，中华书局 2005 年版

今著

1. 谭其骧：《中国历史地图集》，中国地图出版社 1982 年版

2. 曹婉如：《中国古代地图集》，文物出版社 1999 年版

3. 刘明光：《中国自然地理图集》，中国地图出版社 2010 年版

4. 李连祥：《中国古代道路交通史》，人民交通出版社 1994 年版

5. 韩茂莉：《中国历史地理十五讲》，北京大学出版社 2015 年版

6. 饶胜文：《布局天下》，解放军出版社 2006 年版

7. 胡阿祥：《兵家必争之地》，海南出版社 2007 年版

8. 李孝聪：《中国区域历史地理》，北京大学出版社 2004 年版

9. 许盘清：《三国风云地图说》，地震出版社 2004 年版

10. 梁允麟：《三国地理志》，广东人民出版社 2004 年版

11. 孔祥军：《三国政区地理研究》，花木兰出版社 2012 年版

12. 李晓杰：《东汉政区地理》，山东教育出版社1999年版

13. 李永富：《三国演义地理略析》，大众文艺出版社2006年版

14. 余大吉：《中国军事史》第六、七、八卷，军事科学出版社1998年版

15. 慕中岳、武国卿：《中国战争史》第四册，金城出版社1992年版

16. 许盘清、周文业：《三国演义三国志对照本》，南京古籍出版社2002年版

17. 周文业、邓宏顺：《三国志通俗演义文史对照本》，中州古籍出版社2013年版

18. [英]崔瑞德、鲁惟一：《剑桥中国秦汉史》，中国社会科学出版社1992年版

19. [美]陆威仪：《哈佛中国史·分裂的帝国》，中信出版社2016年版

20. 赵春阳：《三国武将排名》，中国财富出版社2016年版

后记

2016 年，我写的《三国武将排名》出版，我在后记中写道："这就是我的三国情缘，现在可以了却了。"

事实证明，我错了。

《三国武将排名》的反响还不错，书出版后，一家书店邀请我去做讲座，讲三国中的武将，大约一周一次。几个月下来，武将讲得差不多了，我又开始讲三国中的战争。在备课的过程中我发现，解读三国战争的文字资料汗牛充栋，但地图资料却寥寥无几，特别是地形图，几乎没有。

讲战争不配地形图，就如同在陌生的地方开车不配导航一样，是会迷路的，于是我开始自己绘制地图。我借用最先进的卫星遥感技术，把卫星图转换为地形图，然后在地形图上标注三国地名。我原本以为这个工作很简单，但真正做的时候才发现如此麻烦，当时的河流是什么走向？当时的地点在现在的哪里？常常因为一个小细节要查阅许多资料，平均下来，一幅地图前后要修改 20 多次，大约需要四五个小时的工作量。

几个月下来，我做了近百幅三国地形图，在书店做了一个名为"卫星看三国"的系列讲座，用地理解释三国，而不是人。可能因为角度比较新颖，很受欢迎，很多听众希望我能写成书，我也希望与更多人分享我的工作，于是就开始写这本书。

写的过程中，我总觉得一场一场地讲战争缺少一个整体把握，"话说天下大势，分久必合，合久必分"，我希望可以找到一个天下大势的模型。接连好多天，我每天都对着中国地图看，不写字不说话，就是看地图，我妻子说我着魔了。最后，我得到一个模型，想了好久不知道该叫什么名字好，问妻子这个模型像什么，她脱口而出：中国的中字。就这样，中字模型有了名字。

在这个成功学泛滥的时代，研究历史都喜欢用英雄史观，用人来解释历史。而我喜欢用地理解释历史，我把这种史观叫作地缘史观。

我从小就喜欢下棋，小时候还做过一个三国棋，希望能用棋模拟三国战争。三国可以看作英雄们在中字模型上下的一局棋，因此，这本书最后定名为《英雄的棋局》。

最后的也是最重要的就是感谢了。

感谢虎扑论坛，在步行街上与 JRS 聊三国既开心又有收获，希望关羽有朝一日成为步行街的街神。

感谢歌德书店，很怀念在歌德书店讲课的时光，是那段时光孕育了这本书。

感谢发现中国网站，这本书的很多地图都是利用贵网站制作的。

感谢我的朋友秦欣、李琰、王辉达、杨洋，我的学生王哲、张博洋、王来鹤，完善这本书的过程中，你们给了我许多宝贵的意见。

感谢南开大学的张旺老师，感谢您把画作《隆中对》授权给我当封面，您是我心中最棒的画师。

感谢三国演义学会秘书长郑铁生老师，感谢您在《三国演义》方面给我的建议，希望有机会可以再向您讨教三国问题。

感谢军事专家董志新少将，感谢您在军事方面给我的建议，希望下次参加三国会议还能与您同行。

感谢《地缘看世界》的作者温骏轩，您的著名帖子《地缘看世界》给了我许多启发，我一直在等您写地缘看三国，实在等不到我才决定自己动笔写。

感谢三国地图专家许盘清老师，您的《三国风云地图说》是我写作的重要参考书，希望有一天我也可以像您一样同时讲授计算机、历史、地理三类课程。

感谢《布局天下》的作者饶胜文老师，我的书其实是对您的大作《布局天下》拙劣的模仿，我们都喜欢下棋，希望有机会能与您纹枰论道。

感谢这本书的编辑冉智超，我是个马虎的人，这本书一定给您添了许多麻烦。

感谢我的妻子向淑静，不光感谢你的默默付出，还感谢你帮我命名了中字模型。

感谢我的女儿赵云，感谢你让我变得更好，这本书是送给你的礼物。

最后，如果您想听我继续讲三国，欢迎关注我的微信公众号：三国讲坛，我们那里再见。

赵春阳

2017.5.23 早上五点

比小说好看
比剧本精彩

你一定爱读的
中国战争史

（系列丛书）

有史可证，有迹可循

从春秋到元朝，2000多年的战争故事，让你一读就上瘾

通俗易懂，有趣有料

插科打诨也好，正色直言也罢，说的是古往今来战场风云，塑的是家国内外忠奸百态。场场大戏，英雄、奸雄与"狗熊"，人人都是角儿；篇篇传奇，妙招、奇招和险招，处处有谋略。

中国历史新演绎

用人物刻画战争，用战争串联历史。每一场战争都有典籍支撑。14位新锐作者联袂执笔，精选经典战役铺陈，涉及战略、战术、战法、武器、兵力、布阵、战场展开……

情节紧张，行文爽快

跌宕起伏的王朝命运，两军交戈的剑拔弩张，千钧一发的安危瞬间，惊心动魄的逃亡旅程，风林火山的用兵之法，三十六计的多方施展，卧薪尝胆的多年隐忍，柳暗花明的意外展开……古人的故事，今人读来依然扣人心弦。